権威と礼節

現代ミクロネシアにおける
位階称号と身分階
の民族誌

治

風響社

まえがき

「日本にもナーンマルキ（*Nahnmwarki*）がいるんだろ」。

男が会話のなかで発した言葉に対して、私はその含意もわからず、しばらく戸惑っていた。男は私に構わず、現地の言葉でこう続けた。

「〔日本のナーンマルキは〕テンノウヘイカ（天皇陛下）って言うんだろ。俺は知っているよ」。

*

本書の舞台であるポーンペイ（*Pohnpei*）島は、赤道の少し北、太平洋に浮かぶ小さな島であり、グアム島やサイパン島の南東に位置する。この小さな島社会では、ナーンマルキと呼ばれる伝統的権威者を身分階層の頂点とする「秩序」が厳然と保たれている。ナーンマルキは、過去の学術研究のなかで「最高首長」（paramount chief）や「王」（king）として、しばしば言及されてきた。もっとも、島民たちも外国の王や皇帝などを「ナーンマルキ」と言い換えることに慣れており、ポーンペイ語で書かれたキリスト教の聖書にも、ダビデ王やソロモン王が「ナーンマルキ・ダビデ」（*Nahnmwarki Depit*）、「ナーンマルキ・ソロモン」（*Nahnmwarki Solomon*）などと記載されている。

冒頭の男が日本の天皇を「ナーンマルキ」と呼んだのも、そうした認識からであろう。他方で、彼が天皇の存在を知っていたという事実は、この島の歴史と無関係ではない。ポーンペイ島は、一九八六年にミクロネシア連邦（Federated States of Micronesia）という近代国家の一部として独立するより以前、日本統治時代（一九一四〜一九四五年）も含め、じつに一〇〇年ものあいだ諸外国による統治のもとに置かれていた。この島を特徴づける身分階層秩序とは、過去から連綿と続く不変の秩序というよりは、むしろ諸外国からの統治を経て近代国家の建設に至る歴史過程のなかで島社会自体が変容してきたという時代状況に即して考察されるべきものである。

伝統的権威体制と近代国家体制の併存という事象自体は、マックス・ウェーバー（Max Weber）による近代化のグランドセオリーが通用しなくなっていることを示すという点で興味深い。ウェーバーの比較政治論は、首長や王に代表される伝統的権威者を過渡的な支配の様式とみなし、社会の合理化のもとで合法的権威としての官僚制に置換されると論じるものであった［ウェーバー　二〇一二］。この定式化に対して、ポーンペイ島を含めたオセアニアの一部の社会では、二〇世紀後半に植民地統治から独立し近代国家の体裁を整えた後も、首長制をはじめとする伝統的権威が合法的権威に追いやられることなく存続している［Lindstrom and White 1997: 3］。これらのポスト植民地国家は、政治的にも経済的にも脆弱な極小国家であるがゆえに、伝統的権威という異質な原理や制度をいかに包摂するのかという点に課題を抱えている［須藤　二〇〇八：二］。

日本に暮らす私たちに目を転じるならば、近代国家体制における伝統的権威体制の存続という状況は、じつは馴染み深いものである。たとえば、天皇による「お気持ち」の表明がなされ、現代日本国家における天皇の位置づけにかかわる法や人権の問題がさまざまに議論されたことや、皇位継承をめぐる議論が巻き起こったことは記憶に新しい。本書の課題の一つは、このような伝統的権威体制と近代国家体制の同時代的な併存状態において、さまざまな葛藤が生じる可能性を視野に入れつつ、現代という時代において伝統的権威体制がいかに存立しているのかを、長期のフィールドワークにもとづく参与観察という人類学に特有なアプローチから明らかにすることである。

首長という伝統的権威者を頂点に身分階層化された政体（polity）は、人類学や考古学の研究において首長制（chieftainship）ないし首長国（chiefdom）と呼ばれる。なかでも、本書が対象とするポーンペイ島社会の身分階層秩序を語るうえで、ポーンペイ語で「マル」（*mwar*）と呼ばれる位階称号の存在を欠かすことはできない。ポーンペイ島で生活を営む成人の大半は位階称号を保持する。

人類学者の清水昭俊は、ポーンペイ島社会において「称号間の上下を表現するのが『名誉』（*wahu*）の価値」［清水　一九九五：四四］であると述べる。[1] 英語版のポーンペイ語辞典によれば、「ワウ」（*wahu*）は、名誉（honor）とも訳されるが、敬意（respect）とも訳され、両方のニュアンスを含んだ言葉であることがわかる［Rehg and Sohl 1979: 118］。称号の位階はこうした「名誉」の価値をとおして理解されるものである。ポーンペイ島社会に五つある最高首長位（ナーンマルキの地位）を頂点として、高位の称号を持つ人物であればあるほど、その人物には「名誉」があるとされ、その人物に対しては「名誉」に見あっただけの敬意と礼節をもって接しなければならない。「名誉」の価値を核にするポーンペイ島社会の文化的特徴は、オセアニア研究の概説書で次のように表現される。

> ポーンペイ（島）社会を貫く基本的な価値は名誉である。ポーンペイ語は、日本語、ジャワ語などとならんで発達した敬語で知られている。また、人と人の出会いにおける食事その他の待遇作法が、やはり精緻に発達していた。これら形式的行動の諸体系はいずれも敬意の表現を共通のテーマとしている［清水　一九八七：二一五］。

島民たちが称号の位階を互いに意識したコミュニケーションを取ることから、ポーンペイ島は称号の「名誉」

にもとづく身分階層秩序が高度に発達している社会とされてきた。なかでも、島民同士が出会いの場において対面者の「名誉」を褒め称えるという礼節の作法は、出会いや訪問の目的にかかわりなく、互いの称号間の優劣に左右される［清水 一九八五a］。対面相手の「名誉」に応じた礼節の作法は、主人か客人であるかにかかわらず、その場において位階称号順位の最も高い者を中心に行われる。

清水は、ポーンペイ島社会における首長制を「名誉」の価値を中心に捉えながらも、それとは異なる首長制の現実の姿について、以下のように述べる。

首長制の慣習という規範的なかつ理念的な体系（中略）がそのまま首長制の現実の姿なのではない。この現実を見るには、ポーンペイ人のあいだの社会生活、政治的出来事にまで視野を広げる必要がある。（中略）慣習の体系がいかに政治的出来事の進行に関与しているかを観察することによって、理念の体系である慣習の現実性が判断されることになろう［清水 一九九五：五二］。

本書のもう一つの課題は、このような清水の指摘を念頭に置きながら、「名誉」の価値を核とする首長制の規範的・理念的な体系が現実の社会生活において遂行される過程に焦点を当て、首長制にもとづく身分階層秩序がいかに具体的な出来事や行為のなかで組織されるのかを記述・分析することである。

本書における身分階層秩序の記述・分析は、私自身がフィールドワークのなかで感じた問題意識と発見にもとづく。二〇〇九年二月にはじめてポーンペイ島を訪れた私は、島民たちとのコミュニケーションを積み重ねていくなかで、彼らによる礼節の技法が位階称号のみならず、互いを評価しあう幾つもの指標と関係していることを少しずつ理解していった。彼らによる礼節の技法は、位階称号に対する敬意を表すことに傾注する一方で、状況に応じて葛藤を抱えつつ、時に称号の「名誉」を超えた関係性や雰囲気を醸成するものであった。本書は、そのような礼節の技法が有する潜在的な力――新たな関係性を生み出す力――を軸に、ポーンペイ島社会における伝統的権威と身分階層秩序を動態的に描き出す民族誌である。

注

（1）名誉という価値に注目する文化人類学的な議論は、主に地中海地域を中心に展開されてきた［Feristiany (ed.) 1966; Gilmore (ed.) 1987など］。だが、オセアニア研究においても、マルセス・モース（Marcel Mauss）が「ポリネシアで強い影響力をもち、メラネシアでも恒常的に見ることのできる名誉」［モース　二〇一四：二二二］と述べたように、名誉は現地社会の人間行動を読み解くうえで早くから注目された在来の価値である。

目次

装丁＝オーバードライブ・泉原厚子

凡例

1　本文中のポーンペイ語（現地語）は、イタリック表記としている。今日のポーンペイ語は、一般にアルファベットを用いて表記される。表記の多くについては、言語学者のケネス・レーグ（Kenneth Rehg）とポーンペイ人のタミアン・ソール（Damian Sohl）が共同編纂した辞書［Rehg and Sohl 1979］を利用した。この辞書は、英語とポーンペイ語の二言語で書かれている。この辞書に記載されていなかった若干の語彙の表記については、カトリック司祭であったポーンペイ人のパウリーノ・カンテーロ（Paulino Cantero）の監修のもとに渡壁三男が編纂し自費出版した辞書［渡壁編　一九八三］を利用した。これらの辞書に記載がないものに関しては、私自身が収集した調査資料を参照した。

2　位階称号の表記については、上記の辞書に記載されていない称号も多数確認されたので、不足を補うためにグレン・ピーターセン（Glenn Petersen）の民族誌［Petersen 1982a］を参考にした。上記の辞書や作品に記載がないものも散見されたため、それらに関しては私の調査資料を参考にした。

3　本書に登場する調査地の人名を表記するにあたっては、一貫して仮名を用いる。

4　引用中の〔　〕や、事例の会話文にある〔　〕は、補足説明を示す。

●権威と礼節——現代ミクロネシアにおける位階称号と身分階層秩序の民族誌

序論　現代ミクロネシアにおける身分階層秩序の民族誌——本書の視座

一　今日の首長制を垣間見る——ポーンペイ島民と二つの「仕事」

本書は、現代ミクロネシア・ポーンペイ島社会を事例として、現地で繰り広げられる人間模様を観察し、さらには私自身もその身分階層秩序の一部となるような立場から、伝統的権威と身分階層秩序の今日的な動態を描くものである。本節では先行研究の検討に先立ち、今日において首長制がいかにポーンペイ島民の社会生活に埋め込まれているのかを、私と島民とのやり取りの模様を交えながら概観する。本書の理論的枠組みに関心をお持ちの読者の方にはやや退屈な導入になることは承知のうえで、まずは今日の伝統的権威体制を生きる人びとの生活の質感とでも呼べるものを感じ取っていただければと思う。

＊

二〇一八年四月二四日、「〔そろそろポーンペイ島に〕戻っていらっしゃい。（中略）『クロウ・ウェニック』（*Kirou Wenik*）は〔あなたにあげて〕そのままよ」というメッセージがオンライン上の画面に飛び込んできた。送り主はリータ（女性、四一歳）である。ポーンペイ島はインターネットの普及率が低いが、リータはスマートフォンを手に入れて以来、たびたびオンラインでメッセージを送ってきた。私は二〇〇九年から二〇一二年までの延べ二五ヶ月にわたるフィールドワーク期間を主に、リータの父であるベニート（二〇〇九年当時、五九歳）の世帯で過ごし、時々に応じてベニートの「息子」（*pwutak*）と位置づけられることもあった。そのため、リータと私はある種の擬制的な親族関係にある。

リータのいう「クロウ・ウェニック」とは、アワクポウエ（*Awak Powe*）という村に属する称号であり、二〇一一年八月に、この村の首長でもあるベニートから私自身が授与されたものである。村首長（*soumas*）を頂点とする村は、最高首長を頂点とする首長国の下位単位であり、首長国のいわば縮小版だ。アワクポウエ村は、ウー首長国に二三ある村のうちの一つである。

リータはオンライン上の何気ない会話のなかで、彼女らと私をつなぐ関係性の徴《しるし》として称号に触れた。私はフィールドワークから日本への帰国以来、たとえばクロウン（*kiroun*）という称号の保持者から「こんにちは。クロウ・ウェニック。元気にしていますか（*kaselehlie Kirou Wenik, ia irohmwi?*）」と挨拶をされたら、「こんにちは、クロウン。あなたこそお元気ですか（*kaselehlie maing, Kiroun. komwi, ia irohmwi?*）」と返答するといったように、称号を用いて一部の島民とオンライン上の会話を楽しんでいた。

こうしたコミュニケーション作法は、ポーンペイ島における私と島民たちのやり取りがオンライン空間に延長されたものである。この島の社会生活には、「ソウリック」（*Soulik*）や「クロウン」などの位階称号を用いて会話を交わすという、独特のコミュニケーションが見られる。成人男性のほとんどは位階称号を持ち、既婚の女性は夫の称号に準ずる称号を持つ。島民たちは互いの称号の位階を気にしながらコミュニケーションを取り、名の知れた高位称号の保持者に対しては敬語が用いられる。

称号を媒介にしたコミュニケーションは、挨拶の作法や敬語の使用という言葉のやり取りだけに限られない。

人と人の出会いには物のやり取りや食事の提供が欠かせない。ベニートは「父」（*pahpa*）として、この規範を調査中の私にも容赦なく適用した。私が誰かのもとを訪問しようとしたなら、ベニートは私に具体的な指示を出した。ある人物を訪問する場合は商店でパンを買って持っていくように言い、別の人物のもとを訪問する場合は市《いち》場《ば》で果物を買っていくように言った。

ベニートの「息子」になった私が、島のなかで何をするのか——どうやら、ベニートは自身の村首長としての立場を、私の行動と結びつけて考えていたようだ。私が訪問相手に「礼節をもって接する」（*wahumuki*）ことができなければ、彼は首長であるにもかかわらず、「息子」である私に礼節を身につけさせることもできていないと思われてしまう。それを恐れていたこともあり、ベニートは、私が高位称号保持者のもとを訪問する時には、それなりの物を持参するように指示した。ウー首長国の最高首長であるメルソール（男性、二〇〇九年当時七八歳）のもとを初訪問した時、私は、病気がちだと聞いた最高首長のために果物を用意した。それを見たベニートは、しばらく考え込むような顔をして「大きな魚を三尾買ってくることだ」と言った。ベニートは左手を上げ、右手で左肘のあたりを何回か叩くような仕草をした。指先から肘までの長さの魚を買ってこいという合図だった。私はこのような忠告を幾度も受けるうちに、物財の持参が礼節の作法と深く結びついていることを実感するようになった。

写真 0-1　私が訪問時に提供された昼食

訪問される世帯は一般に、子どもや若者は別として、来訪者に食事を提供することが慣例になっている。食事時でなくても料理が提供され、少量であろうと来訪者はそれを口にする（写真0―1）。食事が終わってはじめて、来訪者は用件を切り出すことができるのだ。ここでも来訪者の位階が対応を左右する。たとえばある時、ベニートは、自らの居住地の近くに、キチー首長国のワサーイ（*Wasahi*）という高位称号を保持する男性が来ていると知って顔色を変え、カヴァ[1]（*sakau*）を掘り出さなければならないと焦っていた。なぜなら、最高首長やそれに準ずる「高位者」（*lapalap*）を迎える場合には、カヴァ飲みの席を用意したり、場合によっては家畜を屠殺して祭宴（*kamadipw*）を開いたりするなど、最大限の礼節を尽くさなければならないとされているからである。ワサーイを乗せた自動車はベニートの家の前を通りかかったが、自動車の運転手は「ここ〔車のなか〕にはワサーイはいない」と言って過ぎ去った。ワサーイの方も、そのような慣例を知っているから、自らとは異なる首長国の住民であるベニートに配慮をしたのだろう。来訪者の位階次第では、食事を伴う応接行為も一つの事件になる。

逆に、迎える側が「高位者」である場合、礼節のベクトルは反転する。たとえば、先に述べた最高首長への初訪問時、最高首長夫人は私に昼食を提供した。その際、夫人は「〔この食事は、最高首長の〕お召し上がり物からの分け前なのよ」（*kepin koanoat*）と言って、最高首長の屋敷で食事をとること自体が格別の機会であることを強調した。こうした状況では、主人側から最大限の礼節を示される対象は、迎えられる客人ではなく、高位称号の保持を理由として、迎える主人自身になる。

このように、島民同士の出会いとコミュニケーションは、称号の位階抜きには語ることができない。島社会に首長制の慣習が色濃く息づいていることがここからも読み取れる。とはいえ、今日のポーンペイ島民たちは、いわゆる伝統的生活を送っているわけではない。たとえば、私が寝食をともにしたベニート一家は自給自足的な生活をするどころか、ベニート自身が社会保障によって得る年金や、ベニートの息子たちや娘たちが賃金労働をして得る現金収入によって生計を成り立たせている。今日の首長制にあっては、首長だからといって、安定した食料源や収入源が法的に保障されているわけでもないのだ。

彼らは手に入れた現金で米（写真0―2）や缶詰などの食料品、塩や醤油などの調味料、石鹸や洗剤やトイレットペーパーといった日用品、衣類やサンダルなどを購入する。彼らの大抵の食事は米飯に加え、鶏肉や魚、缶詰などのおかず一品であり、現金に困った時には自らの畑や屋敷地内で育てたパン果（写真0―3）やバナナを調理するというものであった。パン果やヤムイモよりも米飯が好きだという島民も今では少なくない。

大半の島民はカヴァやビンロウジ[2]（*pwu*）、タバコ、アルコール飲料といった嗜好品を現金で購入したり、暇な時間に映画を鑑賞するためのＤＶＤを個人商店でレンタルしたりなど、余暇活動にも現金が欠かせない。また、相乗式の民間タクシーに乗車することも含めて、自動車での移動は一般的であり、ガソリン代やタクシー代など、移動にかかる出費も大きい。自動車を購入するためにローンを組む者もいる。子どもの学校生活のために制服や文具を購入する費用も、家計を維持するうえで考慮しなければならない。さらに、生活に余裕がある家庭は水道を契約し、洗濯には州都コロニアにあるコインランドリーを利用している。食費や嗜好品費、電気代、ガソリン代、教育費などにかかる出費の話は、ペニート一家でもよく会話の話題に上がった。島民の生活における関心事の一つは、賃金労働という「仕事」（*doadoahk*）により現金を稼ぎ暮らしを安定させることである。

写真 0-2　スーパーマーケットに並ぶ米袋

写真 0-3　パン果

写真 0-4　祭宴が開催されているため、多数の自動車が停められている

他方において、島民の社会生活には、もう一つの重要な「仕事」がある。それは、「外来の仕事」（*doadoahk en waii*）としての賃金労働に対置される「ポーンペイの仕事」（*doadoahk en Pohnpei*）である。「ポーンペイの仕事」とは、農作物や家畜を提供するのみならず祭宴に身を投じ、物財の運搬や食事の給仕、カヴァ飲料の用意、ブタの屠殺と解体といった手続きを通じて、首長をはじめとする参加者に「礼を尽くす」（*wahunuki*）ことである。祭宴自体はさまざまな機会に催され、葬式や親族の集まり、首長に対する貢納儀礼、誕生日の祝い、客人の歓待、キリスト教の行事など、島民の集まる機会にほぼ同一のやり方で実施される。

　島民たちの暮らしに現金収入が欠かせないという一方で、島民たちはしばしば賃金労働を休んでまで祭宴に参加し、「外来の仕事」よりも「ポーンペイの仕事」を優先する。ポーンペイ島で祭宴が開かれることは珍しいことではない。ポーンペイ島を周回する道路には多くの自動車が停められている様子がたびたび見られるが、それは祭宴が開かれていることの徴である（写真0―4）。とくに週末にあたる土曜日と日曜日には、首長に対する貢納儀礼や一年に一度の祭宴などの季節的な周期にもとづく祭宴を中心に、毎週どこかで何らかの祭宴が催される。平日に至っても、葬式や誕生日といったライフサイクルにかかわる機会をはじめ、祭宴が実施されることは少なくない。

　祭宴はしばしば突然催される。多くの島民たちは、いつ開催されるかもわからない祭宴に備えて、市販の飼料やココヤシの実、残飯などを用いてブタを飼育する。そして、「外来の仕事」の合間にヤムイモやカヴァの栽培を行う。ヤムイモは日常的な食事のために調理されることもあるが、主に祭宴のために育てているという感覚がある。そのため、日々の食事のためとはいえ、無計画にヤムイモを調理しようものなら、「（祭宴でもない時に）ヤムイモを掘り出して食べてしまうなんて信じられない」などと言われてしまうこともあるのだ。

ベニートは「外来の仕事」として、かつて州政府に雇用され長らく警察官として働き、五〇歳の頃に早期退職をした。その後、一時は日本の建設会社が主導する道路工事の現場で働いたが、私の調査当時には既にリタイアしており、社会保障による年金で収入を得ていた。「外来の仕事」を引退したベニートにとっては、祭宴への参加という「ポーンペイの仕事」が唯一の「仕事」であり、一家の成員もこの「仕事」への協力を惜しまなかった。たとえば、ベニートの息子であるヨワニス（二〇〇九年当時二九歳）は、二日酔いのために賃金労働を休むといった具合に「外来の仕事」に関して怠惰な面があったが、大柄な体格ゆえに「ポーンペイの仕事」では頼りにされ、祭宴では普段とは見違えるような働きをした。また、ベニート一家で葬式が執り行われた際、何かに取り憑かれたかのように不眠不休で「ポーンペイの仕事」に没頭するマリーノ（リータの夫、二〇〇九年当時四三歳）の姿に、私は驚かされた。彼は故人となった女性の死期が近いと見るや、彼の方が先に倒れてしまうのではないかという周囲の心配をよそに、葬式の際に使用される祭宴堂を改修し続けたのである。ベニートとともに暮らしていた私は、彼らが「ポーンペイの仕事」に力を注ぐ姿を見ながら、彼らが「ポーンペイの仕事」のために祭宴に向かう時にはたびたび同行した。フィールドワークの期間、私が祭宴に出向いた回数は多く、一週間に何度も祭宴やその他の行事に参加することも珍しくなかった。

「ポーンペイの仕事」は、首長制にもとづく儀礼的活動への貢献のみならず、日々の食卓や生計にもかかわる。村首長であるベニートは物財を投じて参加する祭宴の場において、彼の首長位称号を理由にカヴァやブタ肉を再分配される。祭宴が終わる夕暮れ時、一家はベニートが何らかの物を持って帰ってくるのを心待ちにしている。彼がカヴァを持ち帰ると、その日のうちにカヴァ飲みが行われる（写真0―5）。食事の詰めあわせの場合は、一家で共食をする。ブタ肉だったら、その日の夕食に使う部分以外を、ベニートの屋敷のなかにある冷凍庫で貯蔵する。ブタ肉の大きさ次第ではあるが、少なくとも二日や三日のおかず[3]（*sali*）には事欠かない。こうした食物の分け前によって、ベニート一家や近隣の世帯の居住者は、ベニートが村首長という高位の身分にあることをあらためて実感する。

その一方で、ベニートはつねに敬意を示される存在ではない。隣接する世帯に住むベニートの弟たちやその妻たち、あるいはベニートと同じアワクポウエ村の村人は、時に村首長としてのベニートを自慢するような語りを紡ぐ一方で、時にベニートの振る舞いや行動に対する陰口や不満を漏らした。こうした敬意と不満の併存は、ベニートのような村首長のみならず、最高首長の場合も同様であった。島民たちは、最高首長に対する畏れと敬意を語る一方で、少なからずの不満を陰で口に出していた。私はフィールドワーク中、このように敬意と不満が入れ替わり現出する場面を幾度も目にしてきた。

写真 0-5　カヴァ飲みの様子

＊

首長や高位者をめぐる敬意と不満の併存と矛盾は、ポーンペイ島社会における身分階層秩序の今日的な動態を描く本書において導きの糸となる。本書は、このように称号の位階と敬意とが必ずしも対応しない状況に着目しつつ、「ポーンペイの仕事」とそれを取り巻く諸実践に焦点をあわせて首長制の動態を描き、ポスト植民地時代の首長制がいかなる関係性によって成り立っているのかを明らかにする試みである。以下では、その試みを貫く本書の指針を見定めるため、オセアニアの人類学的研究における古典的領域ともいえる首長制研究を軸に先行研究を検討する。

二　ポスト植民地研究と相互行為研究——首長制研究における二つの潮流

1　社会的存在としての伝統的権威者

伝統的権威や身分階層秩序という主題を人類学的に考える時、対象フィールドとの往還運動という学問的特徴に注目するならば、まずは伝統的権威や身分階層秩序がいかに特定の地域や共同体に根ざしたものであるのかを理解することが肝要である。首長制研究に著しい進展をもたらした人類学者のマーシャル・サーリンズ（Marshall Sahlins）は、この点を我々との比較という次元にまで昇華させることによって、この主題をめぐる一つの人類学的な思考法を示した。それは次の一節に端的に表されている。

我々は、あまりにも長い間、位階や統治の問題を社会全体の背景からよりも、関与している個人の観点からみるのに慣れてきたといえるだろう。（中略）未開社会における政治形態の領域に足を踏み入れてみれば、もっと実りの多い考え方が示されてくる。それは、政治発展が勝ちとるものは、個人に対してよりも社会に対してずっと決定的な付けをまわしてくるし、同様に、欠陥も人間の欠陥ではなくて構造の欠陥だという考え方である［サーリンズ　一九七六：二一〇］。

このような思考法は、地域に特有の伝統的権威や身分階層秩序のあり方を示すのみならず、それらを個人ではなく、社会に帰する問題として提示するという意義も有している。

王や首長などの伝統的権威者を社会的存在として捉えるという見方は、マイヤー・フォーテス（Meyer Fortes）とエドワード・エヴァンズ＝プリッチャード（Edward Evans-Pritchard）による政治人類学の古典のなかにも見られる。彼らは、社会構造のなかに「位置」（position）を占める個人［ラドクリフ＝ブラウン　一九七五：一七］という構造機能主義的な前提のもと、役職（office）という用語で王や首長の位置を理解した。そして、彼らは、「王側が民衆を単一の政治社会に結束させる道徳的、法的規範の中心となっている限り、王もまた神秘的諸価値の焦点に位置し続ける」［フォーテス／エヴァンズ＝プリッチャード　一九七二：四二］と述べ、王や首長の位置を、社会という全体に対する中心であるとみなした。

オセアニアにおいて一九五〇年代以降に行われた初期の首長制研究は、このような構造機能主義的前提を共有しつつも、政治的リーダーシップのあり方や政治組織の形成という社会構造上の特質にもとづいて、各社会の統合形態に類型を設定し、政治的発展の段階を明らかにしようとする努力に基礎づけられていた[4]［Marcus 1989: 181］。なかでも、サーリンズは、政治組織の発展段階とオセアニアの地域区分を重ねあわせ、メラネシア（Melanesia）の競争的で平等主義的な部族社会と、ポリネシア（Polynesia）の中央集権化された首長制社会を区別した［サーリンズ　一九七六］。サーリンズによると、後者は首長を中心かつ頂点とする身分階層秩序に社会構造上の特徴を持ち、政体のスケールや社会構造の点で前者よりも進んでいるとされた。そのような首長制社会の統合は、再分配（redistribution）という交換活動によって補完される[5]。

サーリンズはこうした首長制社会の統合と再分配との関係について、カール・ポランニー（Karl Polanyi）の定式によって補強し、「〔構造〕機能〔主義〕的な再分配理論」［サーリンズ　一九八四：二二八］として提示した。それは、「物財の流れと社会関係とは、相互に連関しあっている」［サーリンズ　一九八四：二二四］という観点から再分配を捉えるものであった。サーリンズは、物財の再分配が共同体（community）と活動を物質的な意味で維持するのみならず、首長との「親交や従属の儀礼として」［サーリンズ　一九八四：二二八］、首長を中心かつ頂点とする共同体の統合を支えると論じた。この理論において、サーリンズは、（一）互酬が対称的組織に規定され、交換が市場システムに規定されるのに対して、再分配の統合形態が中心性（centricity）という制度的な配置を前提にするというポランニーの定式［ポランニー　二〇〇三：三七四―三七五］と、（二）経済活動が社会統合に寄与するという構造機能主義的な理解、という二点に依拠している。

サーリンズによると、メラネシアの社会統合とポリネシアの社会統合を分かつ決定的な要素は、リーダーシップである。サーリンズはメラネシアに特徴的なリーダーシップをビッグ・マン（big man）、ポリネシアのそれを首長（chief）と呼ぶ。物財の互酬的な取引や弁舌における個人的な技能の発揮を通じて、徐々に追従者（follower）を獲得し、党派（faction）を形成することによって影響力を獲得するメラネシアのビッグ・マンに対して、ポリネシアの首長は、出自や系譜をもとに生得的に与えられる位階と役職によって身分を保障される。このようにサーリンズは、ビッグ・マンの地位を「獲得」（achievement）の観点から、首長の地位を「生得」（ascription）の観点から捉えていた。

サーリンズによる類型化は、民族誌的研究と人類学的理論を総合したことによって、オセアニアにおける政治形態の比較研究にとって重要な参照点になった[6]。この類型論においてサーリンズが取り上げなかったミクロネシアの政体は、ポリネシアと同様に首長制と呼ばれる傾向にあった。だが、ミクロネシアという地域は内的な文化的統一性を欠き、相互にかなりの差異が見受けられたため、サーリンズのモデルとは異なる独自の類型化が清水によって試みられた。清水は、平等的な要素が強く見られる社会と集権的な要素が強く見られる社会を両極として比較の基準点を設定することにより、ミクロネシアの首長制をさらに二つの形態に分類した［清水　一九八九］。すなわち、「同等者中の第一人者」的首長制と集中的首長制である。前者は分節的な社会構成を取り、分節集団間における平等性と分節集団内における身分階層秩序による複合的な構成を持つ。それに対して、後者は、最高首長（paramount chief）という「絶対」的権威に基礎を置いた階層的な社会構成を取り、首長の権威を正当化する宗教的かつ世俗的イデオロギーによって支えられる(7)。

本書の対象であるポーンペイ島社会の首長制は、集中的首長制に分類される。清水によると、ポーンペイ島社会における最高首長の権威は、最高首長が住民と神々を媒介するという宗教的イデオロギーに加えて、首長と住民の非対称的な表敬行為を自然化する、名誉と威信の世俗的イデオロギーに支えられている［清水　一九八九：一二六―一三二］。他方、ポーンペイ島社会には、位階称号をめぐる競争的で平等的な側面も見受けられる。人類学者の中山和芳とピーターセンはその側面に注目することにより、社会内部の葛藤や社会変容を描くことに成功した［中山　一九八六、Petersen 1982a］。

これらの類型論は、伝統的権威と身分階層秩序の結合を社会関係の次元から捉えることによって、理論モデルと民族誌との往還をとおした比較研究を前進させた。他方、アーサー・ホカート（Arthur Hocart）を先駆けとして、伝統的権威者の有する超越的な側面を意味論的な次元から読み解こうとする研究の流れもあった。すなわち、首長という役職を保持する人物がいかにして伝統的権威者になり、人びとを超越する力をどのように獲得するのかという研究関心である。これは、首長制の経済的な側面としての再分配に注目するならば、住民から首長へと流れる財に比して、首長から住民に流れる財が「気前の良さ」（generosity）では相殺できないほど物質的に少ないにもかかわらず、その非等価交換がなぜいかにして成立するのか、という問題を解明する鍵を提示するものである(8)［cf. サーリンズ　一九八四：一五五―一五七］。次項では、伝統的権威のイデオロギー的な側面に注目する研究がいかに進展し、現代世界との関連において語られるべき主題にまで発展したのかを示す。

2　首長の神聖性と脱神秘化

ホカートはフィジー社会での調査研究資料を基礎にして東南アジアやインドなどの事例と比較総合し、王＝神という等式的な命題を提示した［ホカート　二〇一二］。ホカートは、神聖王権（divine kingship）という構造の一形態としてフィジーの首長制を論じ、首長の神聖性に関する研究の端緒を開いた。

そのような首長制の意味論的な次元の研究は、構造主義的な歴史人類学者としてのサーリンズによって洗練された［サーリンズ　一九九三］。一九六七年から一九六九年にかけてのフランス滞在中に構造主義的な技法を身につけたサーリンズは、歴史的なテクストの意味分析を行った。彼は、ロイ・ワグナー（Roy Wagner）の議論(9)にもとづき、構造（structure）と出来事（event）の弁証法的総合という視点から歴史的なテクストを分析し、首長の神聖性についても論じた。そして、フィジー社会やポリネシア地域の系譜伝承や起源説、首長即位式のなかに首長を外来起源とする神話が見られることに注目し、首長が神聖な力を獲得する過程を明らかにした。土着の文化との連続性を持たない外来者による王位簒奪という出来事は、土着の文化的図式に取りこまれることによって馴化される。すなわち、外来起源の首長は、まず社会より強い超越的な存在として外部から出現した後、社会内部において土着の神として再生する。首長は社会の内部と外部を媒介することによって、神聖な力を獲得するのである［サーリンズ　一九九三：九九―一三四］。

サーリンズの構造主義的な歴史研究は、首長の神聖性にかかわる論点を議論の俎上に載せたといえる。さらに、サーリンズは一八世紀のハワイにおけるキャプテン・クックの神格化の事例をもとに、世界システムを背景にする出来事と構造の弁証法的な過程も論じた［サーリンズ　一九九三：一三五―二〇二］。ニコラス・トーマス（Nicholas Thomas）や宮崎広和が批判的に論じるように、サーリンズの歴史人類学的な研究は、植民地時代以降の歴史過程における段階ごとの差異や地域ごとの統治のあり方の多様性を考察するための事例を扱っておらず、西洋と土着の初期接触の事例に限定されている［Thomas 1989a; 宮崎　一九九四］。しかし、前川啓治は、植民地統治下における強力な文化・社会的諸制度の選択の余地のない導入が現地社会の反応と読み替えを通じて編入されると述べ、初期接触の事例以降の植民地状況においてもサーリンズの議論が重要であることを指摘する［前川　一九九七：六三三―六三四］。実際に、則竹賢がポーンペイ島社会とヤップ社会の歴史過程を事例に、植民地統治政策に対する地域社会の独自な文化的反応とそれに伴う社会変容を論じたように、サーリンズによる歴史人類学の有用性は初期接触以降の事例においても示されている［則竹　二〇〇〇］。

サーリンズの研究は、オセアニア諸社会における首長制の変容を歴史人類学として展開する道を開いた。ジョージ・マーカス（George Marcus）は、オセアニアにおける首長制の人類学的研究に関する研究動向を整理した論考のなかで、このような歴史人類学による首長制研究の意義を認めた［Marcus 1989］。マーカスはその指摘と同時に、既にさまざまな相互作用の歴史的な積み重ねを経た後の同時代的な状況を直接観察する民族誌も等しく重要であると論じた。

マーカスは、一九世紀と二〇世紀のオセアニアにおける急速な文化変容が首長制の神聖な側面を形骸化してきたことに触れ、首長制の脱神秘化（demystification）という同時代的状況をいかに捉えるのかという問いを提起する。マーカスによると、同時代的な社会状況における首長制の研究は「首長の神秘化された性格や首長の威信に過度に依存する」ことをやめ、首長の権威が脱神秘化されていることを認める必要がある。だが、オセアニア諸社会に生きる住民たちが「それでもなお一貫して首長に従い、首長の地位を分かちあい、首長が編成する儀礼において膨大な供出義務を引き受ける」［Marcus 1989: 196］という現実に目を向けると、首長の神聖な側面が完全に消失したとはいえない。本章の冒頭において首長に対する敬意と不満が並存する状況を素描したが、同時代的な状況を対象とする首長制研究においては、首長の神聖性のいわば残存と首長制の脱神秘化とが同時に進行する状況を微細に捉えることが求められているのである。

3　国家のなかの首長――一九九〇年代以降における第一の研究群

一九八〇年代には文化人類学における表象の危機（crisis of representation）が生じたことにより、それまでの人類学者の基本的な認識であった、異文化を静的で閉じた一つのまとまりとして客観的かつ全体的に表象可能であるという民族誌的リアリズムが、本質主義（essentialism）であると批判された。そのような批判を経て、オセアニアにおける一九九〇年代以降の首長制研究では主に、首長制に可変性や流動性を認める二つの潮流が展開した。第一の研究群は、首長制をポスト植民地時代の政治経済的な関係性に開かれたものとして捉え、「国家のなかの首長」という枠組みから研究を進めるというポスト植民地研究である。それに対して、第二の研究群は、儀礼や祭宴などの場で展開する対面的相互行為に焦点を当て、首長制にもとづく身分階層秩序がいかに構築されるのかを研究するという対面的相互行為論である。

第一の研究群は、対象社会を空間的かつ時間的に開かれたものと捉え、歴史的な政治経済過程のなかに位置づけるという立場から［マーカス／フィッシャー　一九八九］、本節の第一項で取り上げた構造機能主義的な類型論を再検討し、類型論が暗黙の前提としていた「民族学的な」（ethnological）前提をラディカルに批判した。なかでも、トーマスは、身分階層秩序に特徴づけられるポリネシアに対して、ポリネシア的な特徴の欠如したメラネシアという対比自体に、単線的な発展の図式からメラネシアをポリネシアよりも劣ったものとみなす人種主義的な価値判断が含まれており、それがこの地域をまなざす西洋人の視線によって歴史的に構築されてきたのだと断じた［Thomas 1989b］。

第一の研究群を主導するラモン・リンドストローム（Lamont Lindstrom）とジェフリー・ホワイト（Geoffrey White）は、

「首長」（chief）という用語自体が人類学者と在地の制度との「歴史的もつれあい」（historical entanglement）の産物であると指摘した。彼らによれば、首長という地位は、西洋との接触以前から残存する過去の遺制などではない。首長とは、むしろ在地のリーダーを定義するために西洋人が用いたラベルであり、植民地統治の過程で定位された役職であり、在地のリーダーが植民地的な言説を流用しながら自ら宣言する称号であったという［Lindstrom and White 1997: 5-9］。

ポスト植民地研究は、従来の研究を批判したうえで、近代と伝統、西洋と土着といった旧来の二分法を避けることで本質論を回避した。そして、西洋近代的な統治体制と在地の伝統的政体との歴史的もつれあいの産物として、同時代的な首長のあり方、あるいはその役職の根拠である「伝統」概念を捉え直す方向へ推移したのである［柄木田　二〇〇〇、須藤　二〇〇八、Lindstrom and White 1997; Thomas 1989b など］。このような捉え返しのもとで、国民国家の形成過程や植民地統治のなかで伝統的権威が衰退することなく、その重要性を増してきたという事実にも焦点が当たるようになった。トンガ社会やサモア社会などで王制や首長制が依然として維持されているというだけではなく、これまで伝統的権威が確認できなかった社会にも首長位称号を自ら宣言するリーダーが現れた[10]［Lindstrom and White 1997: 10］。

リンドストロームとホワイトは、現代オセアニア諸社会における首長制や首長自身のあり方が「ローカルな政治文化とナショナルな政治文化とグローバルな政治文化の交差点（intersection）に立っている」［Lindstrom and White 1997: 3］と述べる。リンドストロームとホワイトが指摘するように、今やオセアニア諸社会における政治環境は、「大統領や首相、国会議員、ローカルな法廷裁判官などによって新しく構成されるにもかかわらず、多くの地域は『慣習的首長』（custom chief）によって支配され続けている」［Lindstrom and White 1997: 2］という状態である。

今日のオセアニア諸社会において、住民たちは首長という役職の意義や首長の政治実践の正当性（legitimacy）

について議論し、そのような議論をとおして首長という位置は新たな正当性を獲得する。(11)リンドストロームとホワイトはこうした事例を踏まえ、「首長の新たな意義や、首長を取り巻く議論や非合意は、今日の太平洋を循環するアイデンティティと権力の諸言説の衝突から発生する」〔Lindstrom and White 1997: 3〕と主張する。

他方、オセアニアにおける植民地の多くが二〇世紀後半に独立を果たしたものの、国家統合が政治的にも経済的にも不完全であることから、首長の位置は必ずしも安定していない。たとえば、須藤健一が近年のトンガ社会やヤップ社会の事例をもとに報告しているように、政治的・経済的に脆弱な国家体制のなかで、特権的な利益の独占をめぐって首長や貴族への批判が表出する事態が見られるなど、首長の位置の不安定さを示す出来事も頻発している。オセアニア諸国家はこうした同時代的な社会条件下において、伝統的権威という異質な原理や制度を包摂しつつ、いかに社会秩序を保つのかという課題を抱えている〔須藤　二〇〇八〕。さらに、小林誠がツバル・ナヌメア社会の事例をもとに論じるように、首長制に関する正統な「伝統」を住民自身が探求しようと試みるなど、首長が立脚すべき「伝統」も確固たるものとは限らない〔小林　二〇一二〕。

「国家のなかの首長」を焦点にする研究戦略は、オセアニアにおいて存続する首長制を閉じた社会に還元せず、政治経済的な関係性のなかに開かれたものとして描き出すことに成功したといえる。しかし、「国家のなかの首長」の研究は、ポスト植民地国家のなかで土着文化の象徴である首長がいかに位置づけられるのかという課題をめぐる政治的諸言説の分析に終始しており、同時代における首長制にかかわる具体的な実践や出来事は検討されていない。丹羽典生はこのような傾向を捉え、オセアニアの政治人類学的な研究において「政治制度の比較に紙幅が割かれてきた一方で、眼前で生起している政治的諸問題について看過される傾向があった」〔丹羽　二〇一六：八〕と指摘する。

さらに、「国家のなかの首長」という戦略は、首長の位置を政治的諸関係の力学のなかで客体化され、操作され、正当化されるものとしてのみ捉えるため、政治的存在としての首長という見方以外の、首長の社会的に多様なあり方を理解する途をあらかじめ閉ざしてしまっている［cf. 宮崎　一九九九：一九八―二〇二］。その結果として、「国家のなかの首長」というアプローチは、首長が政治家や官僚も含む住民たちとのあいだで、どのような社会関係を築き、いかなるやり取りを交わし、どのような儀礼や集まりに参加し、いかに影響力を保つのかという社会的な次元を十分に議論することができていない［cf. 吉岡　二〇〇五：二〇七］。したがって、「国家のなかの首長」の研究を継承・発展させるためには、ポスト植民地国家における政治力学には還元されない、首長の社会的に多様なあり方を視野に入れたうえで、同時代的状況に置かれた首長制を個別的な関係性や出来事の次元から再検討することが必要である。

また、「国家のなかの首長」とは別の観点から首長制を外部に開かれたものとして論じた研究として、サモア社会の首長制に関する山本真鳥の論考がある。山本によると、二〇世紀後半以降のサモア社会では都市化や海外移民増加の流れのなかで、近代的職業に従事して村落に現金をもたらす出稼ぎ者が急増した。出稼ぎ者を輩出する在地の親族集団（*'āiga*）においては、親族集団内の首長位称号保持者（*matai*）が、都市や海外で出稼ぎをする同親族集団の成員に対して首長位称号の分割を行い、伝統的な威信を与える。在地の首長位称号保持者は、称号分割を通じて現金収入を保障してくれる出稼ぎ者を自らの親族集団につなぎとめ、缶詰や塩漬け肉といった現代的に貴重な財を現金購入することにより、首長制に不可欠な儀礼交換を成り立たせている［山本　一九八九］。こうして山本が示すように、首長制が同時代における現金経済の展開と不可分な点も考慮に入れる必要がある。

以上より、「国家のなかの首長」という研究戦略にもとづく第一の研究群を継承・発展させる一つの道筋として、以下二点を踏まえた研究の方向性を考えることができる。第一に、ポスト植民地国家のあり方や市場経済の展開という政治経済的条件を念頭に置きながら、首長をめぐる言説ではなく、首長制にかかわる実践と出来事を分析対象に据えることである。第二に、そのうえで具体的な実践と出来事の次元において首長と住民たちがどのような関係性を築き、いかに振る舞い、いかにやり取りを重ね、結果としてどのような影響力を保持するのかを民族誌的に検討することである。

4　首長位と首長自身――首長の両義的な人物像

第一の研究群の瑕疵を認め、ポスト植民地国家における首長の位置づけをめぐる政治的諸言説に必ずしも還元されない首長制のあり方を検討するためには、社会的な位置づけにもとづく首長の捉えられ方とそうではない首長の捉えられ方という、二つの異なる首長の捉えられ方を想定する必要がある。その点、マーカスの議論が参考になる。

マーカスは、王権の二重性をめぐる議論[12]を意識しながら一九八〇年代までの首長制研究を整理し、オセアニアの住民から見た首長には二つの側面があると述べた［Marcus 1989: 176-178］[c]。すなわち、首長位の役職に附随する神聖性ゆえに人びとから切り離される側面（不変の首長位）と、時に人びとの模範であると評価される生身の人間として人びとと連続性を持つ側面（可変的な首長自身）である。マーカスの図式において、前者はホカートやサーリンズが注目した首長の神聖な力のいわば「残存」であり、後者は同時代的な政治経済的条件にも関係する世俗的な側面である。マーカスは、首長の人物像がこのように両義的であり、現代社会のなかでその両義性がいかに状況に応じて交渉されているのかを捉えなくてはならないと論じる。

しかし、マーカスの議論において世俗的に評価される首長自身に対置される首長位は、「国家のなかの首長」の研究が示すように、神聖性の残存という側面だけには還元されない。むしろ、首長位は政治的な諸関係の力学のなかで客体化され、操作されることによって、社会的に正当な位置づけを与えられることにも留意する必要がある。そのうえで、マーカスが述べるように、首長位と首長自身という首長の両義性がいかに状況に応じて交渉されるのかを民族誌的に微細な視点から検討する必要がある。

その際、本書では状況に応じて首長の両義性がいかに交渉されるのかを検討するために、首長と相対する個々の行為者の性質についても考えたい。まず、首長位にもとづいて首長を捉える行為者以外に、住民に対する首長自身の態度や振る舞いや言動から首長を捉える行為者を想定する必要がある。したがって、一九八〇年代の民族誌批評で論じられた多声性（polyphony）の問題、すなわち民族誌を構成する複数の声への配慮［クリフォード　二〇〇三］や、一枚岩的な「文化」に抗して個別的な視点や経験を持つ行為者の多様性［遠藤　二〇〇二、Abu-Lughod 1991］を重視した記述と議論を展開する必要がある。さらに、同一の行為者が状況に応じて首長に対する態度を変える［Watson-Gegeo and Feinberg 1996: 35］という事態にも注目する必要がある。

これらの議論を踏まえれば、ポスト植民地国家における首長の社会的な位置づけばかりに着目するのではなく、個々の行為者が首長とどのような関係を築いているのか、その関係性のなかで首長に対する態度やまなざしがいかに変化するのかという点にも目を向けなければならないことがわかる。

さらに、本書では、首長位にある人物のみならず、位階称号の保持者に対する住民の態度やまなざしの変化にも注目する。ニコ・ベズニエ（Niko Besnier）は現代トンガ社会を例にあげ、伝統的政体の論理にもとづく貴族と平民の区分が社会編成の根幹を成し、社会的差異の多くが位階に関する語彙で表現される一方で、人や物や貨幣や思想がトランスナショナルに行き来する現状において、「位階がもはや物質的豊かさの唯一の決定要因や、ある人間の自意識、抱負、欲望の唯一の決定要因ではなくなった可能性」［ベズニエ　二〇一一：五七］を指摘する。こうしたベズニエの指摘を踏まえると、現代オセアニア諸社会における称号保持者は、同時代的な社会条件において称号に加え、称号以外のさまざまな指標によって評価される。したがって、現代オセアニア諸社会における位階称号保持者には、位階称号にもとづく人物像と生身の人間として多様に評価される人物像という両義的な側面がある。

以上の検討を踏まえると、現代オセアニアにおける身分階層秩序の存立を捉えるうえで、首長や位階称号保持者が持つ両義性に目を向け、それがいかに交渉されるのかを検討する必要があるといえる。

5　対面的相互行為研究――一九九〇年代以降における第二の研究群

他方、首長や称号保持者に対する住民の見方や、身分階層秩序のリアリティが状況に応じていかに構築されるかを微細な視点から考察する第二の研究群が、オセアニアの諸社会を対象とした言語人類学のなかから登場した。言語人類学的研究は、対面的相互行為において、首長を含むさまざまな立場の行為者に対していかに言語的・非言語的な記号が用いられるのかを検討することをとおして、社会秩序の成り立ちを解明する。こうした研究は、言語の使用を社会的行為として捉えるという語用論的転回を基礎としている。すなわち、ある言語表現がそれ自体で「何を意味するのか」を問う意味論（semantics）から、ある言語表現を使用することが一体「何をしているのか」を問う語用論（pragmatics）への転換である。

オセアニア諸社会を対象とする言語人類学的研究を主導するアレサンドロ・デュランティ（Alessandro Duranti）は、彼自身の研究方法を「民族語用論」（ethnopragmatics）と呼ぶ。デュランティは、サモアの儀礼実践が、発話だけにとどまらず、複数の記号資源がさまざまに使用されることをとおして成立していることに着目した。そして、多層的な記号表現のもとで、微細な変異を含みながら身分階層秩序が構築される過程[13]を描いた［Duranti 1994］。

さらに、エリザベス・キーティング（Elizabeth Keating）は、デュランティの民族語用論を踏まえつつ、社会学者のアーヴィング・ゴッフマン（Erving Goffman）やエスノメソドロジー（ethnomethodology）に代表されるような、社

図 0-1　祭宴堂における席次の概念図

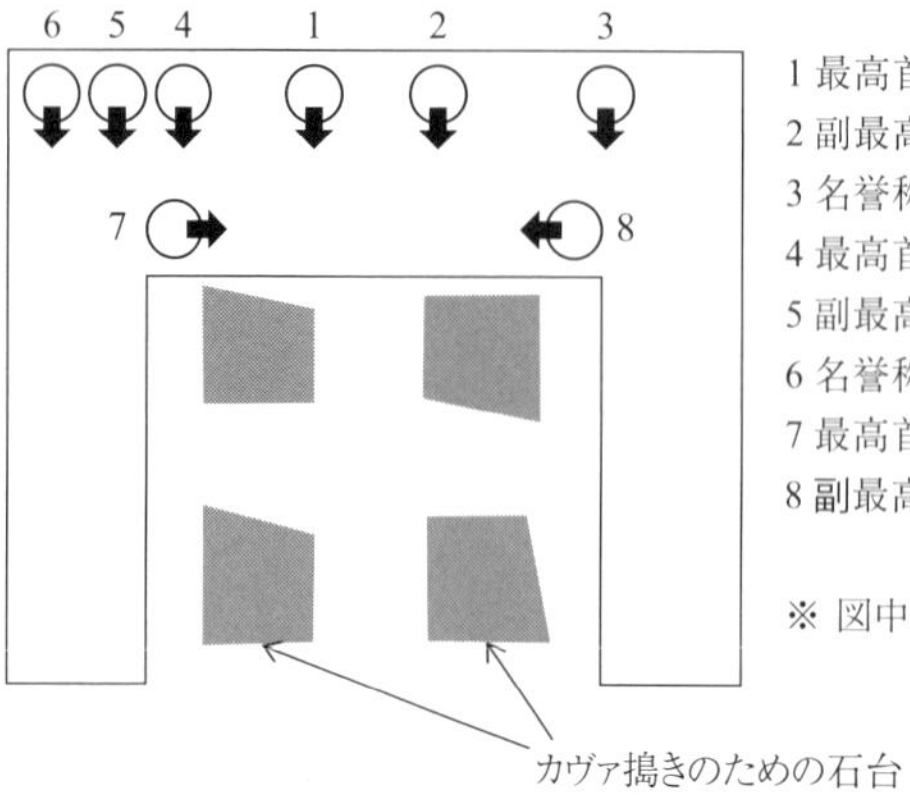

1 最高首長
2 副最高首長
3 名誉称号系統の最高位者
4 最高首長夫人
5 副最高首長夫人
6 名誉称号系統の最高位者の夫人
7 最高首長系統の第 2 位の人物
8 副最高首長系統の第 2 位の人物

※ 図中の→は身体の向いている方向を表している。

会組織を対面的相互行為から理解するという立場を踏襲した。そして、彼女は、首長制にもとづくローカルな権力関係を固定的なものではなく、儀礼実践の行為者たちによる記号使用をとおした「権力の分有」（power sharing）と捉えた［Keating 1998a］。

キーティングはこの観点から、ポーンペイ島社会で行われる祭宴の場で展開される対面的相互行為において、身分階層秩序がいかにつくられるのかを検討した。祭宴の会場であるナース（*nahs*）と呼ばれる祭宴堂には、中央の地面を囲むようにコの字型の高床があり、身分階層秩序の空間的な表現に用いられる。祭宴堂の高床上では、最高首長が奥間に座るのをはじめとして、位階ごとに席次が定められている。高床に座らない相対的に低位の位階保持者は、椅子の代わりになる適当な物を探して中央の地面に座るか、祭宴堂の外で「仕事」をする（図0―1）。位階序列が席次をとおして平面上に表現されるのに対して、最高首長やそれに準ずる者は折り畳み式の椅子に座り、垂直上に最高首長の権威を表現する（祭宴堂の空間配置については第二章第一節でも取り上げる）。

また、食物などの再分配の場面では、称号の位階が高ければ高いほど価値の高い物が再分配される。カヴァ飲料の給仕の場面では、称号の位階ごとに決められた順番でココヤシ殻に入ったカヴァ飲料の杯が差し出される。さらに、身体をかがめる動作など、対面的な相互行為においても身体を用いた身分階層秩序の表現がなされる。また、演説を含む言語表現のなかで、称号高位者に対して敬語（*meing*）が用いられる［Keating 2000］。

このように、祭宴での対面的相互行為における身分階層秩序の表現は、空間の用い方、身体の使い方、食物の再分配の仕方、敬語の使用といった、互いに対抗し矛盾する複数のやり方から構成される。キーティングは、祭宴での対面的相互行為において各々に役割が異なる行為者が、身分階層秩序にかかわる複数の表現を組みあわせる効果として、首長の権威や称号保持者間の身分階層秩序が構築されることを論じた［Keating 2000］。さらに、彼女は、称号の位階にもとづく「名誉」も、身分階層秩序に関する知覚を形成する一連の実践をとおして構築されると主張した［Keating 1998b］。

このように、第二の研究群である対面的相互行為研究は、首長制を背景とする身分階層秩序が具体的な儀礼実践のなかでいかに構築されるのかを明らかにした。その反面、これらの研究は、儀礼実践のなかで構築される身分階層秩序が同時代的な社会条件といかに連関しているのかという点を明らかにしてこなかった。次節では、このような先行研究の流れを踏まえて、ポスト植民地時代における身分階層秩序の様相を民族誌的に記述し、人類学的に分析するための理論的視座を示していくが、その前にポーンペイ島社会に関する人類学的研究について簡単に触れておく。

6　ポーンペイ島社会における先行研究

本項では、ポーンペイ島社会における首長制に関する人類学的研究を、オセアニアにおける伝統的権威論の二つの潮流との関連において検討する。まず、第一の研究群である「国家のなかの首長」という主題に関して、ミクロネシア地域では、アメリカ統治時代（一九四五～一九九〇年前後）の早い段階で議会制民主主義が導入されたために、近代国家の一部として独立する以前から「土着の政治制度としての首長制とアメリカ時代に導入された民主主義との間で揺れ動くミクロネシア人の両義的な政治意識」［飯高 二〇〇二：二〇三―二〇四］が研究対象にされた。

ポーンペイ島社会に関する研究では、ドイツ統治時代（一八九九～一九一四年）に土地という物質的基盤に関する権限を失い、アメリカ統治時代には民主主義に適応できなかった最高首長の下で、なぜいかにして首長制という政治制度が存続するのかという課題が検討された。あるいは、やや関心は異なるが、アメリカ統治時代において伝統的エリートとしての最高首長と新興エリートとしての政治家がいかに関係するのかという問いも検討された。則竹が論じたように、いずれの問いに対する人類学的研究も、諸外国からの統治政策に対する現地社会の反応という視点から社会変容を読み解くものであった［則竹 二〇〇〇］。

清水は、諸外国からの統治過程において政治経済的な実権を失った首長制が、「名誉」の体系として存続したと論じた［清水 一九九五：五三］。清水や中山など、複数の論者は、このように相対的に自律して存続する首長制の領域が現地社会によって客体化されていることを指摘する［清水 一九九二、中山 一九八六、則竹 二〇〇〇］。つまり、現地社会は、「名誉」の価値に支えられる祭宴と称号にもとづく「土地の側」（*pali en sahpw*）や「ポーンペイの側」（*pali en Pohnpei*）として首長制を客体化し、議会や役所の政治から構成される「役所の側」（*pali en ohpis*）や「外国の側」（*pali en waii*）を首長制の外部に置く。諸外国による統治以降、ポーンペイ島社会の変容は、そのようなカテゴリーの区別をとおして、現地社会が諸外国からの政策に対応する過程として研究されたのである。

ジョン・フィッシャー（John Fischer）や中山は、二つの「側」の分離に注目したうえで、最高首長と新興エリートの交換関係に焦点を当てた。彼らによると、最高首長は、「役所の側」や「外国の側」で活躍し富裕層になる政治家や公務員が自身を脅かす存在であると認識し、高位の称号を彼らに与えることで影響力を確保しようと試みた。逆に、政治家たちは称号欲しさに、競うように最高首長への貢納を行った。こうした互酬的な交換をとおして両者の関係は維持されたという［中山　一九八六、Fischer 1974］。ピーターセンは、最高首長ではなく村首長に焦点を当て、村の位階称号をめぐる葛藤や駆け引きのなかで村が分裂する過程を微細に描いた。ピーターセンはその記述をとおして、土地の支配という物質的な基盤を失ったなかでも、葛藤や駆け引きを含めた動態的な関係性をとおして、首長制が存続し続けると論じた［Petersen 1982a］。また、キムバリー・キーレン（Kimberlee Kihleng）は、島民同士の交換関係において女性が果たす役割を論じた［Kihleng 1996］。

中山は民族史学のアプローチにもとづき、首長制がいかに諸外国との関係性のなかで変容してきたのかを、西洋人との接触初期におけるキリスト教の受容［中山　一九八五］、スペイン統治時代におけるキリスト教をめぐる党派争い［中山　一九八八］、日本統治時代における日本人の進出と現地社会の反応［中山　一九九四ａ］、アメリカ統治時代における新興エリートと伝統エリートの相克［中山　一九八六］に分けて、全時代的な歴史研究をした。則竹は、植民地政策に対する現地の反応という視点からポーンペイ島社会の変容のあり方を歴史人類学的に研究し、ヤップ社会との比較をとおして、同一の植民地政策に対しても文化的反応の差異によって社会変容の仕方が異なることを明らかにした［則竹　二〇〇〇］。

ミクロネシア連邦独立（一九八六年）以降は、連邦政府や国際関係を視野に入れた研究が行われ、そのなかで同じポーンペイ州に属する離島民の存在とポーンペイ島社会の首長制との関係も注目された［中山　一九九四ｂ］。また、ミクロネシア連邦の憲法のなかに首長制がいかに位置づけられるのかという問いに関する研究も進められ、清水やピーターセンは、住民投票の結果として連邦の水準で政治行政のなかに首長制が組み込まれなかった点に触れ、連邦政府や政治家を首長制の外部に位置づけておきたい住民の意思の表れであると論じた［清水

一九九三、Petersen 1997］。なかでも、イヴ・ピンスカー（Eve Pinsker）は、ミクロネシア連邦の全州において、離島との関係も含めて、伝統的指導者にかかわる諸言説を分析した。そして、伝統的指導者や政治家などの評価にかかわる複数の言説共同体（community of discourse）の存在を指摘し、とりわけ連邦や州で活躍する選挙で選ばれた政治家や官僚において互いを評価するやり方が、ローカルな社会生活におけるそれとは異なっていると論じた［Pinsker 1997］。

他方、対面的相互行為に注目する第二の研究群の古典的な研究として、清水は、位階称号にもとづく対面的相互行為に関する意味分析を行い、主人と客人の関係も含めた対面的相互行為のあり方が、位階称号によって条件づけられることを指摘した［清水　一九八五a］。近年では、語用論的アプローチに依拠した言語人類学的研究がキーティングによって行われ、祭宴における位階称号にもとづく対面的相互行為がさまざまな言語的・非言語的な記号の使用という側面から捉え返されている［Keating 1998a; Keating 1998b; Keating 2000］。

三　権威と礼節のフレーム分析――身分階層秩序の動態的な記述に向けて

1　相互行為秩序におけるフレームの脆弱性

私はこれらの先行研究を踏まえ、ポスト植民地時代の社会条件下において、首長制にもとづく身分階層秩序がいかに存立しているのかという問いを考察するに際して、第二の研究群が部分的に依拠するゴッフマンの対面的相互行為論が、外部世界に対する相互行為秩序の脆弱性（vulnerability）［Goffman 1981: 68］という論点を内包していることに注目する。第二の研究群が扱ってきた相互行為秩序が、外部世界とのつながりに対して脆弱性を持つという論点にこそ、首長制を外部に開かれたものとして考察する第一の研究群との結節点がある。

相互行為秩序の脆弱性という論点は、フレーム（frame）という概念をめぐるゴッフマンの議論において重要な役割を果たす。フレームとは、グレゴリー・ベイトソン（Gregory Bateson）によって概念化され、その後にゴッフマンに援用された概念である。ベイトソンは、人間や動物のコミュニケーションの心理的過程には抽象度の異なる複数の次元があると想定する。たとえば二匹の子ザルの咬みつきあいというコミュニケーションには、二つの心理的過程がある。まず無意識的な一次過程において、咬みつきは、直接的には闘いのメッセージを伝えると同時に、そのメッセージとは矛盾するメッセージ、すなわち闘いを否定する「これは遊びだ」というメタ・メッセージを伝える。次に、意識的な二次過程において、「闘い」と「遊び」は区別される。咬みつきという「遊び」はこうした一次過程と二次過程の特異な組み合わせから成り立っている［ベイトソン　二〇〇〇：二六〇―二六九］。

ベイトソンは、絵の額縁（frame）が絵を囲い込むように、他のメッセージから「これは遊びだ」というメタ・メッセージを囲い込もうとする心理の働きに注目し、それをフレームという概念で捉える。心理的な概念であるフレームは二次過程において、メタ・メッセージ（これは遊びだ）を際立たせる一方で、メッセージ（闘い）への知覚を抑制しようとする。ベイトソンにとって、心理的なフレームは「ある論理階梯のものを別の論理階梯のものから括りとる」［ベイトソン　二〇〇〇：二七二］ように働くものであり、「〈図〉を浮き立たせて知覚させるうえで〈地〉自体も枠づけられなくてはならないという、心的過程における必要の現われ」［ベイトソン　二〇〇〇：二七一、強調は原文のまま］なのである。

他方、ベイトソンは、二次過程においてメッセージとメタ・メッセージが区別されない事例にも触れている。アンダマン島の停戦儀礼においては、双方が相手を自由に攻撃する儀式を経た後に正式な停戦が訪れる。ところが、この儀礼攻撃が本当の攻撃だと受け取られ、再び激しい戦争に陥ることもあるという。ベイトソンはこうした事例から、「現在の状況を『遊び』または『儀式』として枠づけるフレームのもろさ」［ベイトソン　二〇〇〇：

二九二］を理論的に孕むものとして、フレーム概念を定位した。
フレーム概念を心理的な概念として位置づけたベイトソンとは異なり、ゴッフマンは、出来事と認識の組織化にかかわるものとしてフレーム概念を位置づけた［Goffman 1981: 64］。そして、ゴッフマンはフレーム概念を軸にした状況定義論を展開した。社会学者の中河伸俊は、ゴッフマンのフレーム概念について以下のように述べる。

> フレームは、人が、自分が「いま・ここ」で経験する活動や出来事を組織だった形で理解するにあたって依拠するいわゆる〝頭の中〟の認知的なスキーマ（図式）であるだけでなく、同時に、人びとがコミュニケーション（およびメタコミュニケーション）的な道具立てを使って、協同の活動を組織化する際に実際に使われる相互行為的な〝状況の定義〟でもある［中河　二〇一五：一三一―一三二、強調は原文のまま］。

ゴッフマンのいう状況とは、「すでに存在する（あるいはこれから存在することになる）集まりの空間的環境の全体を指す」［ゴッフマン　一九八〇：二〇］ものである。異なる視点や関心を持つ当事者は、彼らの居あわせる状況のなかで何が進行しているのかについて同一の理解を得ることで、はじめて相互行為が可能となる。こうした状況理解こそ、彼が「状況の定義」と呼ぶものである。

ゴッフマンによると、状況の定義とは、当事者が創造するものではなく、当事者自身が、その場で進行している活動（activity）をどのように把握するべきかを理解し、その理解に従って相互行為することを指す［Goffman 1974: 2］。フレームとは、活動の周りで進行しているはずの出来事群から活動自体を囲い込むことで理解を達成しようとする認識上の区別である。ゴッフマンは、こうしたフレームの作成が時間的・空間的な「括弧入れ」（bracketing）を伴うと指摘する。つまり、フレームの作成過程において、活動の周りで進行しているはずの出来事群は時間的・

空間的に括弧に入れられ、当事者に経験される「内部」（活動）と当事者に経験されない「外部」（出来事群）は区別されることになる［Goffman 1974: 251-254; cf. 木村　二〇〇七］。

他方、ベイトソンのフレーム概念と同様に、ゴッフマンのフレーム概念も脆弱性を孕むものである［Goffman 1981: 68］。そのため、当事者による活動の理解は、括弧入れにより排除したはずの「外部」から完全に切り離すことができず、フレームに緊張が生じる余地がある［Goffman 1974: 247-257］。ゴッフマンによると、対面的相互行為における現実認識の一致は、フレームに生じる緊張がいかに管理され、当事者の理解における活動と出来事群の境界がいかに維持されるのかにかかっている。同じくフレーム概念における脆弱性に注目したミッシェル・カロン（Michel Callon）は、対面的相互行為の当事者に共有されるフレームは「外部世界をいわば括弧に入れるが、外部世界とのあらゆるつながりを実際には廃棄しない」［Callon 1998: 249］と指摘する。

ゴッフマンは、このようにフレームの脆弱性を認めたうえで、フレームに緊張が生じる可能性や、その結果として相互行為秩序が再構成され、フレームが変容する可能性を指摘した。ゴッフマンが想定するフレームの変容のあり方は、主に「転調」（keying）と「偽装」（fabrication）という二種類のものに区別される。ゴッフマンは、相互行為の当事者たちに同一の理解を共有させている特定の規約のまとまりを調性（key）と呼ぶが、相互行為の過程において特定の調性から他の調性へと理解のあり方が移行していく過程を転調と呼ぶ［Goffman 1974: 44］。ベイトソンが事例として挙げたような、儀礼攻撃が本当の攻撃になってしまうような事態がまさしくこれにあたる。また、偽装とは、相互行為における一部の当事者が「ここで進行していることについて誤った信念を抱かせるために活動を操作する」［Goffman 1974: 83］ように、相互行為を再構成することを指す。たとえば、誕生日などのサプライズ・パーティーにおいて、主役を驚かすために、周囲の者が気づかれないようにやり取りを行う場合である。

ゴッフマンは対面的相互行為を支えるフレームの脆弱性に注目し、フレーム内部にどのような変容が生じるのかを転調と偽装という概念で捉えた。しかし、ゴッフマンは、相互行為を支えるフレームにおける内部と外部の連続性を想定しながらも、相互行為の外部をいかに捉えるのかという点については必ずしも考察を深めなかった。これに対して、本書ではフレームにおける内部と外部がいかに連関するのかを検討することによって、対面的相互行為の次元において身分階層秩序がいかにポスト植民地時代の社会条件と関係しているのかを考察する。

2 相互行為のフレームにおける「括弧入れ」と「あふれ出し」

本書では、第一の研究群と第二の研究群を架橋するために、カロンの議論に注目する。彼の議論は、フレーム内部の変容に関心を集中させたゴッフマンの対面的相互行為論に対して、アクター・ネットワーク理論（Actor-Network Theory）の立場から、フレームの内部と外部がいかに関係するのかを捉える動態分析モデルを確立した。

カロンは、ブルーノ・ラトゥール（Bruno Latour）やジョン・ロー（John Law）とともに、アクター・ネットワーク理論を推進してきた人物である。この理論は、事実や知識を自明な真理として認めず、人間のみならず、さまざまなモノを含む諸要素（アクター）から構成されるハイブリッドな関係性（ネットワーク）の動態として、事実や知識が生み出されることを論じるものである。アクター・ネットワーク理論では、諸要素に関心を抱かせ、諸要素を動員することで関係性が構築される過程、すなわち「翻訳」（translation）［Callon 1986; ラトゥール 一九九九：一八七］の過程が焦点になる。[14] この過程からみれば、事実が確固たるもののように見えるのは、翻訳の連鎖をとおして諸要素の関係性が安定し、「多数の要素がひとつのものとして作動するようにさせられた」［ラトゥール 一九九九：二二七］状態の成立、つまり「ブラックボックス化」の結果である。逆に、翻訳が失敗することで諸要素の関係性が不安定になることもある［Callon 1986: 219-221］。

このようなアクター・ネットワーク理論の方法論的な原則は、「諸要素（アクター）を追う」ことである［足立二〇〇一：一〇〕。ただし、実際のフィールドワークにおいて、すべての諸要素の動きを同時に追うことは不可能である。足立明はこのように、すべての諸要素を追うことが不可能であるとしたうえで、アクター・ネットワーク理論を用いた事例研究について、カロンによるフレーム概念の援用を取り上げて以下のように述べる。

具体的な研究ではどうしても何らかの状況設定やアクターの役割に制限を加えて、議論の場を設定する必要がでてくる。例えば、アクターとアクターが、その他のアクターと一定独立して関係しあう場を設定するために、「フレーム」という概念を導入することもある〔足立　二〇〇一：一〇―一一〕。

カロンは、アクター・ネットワーク理論が記述・分析する諸要素の関係性の動態を、経済的な相互行為という限定された場において研究した〔Callon 1998〕。このように、具体的な事例研究の場を固定するという研究上の戦略は、個々の設定からはみ出す諸要素について不完全な理解を導くというよりは、むしろ異質で雑多な諸要素が関係しあう複雑な現実を見るための「発見的装置」（heuristic device）〔cf. Candea 2007: 179〕であるともいえる。

カロン自身は、諸要素の関係性という視点を埋め込んだ相互行為論を、経済学における「経済的外部性」（economic externality）という概念に関する具体的な事例の再検討をとおして提示した。経済的外部性とは、ある経済活動が直接取引を介さずに他の経済主体の活動にもたらす影響（たとえば企業による公害が周辺住民に与える被害や、企業による技術開発が社会に与える恩恵）のことである。このような経済的外部性を考慮しない場合、もし公害の責任を企業が引き受けないとしたら、公害という要素は、その企業も含めた経済主体間で行われる経済活動に関する経済的利益の計算から除外される。カロンは、このような経済主体間における相互行為をゴッフマンのモデルで捉え、経済主体間の相互行為が経済的外部性を「括弧入れ(15)」することによって、互いの利益を計算可能にするフレームを作成していると指摘する［Callon 1998; cf. 中川　二〇〇六］。しかし、たとえば住民の健康被害の解消という要請に応えて、公害という要素を考慮する必要が生じると、それまでの計算は通用しなくなる。カロンはこうした事態について、「括弧入れ」したはずの要素（経済的外部性）が「あふれ出す」（overflow）ことによって、相互行為秩序のフレーム（経済活動における共通理解としての利益計算のフレーム）が緊張した結果であると分析する。カロンによれば、このような「あふれ出し」は、さまざまな装置によって同定・測定され、計算可能性を与えられることによって、経済主体間の相互行為におけるフレーム内部に組み込まれる［Callon 1998; cf. 中川　二〇〇六］。

カロンはこのように「あふれ出し」と「括弧入れ」という概念を用いて、フレームにおける内部と外部がいかに関係するのかを、諸要素の関係性という次元で記述・分析する動態分析モデルを確立した。カロンのモデルがいかにゴッフマンの相互行為論を描き直したのかについて整理すると、以下の四つの段階として説明できる。

（i）社会生活において、個々の行為者はさまざまな人やモノから成る諸要素と潜在的に結びつく可能性を持つ。

（ii）個別的な状況において対面的相互行為を支えるフレームが、周りで進行している出来事群を無関係なものとして「括弧入れ」し、相互行為においてフレーム内部の諸要素を際立たせる。そうした「括弧入れ」をとおして、フレーム内部において諸要素の関係性が安定した秩序を形成し、相互行為が成立する。

（iii）フレームの脆弱性ゆえに「括弧入れ」していたはずの要素が「あふれ出し」、内部と外部の境界が不安定化することによって、フレームが緊張する。

（iv）具体的な装置や行為を通じて「あふれ出し」た要素をフレーム内部に取り込むことによって、新たな相互行為秩序のフレームが再作成される。逆に、アクター・ネットワーク理論において翻訳の失敗が想定されるように、「あふれ出し」の取り込みに失敗して、フレームが緊張し、対面的相互行為が成り立たなくなることもある。

以上のように、カロンの動態分析モデルに従うなら、対面的相互行為における身分階層秩序の成立と変容は、「括弧入れ」と「あふれ出し」という二つの過程の交渉として記述・分析できるのである。

3　位階称号にもとづく相互行為と多様な人物評価

モーリス・ブロック（Maurice Bloch）は、伝統的権威を支える儀礼的コミュニケーションについて、それが文化の他の側面に比べて相対的に変わりにくく、「少なくとも短期間にはたやすく修正されえない」〔ブロック 一九八九：四〇六〕と述べる。本書では、権威の「変わらなさ」というよりは、むしろ本章の冒頭で示したような、首長や高位者に対する敬意と不満が繰り返し現れる可変的な状況に着目して、現代ポーンペイ島社会において伝統的権威体制と身分階層秩序がいかに存立しているのかを問う。

その点で、諸要素の「括弧入れ」と「あふれ出し」によって相互行為秩序の動態を説明するカロンの動態分析モデルは、儀礼的コミュニケーションを内部と外部の連続性から捉えることによって、状況に応じて可変的に現れる身分階層秩序の動態を記述しうる。だが、ベイトソンによるフレームの定義に立ち返るなら、メッセージ（外部に排除すべき諸要素）を括弧に入れようとする働きと、メタ・メッセージ（フレームの内部）を際立たせる働きは別々に考える必要がある。

カロンの分析した市場取引では、フレームの働きによって維持され続けるメタ・メッセージは、あくまで計算可能性であった。つまり、外部からあふれ出す諸要素を測定可能にし、新たに計算可能にするという条件をつくり続けよ、というメタ・メッセージであった。

したがって、カロンの動態分析がフレームの内部を計算の問題に還元したのとは異なり、首長制にもとづく身分階層秩序を支えるフレームの内部（メタ・メッセージ）を検討するためには、首長や称号保持者の振る舞いや態度に対する当事者の見方や態度に着目する必要がある。

当事者の見方や態度を議論に組み込むうえで、深田淳太郎の経済人類学的な議論が参考になる。深田は、パプア・ニューギニアのトーライ社会における葬式の事例をもとに、貝貨タブに対する多様な意味解釈（死者への弔意、故人の生前の功績、親族集団との良好な関係の表示、売買の媒体）のなかから、特定の意味が前景化する過程を示した［深田 二〇〇九］。深田によると、タブの使用実践やその周囲を取り巻く無数の要素が相互につながったり区切られたりすることをとおして、コンテクストが生成されると同時に、コンテクストに応じた実効的な意味が可視化される。深田の議論におけるコンテクストは、貝貨タブをめぐる多様な意味解釈から特定の意味解釈を囲い込むという点において、本書でいうフレームの作成とほぼ近しいものと考えられる。ただし、位階称号にもとづく相互行為を主に扱う本書では、首長や位階称号保持者に対する意味解釈、すなわち人物評価に注目することになる。したがって、位階称号にもとづく厳格なやり取りが成立しているという状況も、相互行為の当事者たちを位階称号という要素と結びつけるフレームの働きによって、位階称号以外の多様な人物評価が「括弧入れ」された結果と考える必要がある。

ポスト植民地時代のポーンペイ島社会に特徴的な人物評価の要素として、位階称号以外に、政治家や官僚や公務員としての経歴があげられる。これらの経歴を保持する人物は、仮に高位称号を手にせずとも、社会的に尊敬される立場にある。ピンスカーは、ポーンペイ島民に共有される人物評価の図式が、親族関係や地縁的つながりにもとづく村の水準、最高首長（paramount chief）が関与する首長国の水準、国家や州政府の水準、国際政治にかかわる水準といった、共同体の規模ごとに異なると指摘する［Pinsker 1997: 172-182］。さらに、村の水準においても、称号にもとづく「名誉」が身分階層秩序構築の決定的な要素でありながら、実際の人物評価には年齢や性別、系譜、農作業における勤勉さ［清水　一九九二：一四〇］といった雑多な要素もかかわっている。

したがって、ポスト植民地時代のポーンペイ島社会には、国家のなかのさまざまな水準ごとに異なる評価図式や、日常生活における相互評価といった多様な人物評価がある。このような多様な人物評価のうち、無関係な人物評価を「括弧入れ」し、その場にふさわしい人物評価を際立たせる動きとして、相互行為におけるフレームの働きを想定できる。本書では、こうした多様な人物評価にかかわる島民の表現や在地のカテゴリーをすくい上げることによって、身分階層秩序を支えるフレームの変容を具体的に記述する。

以上より、本書では、諸要素の関係性という視点を埋め込んだフレーム概念、およびそれに付随する「括弧入れ」と「あふれ出し」という概念を用いて、首長制にもとづく対面的相互行為が（首長制の外部にあるとみなされうる）ポスト植民地時代のポーンペイ島社会における政治経済的条件にもとづく諸要素と関係しながら、いかに成立・変容するのかを記述・分析する。人類学者の中川理はカロンの一連の研究を評価するなかで、「どのような細部の積み重なりによって（中略）強固に見える現実が作られているのかを記述することは、同時にどの細部を動かせば変化が起こるのかを明らかにすることである」［中川　二〇一一：八三］と指摘する。本書は、首長の権威や位階称号の名誉、称号保持者間の序列にかかわるフレームの変容に焦点を当て、具体的な出来事と行為のなかで首長の権威と身分階層秩序が少しずつ構成を変えながら維持・創出される過程を分析する。

四　本書の構成

本書は、序論に続く民族誌部分（第一章〜第七章）を二部構成とし、それらの章を踏まえた結論を最後に提示する。

第Ⅰ部「ポスト植民地時代における位階称号と礼節の技法」では、祭宴や式典の場における礼節行為によって身分階層秩序を可視化するという、ポーンペイ島社会に特有な対面的相互行為に焦点を当てる。その際、身分階層秩序の可視化が称号体系とのあいだに微細な乖離を孕みながら実践される点に着目し、祭宴や行事における対面的相互行為を個別的な状況と関連づけて分析することにより、身分階層秩序の可視化をめぐるポーンペイ島民独自の実践論理を明らかにする。

第一章では、ポーンペイ島社会の首長制に関する研究蓄積をもとに、ポスト植民地時代ポーンペイ島社会において伝統的権威と身分階層秩序を取り巻く環境が、どのような歴史的展開のなかで生じたのかを素描する。とりわけ、およそ二〇〇年にわたる諸外国からの影響（キリスト教の伝来や諸外国からの統治といった諸経験）に対して、ポーンペイ島民たちがいかなる反応を示したのかという観点から歴史的背景を描く。

第二章では、位階称号とその順位に価値を置く島民の姿に反し、今日の祭宴において、しばしば正確な順位を反映しない形で、称号の呼び上げという礼節が遂行されるという矛盾に焦点を当てる。そのうえで、位階順にもとづく称号の呼び上げという礼節の技法を、個々の祭宴の状況と突きあわせて考察することによって、身分階層秩序の可視化にかかわる相互行為秩序のフレームがいかに維持・創出されているのかを明らかにする。

第三章では、隣接する島嶼社会（ヤップ社会やパラオ社会）や遠い外国（アメリカや日本）からの要人との政治的な出会いの場を検討する。とくに、ミクロネシア全域から伝統的指導者や要人が参加した式典や、開発援助への感謝を示すためにアメリカ大使を招いて開かれた行事といった事例を取り上げ、来賓客に対する歓待の場において、位階称号にもとづく身分階層秩序がいかなる形で可視化されるのかという点について分析する。

第Ⅰ部と第Ⅱ部のあいだに挿入される「間奏」では、調査者である私自身が身分階層秩序の一部になっていく過程で、島民たちがいかに私の地位や立場を可視化しようとしたのかを描き、第Ⅰ部の内容を補完する。

第Ⅱ部「首長の権威と祭宴のポリティクス」では、首長制にかかわる祭宴や行事を構成する三つの異なる水準の社会集団（親族、村、首長国）を取り上げ、首長の権威をめぐって島民たちがいかに協働的な活動を行うのか、それにより権威と秩序がいかなる形で維持・創出されるのかを検討する。これらの民族誌的記述では、島民たちが首長に対して惜しみない協力や貢納を行うだけではなく、時に首長への不信や葛藤を抱える点、さらには首長への協力や貢納とは異なる動機にもとづいて祭宴や行事に参加する点に着目する。

第四章では、村首長が祭宴に参加するうえで不可欠となる、親族による物財の供出という協働的な活動に焦点を当てる。そのうえで、村首長の権威をめぐる両義性――島民たちからの敬意と不満が同居する両義的な状態――に注目しながら、親族間の協働という局面において、村首長と周囲の親族の関係性が変容する過程について考察する。

第五章では、土地改革以降のポーンペイ島社会において、村という共同体の境界と輪郭を確定することが難しくなったという点に注目する。そして、各々の村で一年に一度催される「村の祭宴」における相互行為過程のなかで、立場の異なる島民たちがどのように村に関与し、村を境界づけ、村を意味づけているのかという点に焦点を当て、村という集団の理解にかかわるフレームがいかに構成されるのかを明らかにする。

第六章では、パン果やヤムイモの初物献上も含め、各村から最高首長に対する儀礼的貢納が毎年のように繰り返し実践されていながらも、実施される時期が不統一になっているという点に注目する。そのような事例から、最高首長への儀礼的貢納という活動自体が持つ今日的な含意を、貢納物のゆくえに焦点を当てて明らかにする。

第七章では、主として一九七〇年代以降の先行研究のなかで散見される、「最高首長が祭宴や称号をビジネスにしている」という島民の不満に注目する。そして、このような「首長国ビジネス」に対峙するポーンペイ島民が、首長制の実践と今日の現金経済とのあいだに歪みや矛盾を感じつつ、あるべき「ポーンペイの仕事」をいかに維持・創出しようとしているのかを論じる。
結論では、本書の民族誌から明らかになった点を振り返り、ポスト植民地時代のポーンペイ島社会において身分階層秩序がいかに維持・創出されているのかを整理したうえで、ポスト植民地時代の伝統的権威論が取るべき一つの方向性を示す。さらに、本書が注目する「権威と礼節」という主題に関して人類学的に考察し、独自の礼節論として提示する。

注

（1）オセアニア一般でカヴァと呼ばれるコショウ科の植物（学名：*Piper methysticum*）のことであり、ポーンペイ語でシャカオ（*sakau*）という。石で叩き潰すことによってカヴァの根から抽出される樹液は、オセアニアの多くの社会で飲料として使用されている。

（2）ビンロウジは、オセアニアからアフリカまで広く分布する嗜好品であり、石灰でまぶした実をキンマの葉で包んで噛むという嗜み方をする。ポーンペイ島では市販のタバコを加えて包むこともある。この嗜好品の特徴は、石灰の作用により、口に入れて噛んでいると赤色に変色する点にある。ポーンペイ島では元来は嗜まれていなかったが、ヤップ本島などから持ち込まれ、今では多くのビンロウヤシが植えられている。

（3）ポーンペイ語でいう「おかず」とは、動物の肉のことである。具体的には、ブタやイヌの肉、魚、缶詰などを指している。ベニート一家の人びとは、動物の肉がない食事は良くないと口癖のように言っていた。ベニートが祭宴から持ち帰るブタ肉は、一家の食事を豊かにするものであった。

（4）政治的発展の類型化においては、エルマン・サーヴィス（Elman Service）が、バンド（band）、部族（tribe）、首長国（chiefdom）、国家（state）という四類型を設定したように［サーヴィス　一九七九］、首長国は統合形態の理念型の一つとして設定された。

（5）サーリンズはポリネシア諸社会の首長制における物財の再分配に関して、領地内の住民から集められた「権力の財源の再分配は、ポリネシア政治の最高の芸術」であり、「社会活動を（中略）政治的により強く規制することができた」［サーリンズ　一九七六：二〇二―二〇三］と述べている。

（6）たとえば、ブラウェン・ダグラス（Brownen Douglas）による民族誌的な検証作業は、社会統合の類型と地理的区分との対応関係に修正を迫るものであった。ダグラスは、サーリンズのモデルにおけるポリネシアとメラネシアというラベルが、フィジー（Fiji）やニューカレドニア（New Caledonia）などの社会を単なる例外として斥けてしまうという点を問題視した。さらに彼女は、ビッグ・マン社会でも出自や系譜が、首長制社会でも競争や能力がリーダーシップの構成要件になっていることを指摘した［Douglas 1979］。

（7）清水が集中的首長制に分類しているのは、ポーンペイ、チューク、中央カロリン、マーシャル、コスラエ、北部ギルバートである。一方、パラオとヤップは「同等者中の第一人者」的首長制に分類されている［清水　一九八九］。

（8）小田亮は、伝統的権威者に対して人びとが持つ負い目が無限化されることに、再分配という非等価交換の成立根拠を見る。そして、負い目を払拭する市場交換、負い目を持続する贈与交換、負い目を曖昧化する分配（sharing）を設定し、負い目を無限化する再分配とあわせて「交換の四角形」と名づけている。小田によれば、これらの交換の組みあわせで社会は成り立つ［小田　一九九四：七四―一〇〇］。さらに、「互酬性概念に象徴のレヴェルの導入の観点が加えられる余地」［前川　一九八四：一七五］という前川の指摘を踏まえると、住民たちが高い象徴的価値を持つ儀礼財を首長に贈ることで威信を獲得し、首長が儀礼財を一手に集めることで象徴的価値を一時的に独占し、それを住民たちに配り直すことで名誉を高めるという、名誉と威信のエコノミーを読み解くこともできる。

（9）ワグナーは、人類学者の側と同様に、人類学者の研究対象となる人びとの側にも創造性を認め、文化を慣習（convention）と非慣習（nonconvention）との関連から創出（invention）されるものと捉え直した［ワグナー　二〇〇〇］。サーリンズは、ワグナーのいう慣習と非慣習の関係を歴史過程における構造と出来事の関係として把握したのである。前川によると、ワグナーのいう非慣習は社会の内部と外部の双方に由来し、「非慣習が外部からもたらされた場合の創出を扱っているのがサーリンズの立場」［前川　二〇〇四：一一〇、強調は原文のまま］である。

（10）このような状況はオセアニアのみならず、アフリカでも見られる。たとえば、松本尚之は、ナイジェリアのイボ社会がかつて非集権的な社会であったにもかかわらず、二〇世紀初頭から中頃までに至るイギリス植民地政策のなかで、「首長」と呼ばれる地位が生まれ定着していった過程について論じている［松本　二〇〇六、二〇〇八］。

（11）リンドストロームとホワイトは、オセアニアやアフリカのポスト植民地国家における首長の位置づけを三つに分ける。それは、㈠国家と在地の両方を代表する政治家としての首長、㈡国家と在地を媒介する官僚としての首長、㈢伝統に依拠して国家に抗する首長である［Lindstrom and White 1997］。

（12）王権の二重性の議論は、エルンスト・カントーロヴィチ（Ernst Kantorowicz）の『王の二つの身体』に影響を受けている［カントーロヴィチ　二〇〇三］。彼が検討したのは、王権の存続を理論的に可能にするために英国の法律家が導入した、王が二つの身体を持つという法的虚構である。これを踏まえた研究の関心は、生身の人間がいかにして超越性を持つのかを解明することにあった［cf. 小田　一九九四：一二三―一四八］。

(13) 言語人類学的研究をはじめ、身分階層秩序を可変的なプロセスとして捉えようとする関心がオセアニア研究の一部にある。たとえば、クリスティナ・トーレン（Christina Toren）は発達心理学の手法を援用しながら、フィジーの首長制を事例として、身分階層秩序にかかわる意味論的なカテゴリーがいかに認知発達のなかで理解されるようになるのかを民族誌的に示した［Toren 1990］。

(14) カロンは、フランスのセント・ブリオーク湾におけるホタテ貝の養殖事業を事例に、諸要素の関係性が構築される過程を説明する［Callon 1986］。カロンが提示する事例において、セント・ブリオーク湾のホタテ貝養殖を改善しようと試みる研究者たちは、日本の養殖技術を移転するプロジェクトを構想し、ホタテ貝、漁師、科学者という三つの異なる要素をその構想に必要なものとして定義づける。カロンは、これらの研究者たちによる交渉と調整をとおして、各々の要素が既存の関係性を離れて、彼らのプロジェクトに関心づけられ、各々の要素が果たす役割を調整することをとおして、プロジェクトを成功に導く関係性に諸要素が動員される過程を提示した。

(15) これは、フレーム内部（における諸要素の関係性）が安定する結果、円滑な計算が進められているという点において、アクター・ネットワーク理論における「ブラックボックス化」の過程に相当すると考えられる。

●第Ⅰ部　ポスト植民地時代における位階称号と礼節の技法

第一章　歴史のなかの首長制

一　ポーンペイ島社会の概況

ポーンペイ島は、ミクロネシア地域の東カロリン諸島に属し、北緯七度、東経一五八度の位置にある火山島である。ポーンペイ島にはミクロネシア連邦の首都パリキール（Palikir）が置かれ、離島の島々とともに同国のポーンペイ州（Pohnpei state）に属する。ミクロネシア連邦には、ポーンペイ州に加えて、チューク州（Chuuk state）、コスラエ州（Kosrae state）、ヤップ州（Yap state）の四つの州がある。ミクロネシア連邦は、パラオ共和国、マーシャル諸島共和国、キリバス共和国、ナウル共和国、アメリカ合衆国自治領の北マリアナ諸島、アメリカ合衆国領のグアムと海上で国境を接する（図1―1）。

ポーンペイ島の面積は三四四平方キロメートルであり、最大標高は七七二メートルである。海洋性熱帯気候であり、日中の年平均気温は摂氏二七度前後である。一年の季節は貿易風の風向きによって雨期（四月〜一一月）と乾期（一二月〜三月）に分かれるが、年間をとおして雨の降る日は三〇〇日を超え、世界有数の多雨地帯として知られる。年間降雨量は約四八〇〇ミリメートルにまで達し、四〇以上の河川が流れる［Balick, Lorence, Ling and Law

図 1-1　ミクロネシアにおけるポーンペイ島の位置

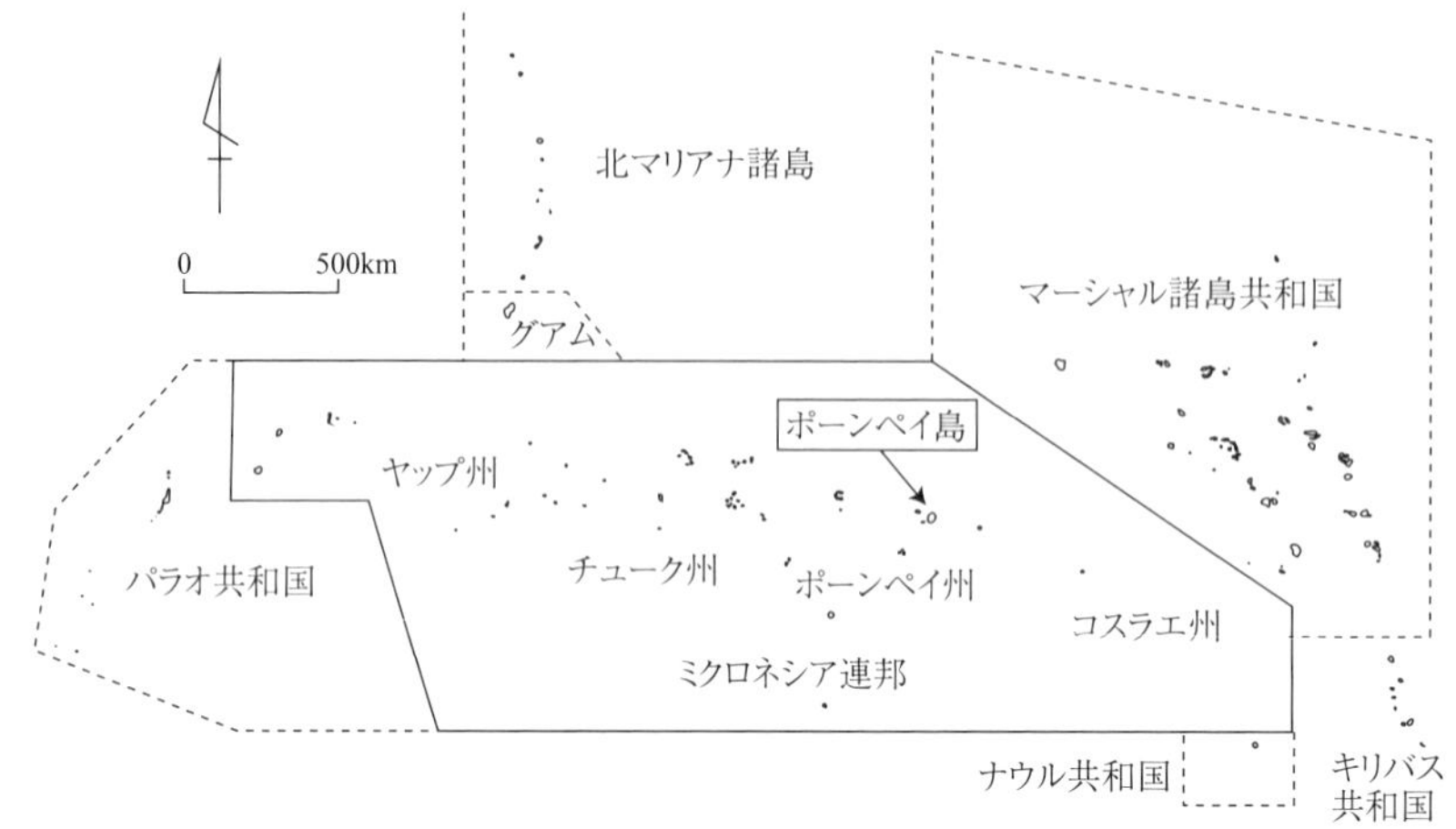

出所：河合利光の著作［河合 2001: 10］をもとに筆者作成

2009: 6-7]。島全体に熱帯雨林が生い茂り、沿岸部はマングローヴ林で覆われている。

ミクロネシア連邦の各州には州の下位単位として、行政区（municipality）がある。ポーンペイ島には、ポーンペイ州に属す一一の行政区のうち、マタラニーム（Madolenihmw）、ウー（U）、キチー（Kitti）、ネッチ（Nett）、ソケース（Sokehs）、コロニア・タウン（Kolonia Town、以下コロニア）という六つの行政区がある。各行政区には民主主義的な選挙で選ばれた行政区長（chief minister）がいる。残り五つの行政区はポーンペイ島の離島にある。なお、コロニアはポーンペイ州の州都である。ミクロネシア連邦の首都パリキールはソケース行政区内にある。

序論でも既に言及したが、以下では便宜的に、ポーンペイ語のウェイ（*wehi*）を首長国、コウシャップ（*kousapw*）を村と訳出して、首長制の政体を記述する。首長国とは、「首長国の主《あるじ》」（*kaun en wehi*）である最高首長のナーンマルキと、「首長国の助役」（*sounsawas en wehi*）である副最高首長のナーニケン（*Nahnken*）を頂点に編成される政体である。清水によると、こうした首長国の政体は、双分的・二重首長制組織として理解される［清水　一九八九：一三〇］。村は首長国の下位単位で

図 1-2　ポーンペイ島における 5 つの首長国=行政区

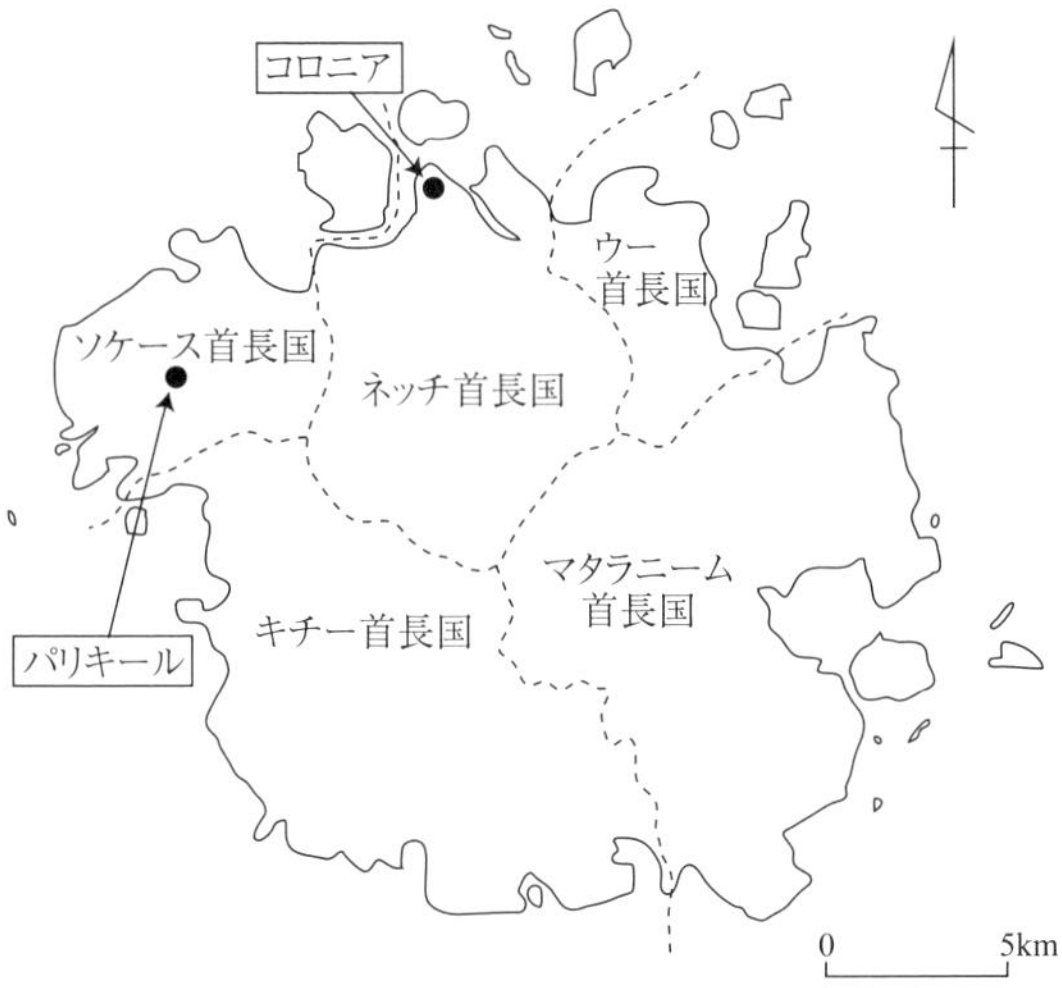

出所：ソール・リーゼンバーグ（Saul Riesenberg）の報告書［Riesenberg 1968: 9］をもとに筆者作成

あるが、首長国と同型の政体であり、村首長と副村首長（*peliendahl*）を頂点に構成される。二〇一二年当時のポーンペイ島には、五つの首長国と一五四の村があった。

ここで行政区と首長国の関係について概観する。コロニアとネッチを除く行政区には、名称と地理的な境界を同一にする首長国が重なる。たとえば、ウー行政区とウー首長国は地理的な境界を共有する。ネッチ首長国はコロニア行政区とネッチ行政区を包含する（図1―2）。これらの首長国は行政区と地理的な境界をともにするが、政治的には分かれている。つまり、行政区長は最高首長と一致せず、行政区と首長国は政治的に切り離されている。さらに、ウー行政区とウー首長国は地理的に同一であるが、政治的に重なり合うことはない。それより下位の行政単位はない。

二〇一〇年の人口調査資料では、ポーンペイ島の総人口は三万四七八九人である［Division of Statistics, FSM Office of Statistics, Budget, Overseas Development Assistance and Compact Management 2012: 8］。ミクロネシア連邦における公用語は英語であるが、ポーンペイ島民は現地語のポーンペイ語で日常会話を行う。島民の大半はキリスト教徒である。二〇〇〇年の人口調査資料によると、島民の約五六パーセントはローマ・カトリック教会、約三四パーセントはプロテスタントの会衆派に属するユナイティド・チャーチ・オブ・クライスト教会（United Church of Christ）、約一パーセントはセブンスデー・アドヴェンティスト教会（Seventh-Day Adventist Church）、約二パーセントはプロテスタントのバプティスト教会（Baptist）、約一・五パーセントは末日聖徒イエス・キリスト教会（The Church of Jesus Christ of Latter-Day Saints：モルモン教会）、約五・六パーセントがその他の宗教に属している。その他の宗教には、プロテスタントのペンテコステ派に属するアッセンブリーズ・オブ・ゴッド教会（Assemblies of God）などが含まれる［Division of Statistics, Department of Economic Affairs 2002: 54, 315］。

二〇〇〇年の人口調査資料にもとづくと、学生や主婦や定年退職者を除く一五歳以上の労働人口のうち、約四六・六パーセントの住民が市場《いちば》での売買も含む農耕や漁業活動に従事する。そのほか、約二八・七パーセントが民間の賃金労働者、約二一・八パーセントが公務員、約一・八パーセントがアメリカ合衆国などの外国政府からの雇用者、約一・〇パーセントが自営業や家内労働者である［Division of Statistics, Department of Economic Affairs 2002: 19, 72］。民間の賃金労働には外国人向けのホテルやレストラン、小規模商店などが含まれる。公務員の給与は、アメリカ合衆国とミクロネシア連邦のあいだで一九八六年に締結された自由連合協定（Compact of Free Association）にもとづく財政援助によって保障されている。なお、自国の通貨を持たないミクロネシア連邦では、アメリカドルが通貨である。

連邦政府機関や行政機関、教育機関、そして観光客などの外国人を主な対象にするホテルやレストランは、ミクロネシア連邦の首都パリキールとポーンペイ州の州都コロニアを中心とする島の北部に集中している。そのため、コロニア行政区では労働人口のうち民間の賃金労働者が約四九・七パーセント、公務員が約三四・五パーセント、島北部のその他の行政区（ネッチ、ソケース、ウー）では民間の賃金労働者が約三一・九パーセント、公務員が約二三・一パーセントというように、島北部においては相対的に賃金労働者や公務員の割合が高い［Division of Statistics, Department of Economic Affairs 2002: 19, 72］。

ミクロネシア連邦の学校制度は、アメリカ合衆国の八・四制をモデルにしている。満六歳以上の子どもに対する義務教育を実施する初等学校は八年制、その後に進学する高等学校は四年制である。ポーンペイ島の公立高校は、コロニアにあるポーンペイ島中央高等学校の一校のみである。初等学校と高等学校にはキリスト教系の私立校もある。高等教育機関としては、ミクロネシア短期大学の本校と分校がある。ポーンペイ島中央高等学校とミクロネシア短期大学には食堂があり、ポーンペイ島民が雇用されている。

医療機関としては、ポーンペイ州立病院とフィリピン人の経営する病院がある。ただし、医療技術が低いため、重病の場合には治療のためにグアムやフィリピンに患者が搬送される。

島内の主な交通手段は自動車による移動であり、乗合のタクシーもある。一九九〇年代にはポーンペイ島を一周する道路が完成し、島内各地への移動が容易になった。

現代のポーンペイ島社会は、諸外国との接触のなかで歴史的に形成された。過去二世紀の歴史において、グアムとキリバスを除くミクロネシア地域の島々は、キリスト教伝来の後、スペイン（一八八五～一八九九年）、ドイツ（一八九九～一九一四年）、日本（一九一四～一九四五年）、アメリカ合衆国（一九四五～一九八六年：パラオは一九九四年）という四ヶ国からの統治を受けた。このうち、スペインとドイツによる植民地統治とは異なり、日本の統治は国際連盟の委任統治領、アメリカ合衆国の統治は国際連合の太平洋諸島信託統治領という形式であった。ミクロネシア地域は東アジアと東南アジアの窓口であるという地政学的条件を有するため、アメリカ合衆国は今でも政治・軍事的に重要な拠点とみなしており、ミクロネシア諸国家の独立後も自由連合協定にもとづく財政援助をとおして関係を築いている。日本も、戦前と戦中に統治国であったという歴史的関係から、政府開発援助（ＯＤＡ：

Official Development Assistance）を中心に密接な関係を図っている。

ポーンペイ島はこうした諸外国による統治を経て一九八六年にミクロネシア連邦の一部として独立した。諸外国による統治過程における政治経済的条件の変化は島民の社会生活のみならず、伝統的権威と身分階層秩序の存立にも大きく影響した。本章では、諸外国の統治下において首長制がいかに変容したのか、その帰結として独立後のポーンペイ島社会において首長制がどのような位置を占めているのかについて、文献資料の検討をもとに明らかにする。

サーリンズやトーマスの歴史人類学［サーリンズ　一九九三、Thomas 1989a］が論じるように、諸外国による統治の影響はつねに一方向的ではなく、現地社会の側の主体的な反応とともに歴史を創るものである。そのため、本章の歴史記述において、私は中山や則竹などのポーンペイ島社会に関する先行研究と同様に［中山　一九八六、則竹　二〇〇〇など］、諸外国の統治という外的な要因を考慮しつつも、同時にポーンペイ島民の側の価値や実践といった内的な要因を踏まえた記述を行う。

二　諸外国からの統治以前における首長と島民の関係

本節では、西洋人との接触以前のポーンペイ島社会における首長制の政治体系を概観する。清水によると、少なくとも一九世紀における西洋人との接触時点では、今日と同様に、最高首長と副最高首長を頂点とする五つの首長国が成立していた［清水　一九八七：二二四］。なお、以下の記述では、母系親族集団に言及をするが、過去の民族誌［Petersen 1982a など］に倣って便宜上、ポーンペイ語のソウ（*sou*）を母系クラン、ケイム（*keimw*）を母系サブクラン、ケイネック（*keinek*）を母系リネージとする。

図 1-3　土地改革以前における首長と島民の関係性（概念図）

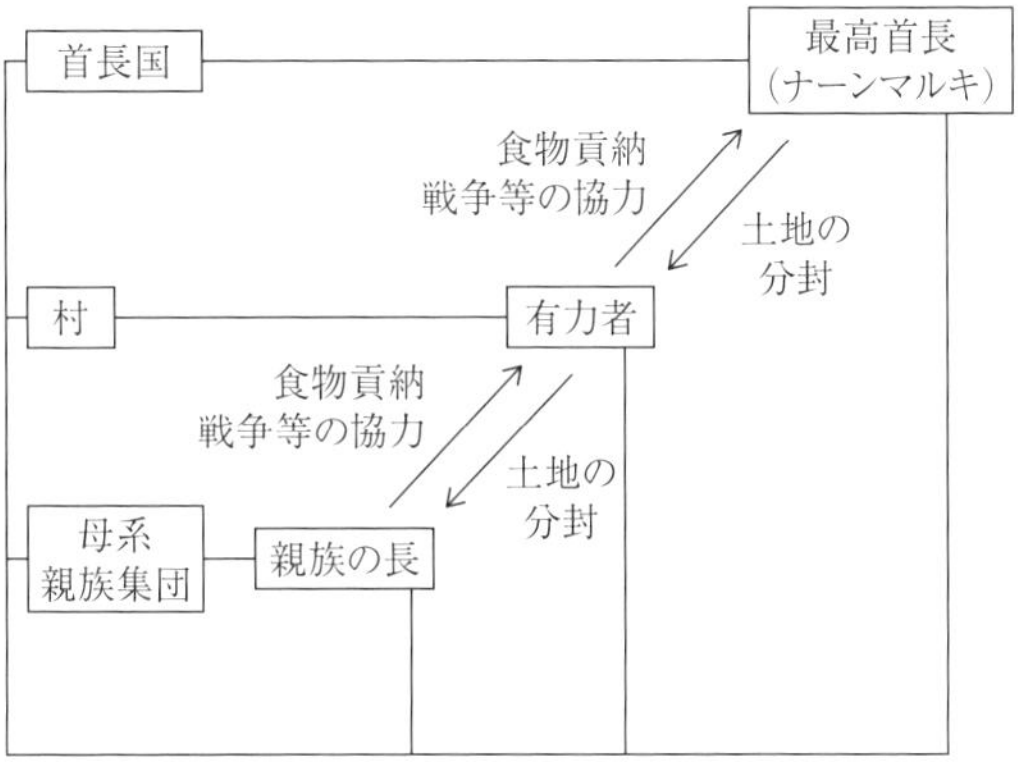

当時のポーンペイ島社会において、最高首長は首長国すべての土地を所有し、その土地を村という単位で首長国内の有力者と彼の母系クランに分封した。清水によれば、本書において村と訳出したコウシャップ（*kousapw*）は字義どおりには「土地（*sahpw*）に居住する（*kousoan*）」である［清水　一九八五ａ：一九七］。土地を分封された有力者は同クラン内の幾つかの母系リネージへと土地を分封し、母系リネージが集団的に土地を貸借する形で島民は土地の用益権を得た。各リネージが使用する土地は、区画（*peliensapw*）と呼ばれた［須藤　一九八九ａ：一五七―一六一］。

島民たちは土地の分封に対する返礼として、最高首長に対して食物の貢納や戦争への貢献などの協力をした［中山　一九八六：六三］。島民たちは祭宴においても、食用のイヌ[1]（*kidi*）、ヤムイモ（*kehp*）、カヴァなど、大量の食物を貢納した。ヤムイモの欠乏期には、パン果（*mahi*）が貢納された。とくにパン果とヤムイモの初物献上（*nohpwei*）は、最高首長を介して在来の至高の神（*enihlap*）へと捧げられ、その年の収穫への感謝と翌年の豊饒の保障を示すものとされた［清水　一九八九：一三一］。こうした首長と島民の関係を概念図として示すならば、図１―３のようになる。

他方、最高首長は、島民たちに首長国称号（*mwar en wehi*）を授与した。首長国称号は、「〔祭宴において人びとを〕見下ろす者の側」（*pali en soupeidi*）

と呼ばれる最高首長系統と、「ナーニケンの側」（*pali en Nahnken*）と呼ばれる副最高首長系統に分かれる。前者は「高貴な男たち」（*oloiso*）、後者は「高貴な子どもたち」（*seriiso*）とも呼ばれる。両系統における各称号は、最高首長から首長国の男性成員に与えられる。男性成員の妻は、夫の称号に準じて定められた称号を保持する。たとえば、ナーンペイ（*Nahnpei*）の称号を持つ男性の妻は、ナーンプイペイ（*Nahnpweipei*）の称号を保持する。

首長国称号は各々の系統内において単線的に配列される。そのため、称号の順位は、称号保持者に「名誉」を感じさせる［清水　一九九五：四五］。理念的には、両系統の上位一二の称号がとりわけ重要である。表1―1は、私が調査したウー首長国の上位一二の称号を示したものである。上位一二の称号にどのような名称の称号が含まれるのか、それらの称号がどのように配列されているのかについては、首長国ごとに異なる。

表1―1において最高首長系統の最上位にあるサーンゴロとは、最高首長が保持する称号である。それぞれの最高首長はナーンマルキという地位名称とは別に、首長国ごとに異なる称号を保持する。系統が異なる場合には称号の順位によって序列が認識され、称号の順位が等しい場合には最高首長系統が副最高首長系統に優先する。表1―1を例にすると、ワサーイ（*Wasahi*）はイソ・ナーニケン（*Iso Nahken*）よりも低位であるが、イソ・ナーライム（*Iso Nahlaimw*）より高位である。上位一二位の首長国称号を保持する者は、政治的に重要な役割を果たす「（人びとを）見下ろす者」（*soupeidi*）であり、残りの成員である「平民」（*aramas*）とは区別される。ここでいう平民とは字義どおりに「人間」である［中山　一九八六：六〇、清水　一九九九：四一七、Riesenberg 1968: 8］。

最高首長系統の称号は、特定の母系クランの男性成員のみが保持する。[2] 副最高首長の系統の称号は、残りすべての母系クランの男性成員が保持する。ポーンペイ島社会には一八の母系クランがある。母系クランは各々に固有の名前を持ち、クラン間に序列はない［Petersen 1982a: 20; Riesenberg 1968: 6; cf. Hanlon 1988: 211］。各クランにはトーテム信仰がある。[3] 母系クランは外婚単位であり、クラン内婚は規範的に許されていない。

表 1-1 最高首長系統と副最高首長系統における上位 12 の称号

順位	最高首長系統	副最高首長系統
1	サーンゴロ (*Sahngoro*)	イソ・ナーニケン (*Iso Nahnken*)
2	ワサーイ (*Wasahi*)	イソ・ナーライム (*Iso Nahlaimw*)
3	タオク (*Dauk*)	ナーンサウ・ルルン (*Nahnsahu Ririn*)
4	ノース (*Noahs*)	ナーナパス (*Nahnapas*)
5	ナーナワ (*Nahnawa*)	ナーマタウン・イティート (*Nahmadaun Idehd*)
6	ナーンペイ (*Nahnpei*)	ソウウェル・ラパラップ (*Souwel Lapalap*)
7	ナーンクロウン・ポーン・タケ (*Nahn Kiroun Pohn Dake*)	レペン・ルルン (*Lepen Ririn*)
8	ナーリック・ラパラップ (*Nahlik Lapalap*)	クロウン・エン・ウー (*Kiroun en U*)
9	ナーニード・ラパラップ (*Nahnid Lapalap*)	オウ・ルルン (*Ou Ririn*)
10	ルンプイ・ラパラップ (*Lomwpwei Lapalap*)	ソウマタウ (*Soumadau*)
11	ナーンクロウン (*Nahnkiroun*)	カニキ・ルルン (*Kaniki Ririn*)
12	サウデル (*Saudel*)	ナーン・ポーンペイ (*Nahn Pohnpei*)

最高首長系統の称号を保持する男性は、理念的には、その男性とは異なる母系クランに属する女性と結婚しなければならない。彼らのあいだに生まれた息子はその母と同じクランに属し、副最高首長系統の称号を保持することになる。私が聞き取りで得た情報によると、副最高首長に就任する者の条件とは、「貴族の血」(*intah soupeidi*)が流れていること、すなわち最高首長系統の第一位から第四位までの称号保持者を父に持つことである。最高首長と副最高首長はしばしば血縁関係にあり、実の父と息子であることもあったという。逆に、副最高首長系統の称号を持つ男性は、最高首長系統の称号保持者を抱える母系クランの女性と結婚することを奨励される。そのあいだに生まれた息子は最高首長系統の称号を得る資格を手にし、最高首長に昇進する可能性を持つ[中山 一九八五:八五九]。最高首長には、母系クラン内で最も系譜的序列が高い男性が就任するのが望ましいとされる[清水 一九八九:一二六]。

首長国称号の継承には系譜的な側面が考慮される

とはいえ、祭宴での貢献や軍事的な手柄といった獲得的側面が重視される。個々の称号授与は最高首長と副最高首長がその都度決定する［Riesenberg 1968: 34］。称号保持者の死亡や、最高首長による称号の剥奪によって空位が生じると、最高首長による称号の授与をとおして下位の者が昇進する。この意味では最高首長と副最高首長も世襲ではなく、彼らの死後はそれぞれの系統内の称号保持者が首長の位置に昇進する。

その他の首長国称号には、「お召し上がり物の称号」（*mwar koanoat*）あるいは「司祭の側」（*pali en samworo*）と総称される名誉称号や、夫を亡くした未亡人の女性に与えられる寡婦称号（*lengileng en liohdi*）がある。名誉称号はもともと祭祀における宗教的職能や儀礼的責任にもとづいて司祭が保持する称号であったが、今日ではそのような性格は失われている［Mauricio 1993: 64; Riesenberg 1968: 43］。今日の名誉称号は出自や系譜とは全く無関係に、最高首長が島民の貢献や能力といった獲得的側面を考慮して与えるものである。

整理すると、首長国称号は四つの種類から構成される。㈠最高首長の系統の称号、㈡副最高首長の系統の称号、㈢名誉称号、㈣寡婦称号である。最高首長から土地や称号を授与された者はその見返りとして、初物献上や儀礼財の供出など、首長国への貢献を求められる。首長国への貢献は「〔ポーンペイの〕仕事」ないし「義務」（*pwukoa*）である。これらの貢献を怠る者や、最高首長への礼節を欠く者は、土地や称号を剥奪されることもある［Riesenberg 1968: 53-55］。

首長国の下位単位である村にも、ほぼ類似の称号体系がある。村首長は最高首長から任命される。村首長は首長国の場合と同様に、村への貢献度に応じて村称号（*mwar en kousapw*）を住民に与える。村称号は、村首長系統と副村首長系統に分かれる。村首長系統の称号は、特定の母系クランの男性成員に限定される。その他のクランの男性成員は、すべて副村首長系統に属す。各系統内において村称号は単線的な順位を持つ。私が聞き取りを行った男性（六九歳）によれば、それぞれの系統における上位七つの称号は、「〔祭宴において〕呼び上げられる称号」（*mwar en pweikpwek*）として、その他の村称号とは区別される。この二つの系統に加えて、出自クランとは無関係に村首長から与えられる名誉称号と寡婦称号がある。

三　キリスト教の受容と首長制の展開

以下の四つの節では、西洋人との接触以後のポーンペイ島社会における首長制の変容を検討する。本節では、キリスト教受容と首長制との関係を歴史的に描く。キリスト教的な価値体系と首長制にもとづく価値体系という二つの異なる価値体系がいかに接触したのか、その接触をポーンペイ島社会がどのようなものとして受け入れたのかを明らかにする。

1　キリスト教受容に際した価値の調停

一九世紀前半になると西洋人が来島するようになった。これら初期の西洋人は、西洋の物財をもたらしただけではなく、キリスト教を布教した[4]。一八五二年には、アメリカ合衆国のボストンに本部を持つプロテスタント教会の海外伝道団組織アメリカン・ボード（ABCFM: American Board of Commissioners for Foreign Missions）により派遣された宣教師団が活発に布教活動を開始した。アメリカン・ボードは海外への福音伝道を目的として結成されたものである。プロテスタント教会による布教は成功し、一八六〇年代から一八八五年のスペイン統治開始までの期間に島民の大半の改宗が進んだ。最高首長たちは当初、カヴァの飲用や一夫多妻制などの首長制にもとづく慣習（*tiahk*）に否定的なキリスト教と敵対傾向にあった。だが、プロテスタントに改宗する最高首長が現れると、信徒は首長制を否定する必要がなくなり、キリスト教と首長制の共存が可能になった［中山　一九八五：八八三―

九〇二]。

キリスト教の受容が進んだ背景には、宣教師が島民に優れた西洋製品をもたらしたこと、一八五四年の天然痘の流行とそれによる人口減少のなかで、宣教師による治療や対応を契機として宣教師の力量と誠実さに対する島民からの信頼が確立されたことがある。さらに、宣教師が現地語のポーンペイ語を学習し、表記法を確立したことにより読本や聖書が現地語で印刷された点も見逃せない［中山　一九八五：八八七―八八九］。

中山による民族史学的な研究によると、宣教師の側は首長制の慣習に否定的であったが、最高首長や有力者を味方につけることを重要視しており、首長制自体を否定的に捉えているわけではなかった。島民の側においても、プロテスタント教会における牧師（*wahnpoaron*）、伝道師（*soumpadahk*）、役員（*sounkouwa*）という位階制を、首長制の位階序列と類似したものとみなし、牧師の上に最高首長を置くことによって教会制度と首長制を接合することができた［中山　一九八五：九〇三―九〇四］。

宣教師の側は、キリスト教の神を真の神であるとしていたが、ポーンペイ島の伝統的宗教を否定的に捉えていたわけではなかった。島民の側では、ポーンペイ島の神々を捉えるのと同じ枠組みでキリスト教の神を解釈し、キリスト教の神が在来の神に代わって最高首長を見守るという理解が登場した。さらに、キリスト教の神が英語の「ゴッド」（God）からの借用語であるコーチ（*Koht*）として受け入れられた一方で、ポーンペイ島の在来の神々は聖書に記されている悪霊とみなされることで、聖書によって公認された存在となった。このようにして、キリスト教の神は至上の存在として、ポーンペイ島の在来の神々と共存することが可能になった［中山　一九八五：九〇六―九〇七］。在来の枠組みと聖書の双方において在来の神々とキリスト教の神が共存したことにより、ポーンペイ島民は在来の神を信仰する枠組みを捨てることにはならなかった。私の調査時点では聖書の悪霊と在来の神々を結びつける語りは聞かれなかったが、在来の神と島民を媒介するという最高首長の象徴的な位置づけはその後も保たれ続けた。

2　カトリック教徒とプロテスタント教徒の党派形成

一九世紀後半、オセアニアの島々は西洋列強による植民地分割の波にさらされていた。一八八五年には、ミクロネシア地域における島々の領有をめぐるスペインとドイツの対立をローマ法王が仲裁し、カロリン諸島がスペイン領に、マーシャル諸島がドイツ領になった。スペインは一八八六年にカロリン諸島をフィリピン総督の支配下に置き、一八八七年にはポーンペイ島に政庁を設置して統治を開始した［松島　二〇〇七：一五一―一六］。スペイン政庁は、ポーンペイ島民からメセニエン（*Meseniеng*）と呼ばれていたコロニアに建設された。

スペイン政庁は当時の五人の最高首長を村長に任命し、毎月二〇ペソの俸給を与えた。とはいえ、スペイン政庁は、最高首長の既存の権利をそのまま認め、首長制にもとづく社会制度を改革することはなかった。そのため、各首長国の政体に変化はなかった。また、スペイン政庁は経済開発を意図していなかった［中山　一九八八：一一七―一三〇］。

スペイン統治時代には、カプチン修道会によるカトリックの布教が行われた。スペイン政庁はカトリック教会に財政援助を与え、教会周辺に守備隊を駐在させて宣教師の安全を計った。他方、アメリカン・ボードによる布教の成果として、スペイン統治の開始直前には、最高首長も含む島民の大半はプロテスタント教徒であった。そのため、スペイン政庁はカトリックの布教を推進しながらも、プロテスタント勢力を十分に考慮しなければならなかった［中山　一九八八：一三〇―一三二］。

カトリックの布教が進められるなかで、プロテスタント教会を背景に新興勢力となりつつあったポーンペイ島民やアメリカ人宣教師への対抗から、スペイン政庁やカトリック教会に接近する最高首長や島民が出現した。

また、努力と献身を介した献金や食物と労働力を教徒に求めるプロテスタント教会に対して、そのような努力や献身を求めないカトリック教会に魅力を感じて改宗した島民もいた。逆に、カトリックの布教やコロニア建設を強引に進めようとしたスペイン政庁に対して反感を持ち、より一層プロテスタントに傾倒する最高首長や島民も現れた。さらに、首長位に就くための系譜的な条件を持たない島民にとって、プロテスタント教会の位階制は、島内における影響力拡大のための手段を提供していた［中山　一九八八：一一八―一一九］。

カトリック教会の布教がプロテスタント教会との対立のなかで進むと、島の南部に勢力を持つプロテスタントに対して、島の北部に勢力を持つカトリックという二つの党派が形成された［中山　一九八八：一一六］。

3　キリスト教の党派と最高首長位の継承

以下では、カトリック教徒とプロテスタント教徒の対立が首長制にいかなる影響を及ぼしたのかについて、私の調査対象地であるウー首長国の事例をもとに明らかにする。ウー首長国は島の北東に位置し、アワク、ナヌー（*Nan Uh*）、サラタック（*Saladak*）、チャカイユ（*Takaieu*）、デーペック（*Dehpehk*）、マントペイティ（*Mwnad Peidi*）、マントペイタック（*Mwand Peidak*）という小地域に分かれる（図1―4）。

ウー首長国において、最高首長系統の称号を得る資格にあるクランは、ラシアラップ（*Lasialap*）・クランである。私の聞き取りによると、西洋人との接触以前において、ウー首長国の最高首長の役職は、ラシアラップ・クランの成員のなかでも、ナヌーに拠点を置くソンペイコン（*Soumpeikon*）・サブクランの出身者によって独占されていた。加えて、彼らは最高首長系統の高位称号も母系リネージ内で独占していたという。

他方、同時期におけるウー首長国北部のアワク地域には、ウー首長国から自律性を保つマタル（*Madar*）という名称の首長国があった。ピーターセンによれば、当時のマタル首長国における最高首長位称号のソウリック（*Soulik*）

図 1-4　ウー首長国内の主要な地名

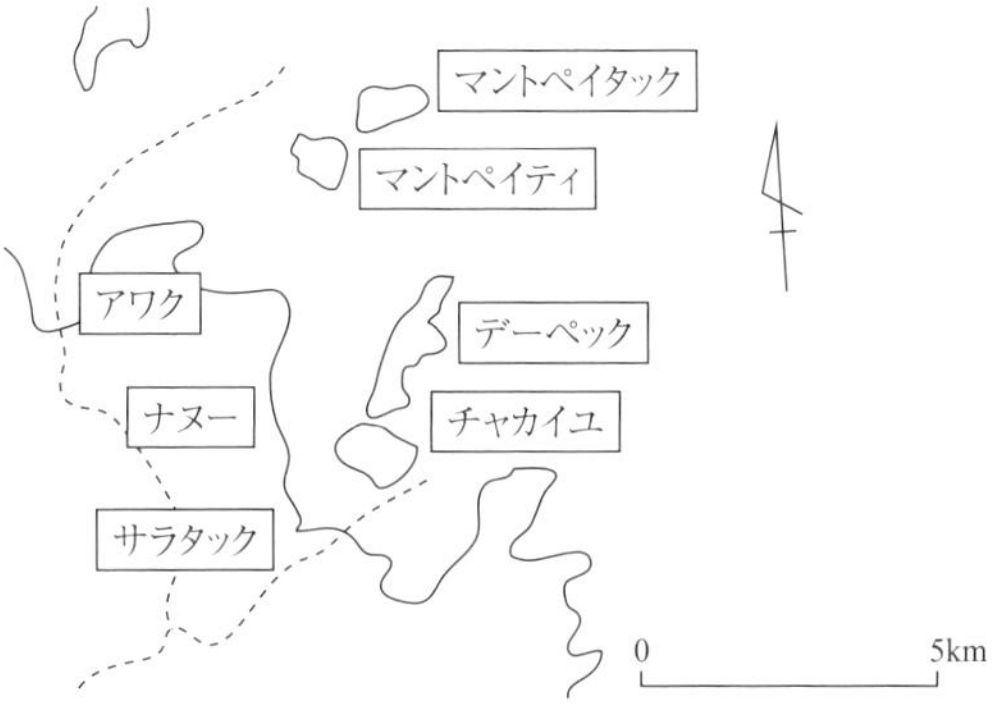

出所：リーゼンバーグの報告書［Riesenberg 1968: 9］をもとに筆者作成

も同じくラシアラップ・クランに継承資格があったが、ソンペイコン・サブクランではなく、ソウリップエンチアーク（*Soulipwentiahk*）・サブクランの出身者が独占していた［Petersen 1982a: 27-28］。ソウリップエンチアーク・サブクランは、もともとはキチー首長国に起源を持つ母系親族集団であった。ある時、ソウリップエンチアーク・サブクランはキチー首長国から追放され、ウー首長国のチャカイユ地域に属すチャカイユ村の首長の助けを得て、ウー首長国の最高首長から現在のアワクにあたる領土を譲り受けた。その当時、マタル首長国はウー首長国と互いに自律的な関係にあり、ウー首長国の最高首長に対して初物献上を含む食物貢納を一切行っていなかった。

　一八八五年にスペイン統治が始まると、ウー首長国とマタル首長国はキリスト教布教に伴う党派争いに巻き込まれ、両陣営は対立することになる。この対立のなかで、島の南部（ウー首長国、マタラニーム首長国、キチー首長国）のプロテスタントに対して、島の北部（マタル首長国、ネッチ首長国、ソケース首長国）のカトリックという二つの大きな党派が形成された［中山　一九八八：一二六］。

　ウー首長国の最高首長と彼の属するソンペイコン・サブクランはウー首長国の大半の住民とは異なり、カトリック教徒であった。一八九八年には、マタル首長国とソンペイコン・サブクランから成るカトリック勢力は、プロテスタント教徒である残りのウー首長国の住民たちとのあいだで戦争に突入した。カトリック側にはネッチ首長国とソケース首長国の住民が、プロテスタント側にはマタラニーム首長国とキチー首長国の島民がそれぞれ加勢した。戦争開始当初はスペイン軍艦の支援を受けたカトリックが優勢であった。だが、同時期に勃発した米西戦争の過程でフィリピンにおいてスペイン海軍がアメリカ極東艦隊に敗北すると、カトリック勢力の後ろ盾であったスペイン軍が弱体化し、プロテスタントが優勢になった［中山　一九八八：一二六―一二七、Petersen 1982a: 29］。

結果的にプロテスタント側が勝利すると、ウー首長国の最高首長は退位させられ、ウー首長国の沖合のマント島出身のソンバセート・サブクランの出自を引く者が最高首長になった［中山　一九八八：一二七］。マント島は今でこそ無人島であるが、当時はプロテスタント教会の活動の中心地であった。私の聞き取りによると、この戦争の結果により、プロテスタント教徒のソンバセート・サブクランとカトリック教徒のソンペイコン・サブクランのあいだでは、交互に最高首長を輩出するという約束（*inou*）が結ばれた。この約束は一九五〇年代に最高首長であったペドロ（在位：一九五三～一九六〇年）の時代まで長らく遵守された。

この時以来、ソンペイコン・サブクランと交互で最高首長を輩出することになったソンバセート・サブクランは、四つのリネージを持つ。マントペイタック・リネージ、マントペイティ・リネージ、サラターク・リネージ、チャカイユ・リネージである。これらの名前は図1―4の地名に対応し、それぞれのリネージの出自を示していると考えられる。このうち、マントペイタック・リネージがその後の最高首長を輩出した。

そのため、マント島にはウー首長国の高位称号保持者たちを葬るための共同墓地があり、その他の住民を葬るための墓地とは区別されていた。私の聞き取りによれば、少なくともペドロが最高首長であった時代までは共同墓地に高位称号保持者たちが埋葬されていた。今日では共同墓地は使用されておらず、最高首長を含む高位称号保持者が死亡した場合にも、遺体は屋敷地内に埋葬される。

　このように、キリスト教の受容は、首長制にもとづく価値との調停という問題のみならず、首長国同士の同盟と対立にかかわる党派形成を促した。その帰結として、ウー首長国では母系クランにもとづく系譜的要因に加え、キリスト教の党派形成を背景としたサブクランの対立が首長位継承の条件を左右したのである。

四　土地改革をとおした首長制の変容

一九世紀以前のポーンペイ島社会では、最高首長が首長国内のすべての土地を所有しており、土地の分封を介して住民を支配していた。本節においては、諸外国による統治下における土地制度の改革を通じて首長制がどのように変容したのかを明らかにする。

1　ドイツ政庁による土地改革と首長制の展開

一八九八年に米西戦争が終わると、アメリカはグアムを獲得し、グアムを除くミクロネシアの島々（マリアナ諸島、カロリン諸島、マーシャル諸島）はドイツに売却された。ドイツのニューギニア総督はミクロネシア地域を管轄下に置き、ポーンペイ島、ヤップ島、ヤルート島にそれぞれ知事を配置した［松島　二〇〇七：七］。

　カトリック布教を除いて社会改革を指向しなかったスペイン政庁とは異なり、ドイツ政庁は経済開発を指向した。ドイツ政庁の重要な目標はコプラ増産であり、ドイツ政庁は成年に達した住民に毎月一〇本のココヤシの木を植えるよう命じた。だが、ココヤシ増産計画は失敗に終わり、ドイツ政庁はポーンペイ島社会の土地制度にプランテーション経営を妨げる要因があると考えた。ドイツ政庁は、最高首長に対する島民の食物貢納を撤廃する案をはじめとして、最高首長による土地の支配を制限するための土地改革案を立て始めた。さらに、経済開発を進めるための道路工事のために島民に年間一五日間の強制労働を義務づけた［中山　一九八六：六四、松島　二〇〇七：一八］。

ポーンペイ島民はこうしたドイツ政庁のやり方に不満を抱いていた。だが、土地改革の恩恵を受けるプロテスタント教徒の島民指導者の影響により、南部地域の住民はドイツ政庁の土地改革案を受け入れた。他方、カトリック勢力であったソケース首長国の住民はプロテスタントの南部住民への対抗意識もあって、土地改革案に反対し孤立を深めていった。一九一〇年、ソケース首長国の住民は反乱を起こし、ドイツ人知事と官吏を殺害し、ドイツ政庁の建物を焼き払った。この「ソケースの反乱」に対して、ドイツ政府はニューギニアの先住民部隊も含む約一〇〇〇人の兵士を派遣し、抵抗運動を鎮圧した。結果として、ソケース首長国は壊滅した。さらに、ドイツ軍の圧倒的な軍事力によって反乱が鎮圧されたことで、ポーンペイ島民は植民地政府の政策を受け入れざるをえなかった［中山　一九八六：六四、中山　一九九一：六四〇、松島　二〇〇七：一八］。

ドイツ政庁は「ソケースの反乱」を鎮圧した後、一九一一年に土地改革を断行し、最高首長の持つ土地権を否定した。翌年の一九一二年には、全島を一〇九の村に分け、さらに九〇九の筆に分割し、各筆の土地を占有する島民に土地私有権を認めた。そして、土地占有者の名前を記した証書である地券を発行した［矢内原　一九三五：二三二］。ここでいう筆とは、ポーンペイ語の「区画」（*peliensapw*）に相当する。

土地改革の具体的内容は、土地改革時に発行された地券の裏面に全文一一条から成る法律条項の記載があり、ドイツ語とポーンペイ語の双方で書かれた。これらの条文は、戦前に植民政策学者であった矢内原忠雄によって日本語に翻訳されている。矢内原の訳出によると、第一条には「本証券は永続的所有権を確保する」［矢内原　一九三五：二三四、漢字は常用漢字で表記］と書かれ、この条文によって最高首長ではなく土地占有者に所有権があることが明文化された。

地券に記載された条項は、最高首長の土地権を否定する一方で、最高首長に対する島民の義務についても定めていた。最高首長がドイツ政庁に対してすべての土地を移譲する代わりに、各村の義務として、最高首長に対して年に一回の「礼の祭宴」（*kamadipw en wahu*）を催し、ヤムイモとブタを貢納することが定められた。地券の裏面に記載された条文の第七条には次のような規定がある。

ナンマルキ（ナーンマルキ：最高首長）に対して敬意を表すべきカマチップ（祭宴）において、年一回カウシヤップ（村）がヤム芋一荷を提供すべし。但しカウシヤップを構成するバリエンシヤップ（区画）は一括してこれを提供するにあらずして、各個別々に持ち寄ることを要す。カマチップに使用さるべき飲食物は参集者平等にこれを持参すべし。ナンマルキはカウシヤップを若干の集団に分割し、各集団毎に上記カマチップを催さしむることを得。有称号者は年一回上記カマチップに自己所有の豚を一頭ずつ提供することを要す。上以外のカマチップについては、参集並に物品の提供共各人の任意とす［矢内原　一九三五：二三九—二四〇、（　）内は筆者による補足、漢字は常用漢字で表記］。

今日のポーンペイ島民は「礼の祭宴」を古くから続く「慣習」の一部であると認識する。そして、「礼の祭宴」はパン果とヤムイモの初物献上のサイクルに沿って実施され、そのサイクルにおけるクライマックスと捉えられている。村の水準でも、村首長に一年に一度の敬意を示す「村の祭宴」（*kamadipw en kousapw*）が行われる。だが、実際には「礼の祭宴」の歴史は浅く、ドイツ土地改革の際に一年に一度ヤムイモとブタを最高首長に対して貢納する義務が成文化されたことによって始まったものである［Petersen 1982a: 35］。ただし、「礼の祭宴」の制度化は、最高首長に対する食物貢納の回数を制限する処遇でもあった［Fischer 1974: 168］。

最高首長が土地権を失ったことに対するさらなる代償として、ドイツ政庁はあらためて最高首長に行政的な位置づけを与え、島民から徴収した人頭税のなかから最高首長に年俸を支給した［中山　一九八六：六五］。このように最高首長が行政機構に組み込まれていくなか、ネッチ首長国とソケース首長国は、ドイツ統治時代の末期に行政の指導の下、最高首長の地位名称をナーンマルキにあらためたという［Riesenberg 1968: 20］。他方、島民の側では、最高首長が行政の末端に取り込まれたことにより、植民地政策を首長制の枠組みに沿って受容することが可能になった［則竹　二〇〇〇：一七七］。

以上のように、ポーンペイ島社会における首長制は、ドイツ政庁による土地改革を通じて土地という物質的な基盤を失い、最高首長の権限は縮小されることになった。他方、ドイツ政庁は最高首長を行政機構に組み込んで統制しようとした。首長制は植民地統治下において正当な位置づけを与えられたことによって、土地権を失った後も存続したのである。

2　ドイツ政庁による土地改革と母系親族集団の変容

ドイツ政庁による土地改革は、ポーンペイ島社会における母系親族集団のあり方にも大きな変化をもたらした。少なくとも二〇世紀初頭まで、母系リネージは、最高首長が所有する土地の一部に対して用益権を認められ、妻方居住を原則とした居住と土地保有の単位であった(5)［杉浦　一九四四：二九一、須藤　一九八九b：四四、Petersen 1982b: 131］。とはいえ、清水によると、母系的な出自を持つ成員、その男性成員の子ども（*ipwipw*）、その子ども（男女）の子ども（*wahn mwahng*）、さらに、その子ども（男女）の子ども（*elin mwahng*）が文脈に応じて、二次的成員として活動に動員されることがあった。その場合にも、ポーンペイ島民は、リネージ、すなわちケイネックの語をこの集団に当てた。清水は、ポーンペイ島社会におけるリネージにおける母糸優位の双系的特徴に対し、「母系中軸の両系的複系」［清水　一九八五b：二二］と名づけている。清水のいう複系とは、複数の出自集団が優位さを伴って複合する形式である。(6)

ところが、このような母系優位の性格を持つリネージは、ドイツによる土地改革によって大きな影響を受けた。まず、母系リネージではなく、個々の土地占有者が地券の登記人とされることによって、集団ではなく個人に単一の土地所有権が認められることになった。とはいえ、当時のポーンペイ島民は、地券の登記人を排他的な土地所有権としてではなく、土地の保有や使用に携わる親族の代表という従来の枠組みで解釈したために、大きな混乱は生じなかった［清水　一九九九：四一六］。

他方において、地券の裏面の条文のうち第二条には「所有権者死亡したる時は、各土地は一人の相続権ある男系の親族が包括的に之を継承する」［矢内原　一九三五：二三四、漢字は常用漢字で表記］と記載され、男系単子相続が推奨された。さらに、男系相続のなかでも父から息子への相続を最優先とすることも明記された。その結果、婚姻後における夫方居住の傾向が強まり、母系リネージは土地保有の単位としての機能を失っていった。ただし、土地改革以前のポーンペイ島社会においても、高位称号保持者を中心として夫方居住や父系的な土地相続が一部行われており、土地の使用は柔軟であった［須藤　一九八九a：一五九―一六〇］。そのため、ポーンペイ島民は土地改革をそれほど抵抗なく受容し、実践することができたのである。

3　日本統治時代の首長制と土地制度

一九一四年に第一次世界大戦が始まると、日本は日英同盟を根拠に参戦し、日本海軍がドイツ領であったミクロネシア地域の島々を占領した。戦後も日本は、国際連盟の委任統治領制度の下でミクロネシア地域の島々を統治し、一九三三年の国際連盟脱退以後も太平洋戦争の終戦まで統治を続けた。これらの島々は日本統治時代を通じて南洋群島と総称され、一九二二年には南洋庁が設置された。サイパン、パラオ、ヤップ、トラック〔現チューク〕、ポナペ〔現ポーンペイ〕、ヤルートという六つの支庁が設けられ、本庁はパラオとされた。

南洋群島では経済発展に力が注がれた。現地住民の労働力に頼ったドイツ統治時代とは異なり、日本統治時代における経済開発の担い手は日本企業や日本人移民であった。南洋群島の経済活動に従事する日本人は増加の一途を辿り、ポーンペイ島では、一九三九年に日本人がポーンペイ島民の人口を上回った［中山　一九九四a：九〇—九五］。

日本人移住者が増加して経済発展が進むと、ポーンペイ島民のあいだでも、日本円を貨幣とした現金収入の機会が増加した。商品生産として、コプラやゾウゲヤシ果肉、オオハマボウ繊維の生産が重要であった。また、日本人移住者は、パン果やヤムイモ、タロイモ、バナナなどの農作物をポーンペイ島民から購入した。ポーンペイ島民のなかには、巡警〔島民警官〕や助教員として雇用される者もいた。ポーンペイ島民は、獲得した現金を用いて、イワシやサケの缶詰、塩や砂糖などの調味料、台所商品といった消費財を購入した。しかし、ポーンペイ島民同士の関係において経済格差はほとんど見られなかった。そのため、日本統治時代における現金経済の浸透は首長制を脅かすほどの社会変化を引き起こすことはなかった［中山　一九八六：六八、中山　一九九四a：九六—一〇〇］。

土地政策に目を向けると、日本による委任統治時代には、ポーンペイ島のすべての土地が南洋庁に移譲された。南洋庁は日本人入植者の土地利用に重点を置き、ポーンペイ島民に対しては基本的にドイツ政庁による土地政策を踏襲した。ただし、南洋庁は男系単子相続を規範としつつも、父から娘への土地相続や養子への土地相続を認めるなど、母系出自にもとづく「慣習」的な土地相続に対して寛容な態度を取った［中山　一九八九：二〇九］。

他方、南洋庁はドイツ統治時代以上に、土地に対する最高首長の権限を制限しようとした。たとえば土地の売買に関して最高首長の同意が不要とされ、最高首長が有していた労役徴発権や処罰権も廃止された［中山一九九四a：九六］。さらに、南洋庁は、「慣習」にもとづく祭宴の実施を経済発展の障害とみなし、「礼の祭宴」を廃止しようとする試みのなかで、祭宴の主催には日本人警察官の許可を義務づけた［Fischer 1974: 169］。

しかし、日本統治時代には、ポーンペイ語の首長国は日本語で村、ポーンペイ語の村は日本語で字《あざ》と呼ばれ、それぞれ行政上の位置づけを与えられた。一九二二年には『島民村吏規定』が制定され、行政上の村（首長国に相当）に総村長と村長が置かれた。原則として総村長には最高首長が、村長には副最高首長が任命された(7)。総村長には月額三五円以内、村長には二〇円以内という報酬も支払われた［中山　一九九四a：九六］。こうして、南洋庁はドイツ政庁と同様に、土地に関する最高首長の権限を制限しつつも、最高首長と副最高首長に対して行政機構における位置づけを与えた。結果として首長制は持続した（土地改革と首長制の関係については、今日的な展開も含めて第六章で議論する）。

五　アメリカ信託統治時代における首長制の変容

ミクロネシア地域の島々を戦場とした太平洋戦争が終結すると、一九四七年からミクロネシアの島々は国際連合の「太平洋諸島信託統治領」としてアメリカ合衆国の統治下に置かれた。本節では、アメリカ統治時代における社会変容が首長制にどのような影響を与えたのかを検討する。

1　議会制民主主義と首長制

アメリカ合衆国は、太平洋戦争を通じてミクロネシア地域の軍事的重要性を再認識した。そのような認識からアメリカ合衆国は、マーシャル諸島の核実験場をはじめとする軍事拠点を建設した。

アメリカ合衆国は占領直後から軍政を敷き、財産設備の復旧、教育・医療・福祉の改善、自治社会の確立に努めた。占領当初、アメリカ合衆国政府の統治方針は、住民が自らの政府を運営できるように奨励・支援すること、現地の伝統と慣習に配慮した指令を発することであった。住民を統治するうえで有用な情報を得るために、人類学者、言語学者、地理学者、社会学者などから構成されるＣＩＭＡ（Coordinated Investigation of Micronesian Anthropology）が、イェール大学のジョージ・マードック（George Murdock）を中心に組織された。これらの人類学総合調査を通じて、マードックは三九人のオセアニア研究者を養成したと言われている。他方において、アメリカ合衆国は、安全保障上の理由からミクロネシア地域におけるアメリカ人以外の入域を禁止する隔離政策を実施した。住民は公務員以外に雇用の機会はなく、農漁業と援助物資に依存する生活を強いられた。こうした隔離政策は、一般に「動物園政策」（zoo policy）と呼ばれる［須藤　二〇〇〇：三三六―三四〇、中山　一九八七：四五五、松島　二〇〇七：一〇二―一〇六］。

アメリカ合衆国による信託統治領の統治は、高等弁務官を頂点に構成された。アメリカ合衆国政府は日本統治時代の支庁を受け継ぎ、マリアナ、パラオ、ヤップ、トラック（現チューク）、ポナペ（現ポーンペイ）、マーシャルという六つの地区（district）を設置した。さらに、地方行政は行政区（municipality）に分割して、行政長官（Chief Magistrate）と行政区議会（Municipal Council）を設けて統治した。並行して設置された裁判制度とともに、行政・立法・司法の三権分立の形式が整えられた［清水　一九八一：三四一、須藤　二〇〇〇：三三七］。ポーンペイ地区では、一九四八年にポーンペイ島社会における首長国が行政機構に組み込まれ、日本時代の「村」からアメリカ行政下の「行政区」へと名称が変更された。

一九五二年、首長制に配慮する形で議会制民主主義がポーンペイ島社会に導入され、二院制のポナペ島議会（The

Ponape Island Congress）が設置された。ポナペ島議会は、選挙にもとづく衆議院（The People's House）と、最高首長や副最高首長、それに準ずる高位者が自動的に選ばれる貴族院（The Noble's House）から構成された。初期のポナペ島議会では貴族院の活躍が目立ち、一九五二年の議会で両院を通過した決議案の多くが貴族院で提案されていた。ところが、英語の使用や多数決による意思決定、議会での討論に不慣れな首長たちは、議会政治に対する熱意を失い、ポナペ島議会を欠席するようになった〔中山　一九八六：六八―七二〕。

一九五八年、ポナペ島議会は、ポーンペイ島だけではなく、離島の代表をも含めた、ポナペ地区議会（The Ponape District Congress）へと改組された。同年、機能不全に陥った貴族院は廃止され、公選議員のみから成る一院制になった。結果として、議会に関する知識や英語力を背景に選挙で勝利した議員によってポナペ地区議会は構成されるようになり、最高首長や副最高首長は全島にまたがる政治の舞台から遠ざかった〔中山　一九八六：六九―七〇〕。ポナペ島議会は一九六三年にはポナペ地区議会（The Ponape District Legislature）へと改称された。

他方、初期の行政区では、行政長官に最高首長が任命され、副最高首長が補佐役とされた。その後、各行政区において憲章（charter）が制定されると、行政長官は公選とされ、公選議員から成る行政区議会も設置された。当初は行政長官に最高首長や高位称号保持者が選出されていたが、次第に、称号の位階によらず、行政能力に長けた者が選出されるようになった〔中山　一九八六：六八―七二〕。他方、アメリカ合衆国政府は、最高首長の権限を制限した日本統治時代とは異なり、最高首長の権限に関心を寄せておらず、祭宴に代表される「慣習」に対して介入しなかった。そのため、「礼の祭宴」をはじめとする「慣習」的な祭宴が復興した〔Fischer 1974: 169-175〕。

中山や清水によると、ポーンペイ島民は、こうした議会制民主主義の導入に対して、首長国＝行政区の政治を「伝統的な事柄（祭宴や称号のシステム）と非伝統的な事柄（税金や法律の公布など）の二つに区別し」〔中山　一九九四ｂ：一〇二〕、前者を最高首長が、後者を行政長官が担当するものと解釈した。そのうえで、彼らは前者の政治を「ポーンペイの側」（*pali en Pohnpei*）や「土地の側」（*pali en sahpw*）、後者の政治を「外国の側」（*pali en waii*）や「役所の側」（*pali en ohpis*）と呼んだ［中山　一九九四ｂ：一〇一、清水　一九九二：一三五―一五八］。

最高首長はドイツ統治時代以降に土地権を失ったばかりではなく、アメリカ統治時代には議会制民主主義への関与も限定されることになった。ポーンペイ島民は、最高首長の関与しない議会政治や信託統治政府のあり方を首長制の枠組みで解釈することができなかったため、議会と行政の仕事を「外国の側」や「役所の側」として首長制の外部に位置づけた。首長制は位階称号の授受と祭宴の実施において持続した［清水　一九九五：五二］。こうして、議会制民主主義と首長制という二つの異なる政治制度が併存するようになったのである。

2　新興エリートの台頭と首長制

一九六〇年代初頭には、世界的な植民地独立運動の気運が高まるなか、国際連合の調査団がアメリカ合衆国政府のミクロネシア統治政策を批判するなど、国際世論が信託統治に対して厳しい目を向けるようになった。それでも、アメリカ合衆国は東西冷戦における軍事戦略上の重要性からミクロネシア地域の島々を手放したくなかったため、ジョン・Ｆ・ケネディ（John F. Kennedy）大統領のもとで政策の転換を図った。アメリカ合衆国政府は、それまでの「動物園政策」を転換し、多額の資金を投じてミクロネシア地域の島々の経済水準を高める方向に舵を切ったのである［中山　一九八七：四五六―四五七、松島　二〇〇七：一一五］。

こうした統治政策の変化[(8)]により、行政機能の強化や公共事業の拡充が図られ、役人や医師、平和部隊の隊員が続々と派遣された。一九七〇年代に投入された一五〇〇人の平和部隊の隊員は、教育をはじめとして、医療、土木、漁業、民芸品、ビジネス、新聞発行なども指導した［須藤　二〇〇〇：三四〇］。

さらに、政府や行政の要職を現地住民に移譲する政策が進行し、多数の現地住民が信託統治政府の官僚に採用された。一九六五年には、信託統治領全体を統括する立法府として、ミクロネシア議会（The Congress of Micronesia）が設置された。ミクロネシア議会は、六地区の人口比例で選出される二一名の議員から成る下院と、各地区が平等に二名ずつ選出する上院との二院制であった［須藤 二〇〇〇：三四一―三四二］。

大量の平和部隊の派遣とともに、初等学校と高等学校の建設も進み、アメリカ式の学校教育制度が浸透した。一九七〇年には二二四の初等学校、二七の中等教育学校・高等学校、二つの短期大学が新設ないし整備された。各学校では平和部隊のみならず、現地住民も教職員や給食夫に雇用された。さらに、高等学校や短期大学の卒業生が政府機関に就業したため、一九七五年の公務員の数は一万二〇〇〇人にまで達した。ミクロネシア地域の基幹産業が政府雇用であると揶揄されたほどであった［須藤 二〇〇〇：三四一］。

アメリカ統治時代以降のポーンペイ島社会では、アメリカドルが通貨となった。公務員や政治家といった政府雇用の島民が多くの現金収入を得る機会に恵まれた一方、その機会を持たない島民にとって現金の獲得は困難であった。たとえば公立学校の教師の月収が二〇〇～二五〇ドルであり、公務員のなかにはそれを凌ぐ収入を得る者がいたのに対して、コプラや他の換金作物の生産で生計を得る世帯の月収は五〇ドルに過ぎなかった。現金経済の下で経済格差が生まれなかった日本統治時代とは異なり、アメリカ統治時代には、政府雇用の新興エリートとその他の島民のあいだに経済格差が生じたのである［中山 一九八六：七二―七四］。

他方、最高首長はドイツ統治時代と日本統治時代にこそ島民官吏に任命されることで給与を受けたが、アメリカ統治時代には伝統的政体における地位は考慮されず、政府からの経済保障を得ることができなかった［中山 一九八六：七八］。議会政治から遠ざかった最高首長は、独自に収入を得る方法を模索する必要があった。それに対して、政治家や公務員のなかには最高首長を上回る財力を手にする者が現れた。こうした新興エリートの経済力は首長制を脅かしうる要因であった。

最高首長は対応策として、新興エリートを自分たちの影響下に置くため、シャウテレウル王朝時代に遡ると思われる古い首長国称号を復活させたり、新しい首長国称号を創出したりするなどの操作をして、新興エリートに高位の首長国称号を与えた。また、最高首長は、キリスト教の聖職者にも首長国称号を与えた。他方、新興エリートも首長国称号を求めて、積極的に祭宴に関与した［中山　一九八六、Fischer 1974］。

最高首長による称号授与の結果、名誉称号をはじめとした首長国称号を獲得する者が激増した。たとえばキチー首長国では、伝統的に三つの名誉称号しか存在しなかったが、ポール・ダールクィスト（Paul Dahlquist）が一九七一年に作成したリストには九四の名誉称号が記載されている［Dahlquist 1974: 188-189］。

政府機関や議会政治は「外国の側」や「役所の側」として首長制の外部に位置づけられた。そのため、新興エリートが信託統治政府のシステムのなかで地位を上昇させていったとしても、その地位は首長制にもとづいて表現されるものではなかった。むしろ労働の場を離れた日常生活において、社会的な承認は、最高首長や村首長から島民に授与される位階称号を通じて達成されていた［中山　一九八六：七七］。

位階称号は祭宴の場のみならず、日常的な諸場面での呼びかけに用いられ、敬語をはじめとする礼節の作法の指標にもなる。成人男性は位階称号を保持することによって、その称号に見あう敬意を示され、社会的な尊敬を認められた感覚を得る。とりわけ最高首長から与えられる首長国称号は、ほとんどの成人男性が保持する村称号よりも高い価値を持つ。したがって、新興エリートにとって、高位の首長国称号を獲得することは、経済的成功の証にとどまらず、民主主義的な政治システムにおける成功を位階称号という媒体を通じて確認し、社会的な承認を勝ち得ることであった。このようにして、新興エリートは最高首長から称号を受け取り、祭宴に物財を投じることで、首長制を支えたのである（最高首長と新興エリートの互酬的な関係が強まったことの帰結については、第七章で論じる）。

3　最高首長位の継承

ウー首長国の最高首長位継承については、プロテスタント教徒のソンパセート・サブクランとカトリック教徒のソンペイコン・サブクランが交互に最高首長を輩出するという、スペイン統治時代の戦争以来の「約束」が守られ続けていた。そして一九五〇年代には、ソンバセート・サブクランのマントペイタック・リネージに出自を持つペドロが最高首長になった。

しかし、ペドロの死後、一九六〇年頃にウー首長国では首長位をめぐる対立が発生する。「約束」に従えば、次代の最高首長はソンペイコン・サブクランから選出されるはずであり、最高首長系統・第三位のタオク（*Dauk*）の称号を保持していたポールが最高首長の座に就くと思われていた。だが、当時の最高首長系統・第二位のワサーイ（*Wasahi*）の称号を保持していたパウルスは、自身より位階の低いポールが最高首長に就任することを拒んだ。

結果として、ポールとパウルスは互いに譲らず、両者がともに最高首長への就任を宣言し、一年間にわたってウー首長国には最高首長が二人並立する事態が発生した。この争いは最終的に法廷に持ち込まれ、住民投票（*usuhs*）による紛争解決が試みられた。投票の結果、プロテスタント教徒でソンバセート・サブクランのパウルスが勝利した。

パウルスはこの後三〇年間、最高首長の座にあったが、首長位の継承に関して二つのサブクラン間の「約束」は反故にされた（表1－2）。最高首長系統・第二位の称号保持者が昇進するという形で、パウルス以後の最高首長は決定された。

他方、ドイツ政庁による土地改革以降には夫方居住・男系単子相続が浸透した。さらに、アメリカ統治時代の一九七〇年代から八〇年代にかけて土地所有権の再登録が行われ、同時期に土地の均分相続制が施行された［清

表 1-2　ウー首長国の最高首長と彼の出自集団

名前	在位（年）	クラン	サブクラン	リネージ
ペドロ	1953-1960	ラシアラップ	ソンバセート	マントペイタック
パウルス	1960-1991	ラシアラップ	ソンバセート	マントペイティ
トウェイン	1991-1993	ラシアラップ	ソンバセート	マントペイティ
アレックス	1993-1995	ラシアラップ	ソンバセート	サラタック
エルマス	1995-1999	ラシアラップ	ソンバセート	マントペイティ
メルソール	1999- 現在	ラシアラップ	ソンバセート	マントペイティ

水　一九九九：四一五]。結果として、母系親族集団（クラン、サブクラン、リネージ）は、徐々に日常的な生活単位（集住や土地所有）として機能しなくなり、全島にわたって離散するようになった［Petersen 1982a］。実際に私も、調査期間中に、これらの母系親族集団が団体的な活動を行っている様子を観察することはなかった（親族関係と首長制の関係については第四章で議論する）。

とはいえ、母系クランは日常生活では役割を果たさずとも、首長位の継承や称号の獲得に関して重要な役割を果たしている。現在でも最高首長や村首長になれるのは、特定の母系クランに出自を持つ男性だけである。今日において婚姻規制が徹底されているとは言い難いが、母系クランにもとづく外婚規則は今なお島民に意識されている。表1―2を見ると、パウルス以後の最高首長位の継承において、ラシアラップ・クランによる最高首長位継承が遵守されていることがわかる。表1―2を見る限りは、ソンバセート・サブクランが最高首長位を独占しているようにも見えるが、島民の語りによると、最高首長位の継承にかかわるのはサブクランではなく、クランであるという。

最高首長位の継承には特定の母系クラン（ウー首長国の場合はラシアラップ・クラン）出身であることに加え、最高首長系統内の称号の順位を昇進させ、第二位まで昇り詰めることが必要であるとされる。次項では、こうした称号系統内の昇進について検討する。

4　序列化を強める位階称号

ウー首長国では一九六〇年から一九九一年までの長期にわたって、パウルスが最高首長を務めた。パウルスの時代にウー首長国の名誉称号となった称号に、レペン・マル（*Lepen Moar*）という称号がある。この称号はポウト（*Pwoud*）という由緒ある称号とともに、かつてのマタル首長国の最高首長が保持していた称号である。

マタル首長国は日本統治時代の一九二〇年代に、アワク首長国と名称を変えた。さらに、アワク首長国の最高首長がウー首長国の副最高首長の姉妹と結婚したことを契機にして、ウー首長国内のアリク村へと降格したのである［Petersen 1982a: 27-35］。マタル首長国時代の最高首長位称号であったソウリックは、首長国から村に位置づけが変わった後も、そのまま引き継がれた。アワク村は一九九〇年代までに六つの村へ徐々に分裂したが、各々の村の首長位称号の名称はソウリックのままであった。

ピーターセンによると、当時のアワク村の最高首長が保持していたレペン・マルの称号は、村首長が保持するには不適切なほどに偉大な称号であったため、しばらくは、村首長ではなく、アワク地域のカトリック教会の司祭に与えられた。だが、パウルスは、自身の影響力拡大のために、レペン・マルの称号をアワク地域の司祭から取り去り、ウー首長国の名誉称号にした［Petersen 1982a: 26］。

パウルスが最高首長の時代に、ウー首長国の名誉称号の性格は大きく変わった。まず、パウルスが他の首長国の最高首長と同様に、新興エリートなどに首長国称号を授与した結果、出自に関係なく与えられる名誉称号がとくに急増した。ある年長の男性（六九歳）が記憶するところによれば、一九五〇年頃のウー首長国には、名誉称号は、オウン・ナレ（*Oun Oare*）、ソウウェデ（*Souwede*）、ソウルコ（*Sourukɔa*）、レペン・ヤッド（*Lepen Sed*）の四つの称号しかなかった。だが、その後の最高首長の時代に名誉称号の数は飛躍的に増加し、二〇〇九年の私の調査では四一の名誉称号が確認された。

私の聞き取り調査によると、パウルスは、もともと明確な序列がない名誉称号も最高首長系統の称号と副最高

表1-3　ウー首長国の称号（各系統上位５位まで）

順位	最高首長系統	副最高首長系統	名誉称号系統
1	サーンゴロ（*Sahngoro*）	イソ・ナーニケン（*Iso Nahnken*）	レペン・マル（*Lepen Moar*）
2	ワサーイ（*Wasahi*）	イソ・ナーライム（*Iso Nahlaimw*）	ソウマカ・メセンチャカイ（*Soumaka Mesentakai*）
3	タオク（*Dauk*）	ナーンサウ・ルルン（*Nahnsahu Ririn*）	オウン・ナレ（*Oun Oare*）
4	ノース（*Noahs*）	ナーナパス（*Nahnapas*）	ナンペイ・メセンチャカイ（*Nahnpei Mesentakai*）
5	ナーナワ（*Nahnawa*）	ナーマタウン・イティート（*Nahmadaun Idehd*）	ソウウェデ（*Souwede*）

首長系統の称号と同様に、単線的な序列を伴う系統（*lain*）へと変更した。そして、名誉称号系統の最上位に、アワク地域から奪い去ったレペン・マルの称号を置いた（表1─3）。称号保持者は系統内の順位を上げるごとに、最高首長から新しい称号を授与されるが、その際には称号確認式をとおして最高首長へと貢納を行わなければならない。したがって、名誉称号の一群が一つの系統になることによって、称号確認式が開催される機会は増え、最高首長への貢納の回数も増えたことになる。そのため、名誉称号が一つの系統になったという事態は、最高首長が新興エリートに名誉称号を与えることを通じて、祭宴をとおした彼らの貢献を期待するという、アメリカ統治時代以後の最高首長と新興エリートの互酬的な関係性のなかで生じたものと考えられる。このように、名誉称号は、単線的な序列を伴う系統として整理されたことで、本来首長国において特別な能力を有する者（かつての宗教的な司祭など）や特別な貢献をした者に与えられるものから、最高首長への定期的な貢献による昇進をとおして獲得されるものへと変わったのである（位階称号の変質については第二章および第七章でも議論する）。

最高首長系統と副最高首長系統は、もともと単線的な序列を成していたが、首長国称号の増加によって位階の昇進という競争的な側面が強まった。首長国称号の増加によって個々の称号に付随する位階の価値が低下すると不満を述べる島民もいた。だが、最高首長から与えられる首長国称号は、村称号とは異なり、すべての成人男性が保持できるものではなく、依然として価値の高いものであった。そのため、個々の島民にとっては、与えられる首長国称号がどの順位であるのかという以上に、そもそも首長国称号を保持できるかどうかという問題が切実であった［Fischer 1974: 173］。

他方、村という単位も、ドイツ政庁による土地改革の結果、土地保有という物質的な裏づけを失った。その後、最高首長の場合と同様に、村首長は島民との関係を維持するために、村称号を島民に与えるようになった。ところが、この時代には人口増加が進み、高位の村称号を入手できる可能性が低下したことにより、高位称号を求める島民の不満が高まった。保持するかしないかが焦点になっていた首長国称号とは異なり、成人男性のほとんどが保持する村称号の場合、その順位に島民の関心が寄せられていたのである。低位の村称号に満足できない島民たちは祭宴などの村の活動から離反し、村が分裂する事態にまでなった。あるいは、新たに村を設立し、数少ない高位の村称号をより多くの島民に対して入手可能にするという住民の動きもあった［Petersen 1982a］（村の活動と帰属意識の今日的な様相については第五章参照）。

このような首長国と村の両方における称号の授与をめぐる駆け引きや葛藤をとおして、島民たちは、社会生活を送るうえで位階称号が重要な要素であることを実感するようになった［Petersen 1982a: 22-23］。島民たちは、称号の位階に対してより関心を寄せるようになったのである。

六　ポスト植民地国家のなかの首長制

1　「慣習の側」と「政府の側」

一九六〇年に国際連合総会で決議された民族自決のスローガンの下、その後のアジアやアフリカでは植民地統治からの独立の動きが進み、ミクロネシア地域の島々もその波を受けつつあった。一九六五年に設立されたミクロネシア議会は、こうした流れのなかで一九六七年に「将来の政治的地位委員会」を設置し、アメリカ合衆国に政体交渉の早期開始を要求した［須藤　二〇〇〇：三四〇―三四二、中山　一九八七：四六〇］。

一九六九年七月、ベトナム戦争（一九六四～一九七五年）が泥沼化するなか、アメリカ合衆国のニクソン大統領は「ニクソン・ドクトリン」と呼ばれるアジア戦略の転換構想を発表し、ベトナム戦争後の中枢基地をミクロネシア地域に置く考えを示した。同年一〇月、アメリカ合衆国政府とミクロネシア議会の代表は、政体交渉を本格的に開始した。

政体交渉の場では、アメリカ側がミクロネシア地域の島々を恒久的な「自治領」（Commonwealth）とすることを主張したのに対して、ミクロネシア側は「自由連合」（Free Association）案を主張した。自由連合案とは、ミクロネシアの住民が主権と民族自決権をもとに独自の憲法を制定し、期限付きでアメリカ合衆国との自由連合を締結するというものであった。

このように将来の政体をめぐる交渉が開始されると、ミクロネシア議会はミクロネシア連邦制定委員会を結成し、憲法草案の作成に取り掛かった。一九七五年には憲法草案が議会で採択されたが、そのなかにはミクロネシア地域の島々の首長をめぐる規定が「伝統的指導者」（traditional leader）という用語で謳われた。

　すべての正当な名誉と尊敬は、ひきつづきミクロネシアの伝統的指導者に与えられるべきである。さらに、ミクロネシア連邦議会は、ミクロネシアの伝統的指導者の職務を減ずること、および正当に彼らに帰されるべき名誉と尊敬を否定すること、これらのことをいかなる意味においても意図していない［林　一九九〇：七八］。

首長の地位の憲法上の保護自体は、アメリカ統治において「動物園政策」以来一貫して掲げられてきた「伝統の尊重」を踏襲したものである［清水　一九九三：一一七］。

アメリカ合衆国政府はミクロネシア議会が自ら案出した自由連合案に驚き戸惑った。だが、軍事拠点としてミクロネシア地域を確保したいアメリカ合衆国は、軍事計画とそれに伴う巨額の基地使用料を示すことによって、基地利用計画に含まれる三地区（マリアナ地区、マーシャル地区、パラオ地区）と残りの三地区（ポナペ〔現ポーンペイ〕地区、トラック〔現チューク〕地区、ヤップ地区）の分断を画策した。結果として、一九七五年には早々と北マリアナ諸島が自治領の道を選び、その他の地区の足並みも乱れた。そして、一九七八年に行われた憲法草案の是非をめぐる住民投票の結果により、パラオとマーシャルはミクロネシア連邦に参加せずに独自の国家を建設する道を選んだ［中山　一九八七：四六〇―四六二、須藤　二〇〇〇：三四三―三四四］。

このようにして、ポーンペイ地区、チューク地区、ヤップ地区、（ポーンペイ地区から分離した）コスラエ地区という四地区は、ミクロネシア連邦としての国家樹立を目指した。ミクロネシア連邦は一九七九年五月に憲法を施行し、自治政府を成立させた。そして、一九八六年秋には、アメリカ合衆国と自由連合協定を調印し、ミクロネシア連邦として独立した。ミクロネシア連邦の統治機構は、正・副大統領を擁する行政部、一院制のミクロネシア連邦議会（Congress of FSM）を置く立法部、最高裁判所を中心とする司法部から構成される。

一九七九年に施行されたミクロネシア連邦憲法の第五条の第一節と第二節には、伝統的指導者の保護が明文化された。さらに、第三節は「連邦議会は必要と認めるとき、首長を有する州の場合はその首長、および首長を有しない州の場合には選挙によって選ばれた代表によって構成される首長会議（Chamber of Chiefs）を設置することができる」と規定した［須藤　二〇〇八：一四三］。

憲法規定の見直しを目的とした一九九〇年の憲法制定会議では、この第三節にもとづいて首長会議を設置する、という憲法改正案が審議された。ミクロネシア憲法制定会議では最終的に憲法改正案が通過したものの、その後の一九九一年に行われた住民投票によって連邦政府の水準における首長会議の設置は否定された。ポーンペイ州では、首長会議に対する住民の賛成票は、必要な三分の二どころか過半数にも達しなかった［清水　一九九三：一八］。清水のインフォーマントの老人たちによると、民主主義の枠内で首長制を議論すること自体が最高首長や副最高首長に対する権威の侵害であるという。また、ピーターセンは、住民による首長会議の否定は、最高首長による権力乱用を防ぐために、政治の外部に首長制を位置づけ続けておきたいという、住民の意思の表れであると論じた［Petersen 1997］。

ポーンペイ島社会も含め、ミクロネシア連邦を構成する島々は、同一の統治政策にもとづく統治過程を経験したにもかかわらず、それに対するローカルな水準での反応は多様であった［飯高　二〇〇二：二〇七、則竹　二〇〇〇］。そのため、州政府における首長制の位置づけも州ごとに異なる。たとえばコスラエ州では住民により首長制が廃止され、ヤップ州では州憲法によって首長会議が規定され、首長制が州政府の一端を担っている。

それに対して、ポーンペイ州では、ミクロネシア連邦としての独立後も、首長制を行政機構の外部に置き続けた。ポーンペイ州では、一九八三年から一九八四年にかけての州憲法制定会議において、ポーンペイ本島における最高首長などの伝統的指導者に一定の政治的権力を与えるという案が提出されたが、最終的には否決された［須藤　二〇〇八：一四四］。アメリカ統治時代に最高首長が議会政治から離れて以来、一九八六年の独立以後のポーンペイ島社会においても首長国と行政区は分離されて続けている。このように、ポーンペイ島民は、連邦政府の水準だけではなく、州政府や行政区の水準でも首長制を政治機関の外部に置き続けているといえる(9)。

ポーンペイ島民は、アメリカ統治時代と同様に、首長制と政府機関を区別する。島民たちはしばしば、この二つの領域に加えて、キリスト教会の活動領域を入れた三つの公的領域を語る。すなわち、今日の島民たちは、現代ポーンペイ島社会における公的な活動領域を「慣習の側」（*pali en tiahk*）、「政府の側」（*pali en koapwoarment*）、「教会の側」（*pali en sarawi*）という三つの領域から構成されるものとして理解する。

2　「慣習の側」の内部と外部

ミクロネシア連邦は、行政・立法・司法の三権分立から成る独立国家として歩みを始めたが、経済的自立は困難であった。そのため、自由連合協定にもとづくアメリカ合衆国からの経済援助や、それに支えられる官僚機構、あるいは海外移民からの送金に依存するのが現状である。

独立時にアメリカ合衆国とのあいだで結ばれた自由連合協定によって、アメリカ合衆国へのビザなしでの渡航がミクロネシア連邦の住民に認められた。その結果、渡米するポーンペイ島民は増加した。彼らはアメリカ合衆国本土での賃金労働を重ねて富を蓄積するが、ポーンペイ島に帰郷するケースは少ない［清水　二〇〇四］。彼らからポーンペイ島に住む親族へ海外送金が行われることもある。

ポーンペイ島に目を転じると、アメリカ統治時代以来、政治家が富裕層にとどまり続けている。ミクロネシア連邦の大統領、ミクロネシア連邦議会議員、ポーンペイ州知事、ポーンペイ州議会議員、コロニア町長、行政区長、行政区議会議員、判事、裁判官などの役職に就く者である。彼らは「政府の側」で活躍する人びとである。表1―4に示すように、「慣習の側」における社会的地位（位階）が首長国と村の水準に分かれるのに対して、「政府の側」における社会的地位（肩書き）は連邦と州と行政区という三つの水準に分かれる。行政区と首長国は対応関係にある。今日のポーンペイ島社会において、「政府の側」で活躍する島民たちは、他の島民たちから政治的・経済的な能力を認められており、首長位や伝統的称号に拠らずとも社会的に尊敬されている。同様に役所仕事に勤める公務員も比較的裕福であり尊敬の対象になっている。ちなみに、彼らの給与は、自由連合協定にもとづく

表1-4 「政府の側」と「慣習の側」における社会的地位

	「政府の側」	「慣習の側」
連邦の水準	大統領 連邦議会議員 最高裁判所長官	
州の水準	ポーンペイ州知事 ポーンペイ州議会議員 州裁判所長官	
行政区の水準（「政府の側」） 首長国の水準（「慣習の側」）	コロニア町長 行政区長 行政区議会議員	最高首長 副最高首長 首長国称号保持者
村の水準		村首長 村称号保持者

アメリカ合衆国からの援助によって保障されている。

他方、カトリックの神父と助祭、プロテスタントの牧師といったキリスト教の聖職者は、毎週日曜日の礼拝や葬式の祈りといった「教会の側」での活動を通じて、社会的な尊敬を集める立場にある。二〇一二年一二月時点において、カトリック教会には、四人の白人神父を除いて、一名のポーンペイ人神父（*padire*）と二七名の助祭（*dihken*）がいた。プロテスタント教会の牧師と伝道師（*soumpadahk*）の総数は、ポーンペイ島全体で二八二人であった。牧師と伝道師の下には、執事（*sounkohwa*）の役職がある。

祭宴の実施や称号授与といった「慣習の側」の活動に勤しむ島民たちは位階称号を保持し、とくに高位であればあるほど他の島民たちから敬意に満ちた視線を向けられる。種々の祭宴は頻繁に開催され、親族や知人が主催者の場合には参加することが期待されている。賃金労働を休んで祭宴に参加する島民も少なくない。

このように、ポスト植民地時代のポーンペイ島社会には互いに独立した三つの活動領域があり、それぞれの領域において社会的に尊敬される人物の存在が確認される。しかし、各々の「側」に属する人物に目を向けると、同一人物が異なる「側」においても尊敬される人物であることは珍しくない。つまり、高位称号保持者が政治家であることや、キリスト教聖職者が首長国の名誉称号を保持していること、政府の要職に就いている者がキリスト教聖職

図 1-5　今日における首長と島民の関係性（概念図）

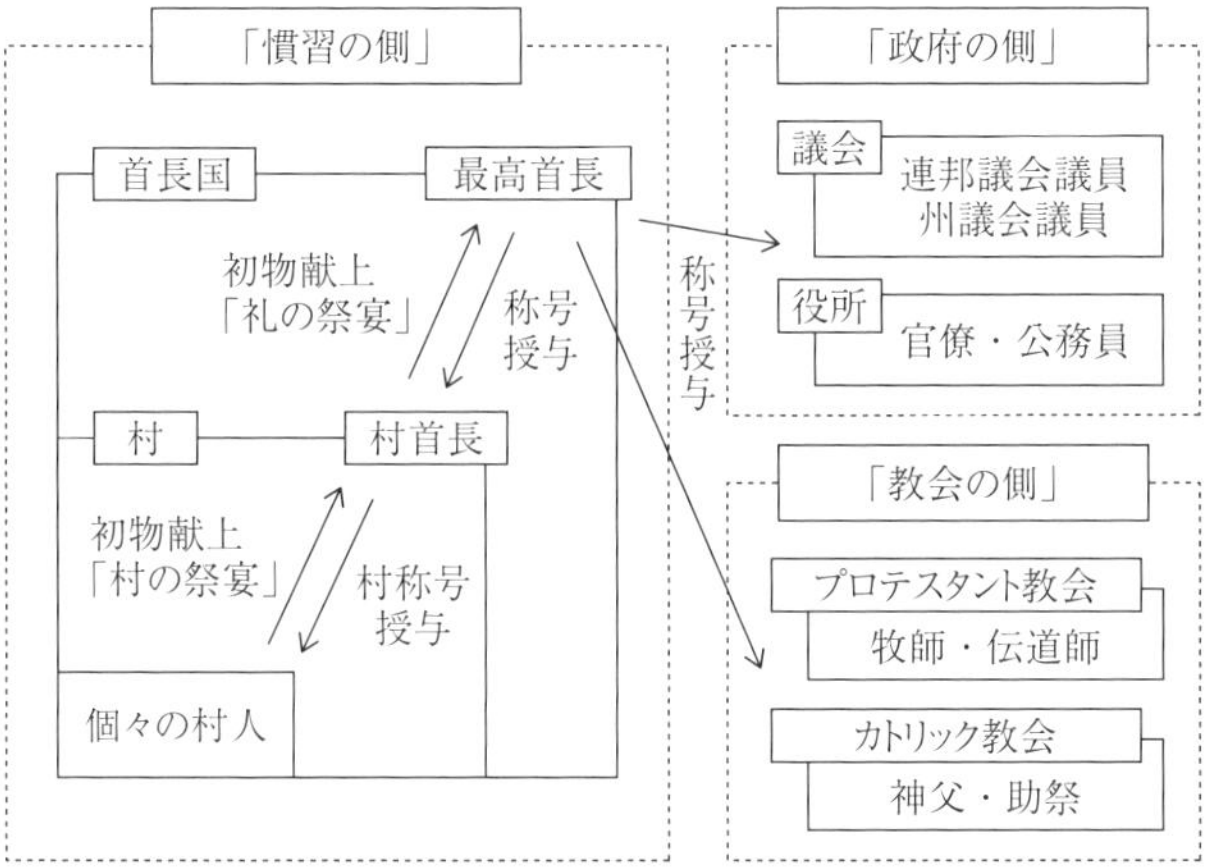

者であることは、往々にして見られる。

とくにアメリカ統治時代以来、首長国称号は位階の昇進という競争的側面を強め、「政府の側」や「教会の側」で活躍をする住民も称号を求めて「慣習の側」での物質的な貢献を強めた。それにより、最高首長は彼らに高位の首長国称号を与え、同一人物が各々の「側」を横断して有力者になる道が開かれてきた。今日における最高首長と島民の関係を三つの「側」との関係も交えた概念図として示すと、図1—5のようになる。

さらに、「政府の側」における行事の開催に際して、高位称号保持者でもある政府の要職者が最高首長や副最高首長を招待することもある。また、「教会の側」における教会行事に際しては、首長や高位称号保持者に祭宴と同様に物財の供出が期待され、教会活動を支える寄付金に至っては政治家や公務員による多額の献金が無視できない。逆に、「慣習の側」の活動である祭宴や葬式では、経済力のある政治家や公務員に過剰な物質的な貢献が求められる。祭宴の一場面である昼食の場面ではキリスト教聖職者による祈りが行われ、葬式の会場では故人の屋敷の屋内でキリスト教聖職者による祈りが捧げられる。

このように、ポスト植民地時代のポーンペイ島社会では、「政府の側」や「教会の側」を首長制の外部に置くという理念的な区別がありながらも、個々の行為者の関係構築においては「側」を横断した相互行為が展開する。以降の章では、こうした相互行為のあり方を理念的な区別とのかかわりから捉えつつ、ポスト植民地時代における身分階層秩序の可視化について、具体的な諸場面において相互行為秩序のフレームがいかに変容・成立するのかという視点から記述・分析する。

注

（1）西洋人との接触以前には、ブタ（*pwihk*）ではなく、イヌが祭宴で用いられていた。一九世紀における西洋人との接触以降にブタがもたらされた。ブタは大きくて見栄えがするために、イヌに代わる位置を占めるようになった［清水　一九八七：二〇九］。

（2）最高首長系統の資格を持つクランは首長国ごとに異なる。マタラニーム首長国ではトゥプンパーンメイ（*Dipwin pahmei*）・クラン、ウー首長国ではラシアラップ・クラン、キチー首長国ではトゥプンメン（*Dipwinmen*）、ソケース首長国とネッチ首長国ではソンカワッド（*Sounkawad*）である［Riesenberg, 1968: 15］。

（3）トーテム信仰について、たとえば、ラシアラップ・クランは、ウナギ（*kemisik*）に由来するという。そのため、私のインフォーマントであった何人かのラシアラップ・クランの成員は、ウナギを食べることを嫌がった。仮に食べてしまうと、病気になってしまうと彼らは言う。

（4）最初にポーンペイ島を訪れた宣教師は、フランス人のカトリック神父であった。だが、一八三七年末からの約七ヶ月間の布教活動は実を結ばなかった［中山　一九八五：八八一－八八二、Hezel 1970: 220-221］。一八四〇年から一八五〇年にかけて、ポーンペイ島は捕鯨船の寄港地として栄え、ピーク時には年間四〇隻が寄港した［中山　一九八五：八七四］。

（5）ピーターセンは、聞き取り調査の成果をもとに、欧米人との接触時までには、クランもサブクランも団体集団としては機能しなくなっていたと推測している［Petersen 1982b: 131］。

（6）清水がポーンペイ島で実地調査を行った時期は、一九七〇年代のことである。母系リネージが、二〇世紀のあいだに形式的に変化していたとしても、清水が聞き取りの手法を用いて復元した系譜［清水　一九八九：一三一］は、男系相続・夫方居住の傾向が強まる以前の親族集団を再構成したものであったと推測される。したがって、あくまで理念型であるにせよ、清水の指摘は、二〇世紀前半の母系リネージの特徴を捉えていると考えられる。同じ一九七〇年代にポーンペイ島社会で調査を行ったピーターセンのインフォーマントは、母系リネージを「過去のローカルな集団」とみなしていた［Petersen 1982b: 131］。

（7）行政上の首長にポーンペイ島民の最高首長を任命するという原則はよく遵守されており、矢内原によると、一九三二年において五人の「総村長」のうち最高首長でなかった者は一人のみであった［矢内原　一九三五：四二三―四二四］。

（8）政策転換の準備段階として、一九六二年にケネディ大統領の要請により、ハーバード大学のアンソニー・ソロモン（Anthony Solomon）教授を団長とするミクロネシア調査団が派遣された。調査団は、援助金の増額、平和部隊（Peace Corps）の派遣、外国投資の促進、アメリカ合衆国への住民の招待を通じた親米観の育成、アメリカ式の教育機会の拡充、自治政府の設立などを政府に求める「ソロモン報告書」を提出した［松島　二〇〇七：一一五―一一六］。これ以降、アメリカ合衆国による信託統治領に対する財政支出は、それまでの最高額である六八〇万ドルを超え、一九六三年には一五〇〇万ドル、一九七〇年には四八一〇万ドル、一九七六年には八〇〇〇万ドルにまで増額した［中山　一九八六：七二］。

（9）例外として、キチー行政区では、首長制を行政区議会のなかに組み込むことが行政区憲法において規定され、議会の議席の一部が首長層に割り当てられている［清水　一九九二：一四六―一四七］。

第二章　行為としての礼節

一　礼節のフレーム分析――今日における身分階層秩序の可視化

本書の冒頭で触れたように、対面的に顔をつきあわせる出会いとコミュニケーションの場において、島民たちは互いの称号の位階を気にしながら、対面相手の位階の「名誉」に見あった振る舞いをすることに神経を注ぐ。彼らはとりわけ、何らかの首長位称号を有する人物や、「高位者」（*lapalap*）と呼ばれるほどに高位の称号を有する人物と対面する際に、対面相手の「名誉」にふさわしい敬意と礼節を表現しようと苦心する。[1]それは、称号名への言及を含む挨拶や、敬語（*meing*）での会話にとどまらず、序論で触れた事例において私が最高首長への手土産として三尾の大きな魚を持参したように、食物の贈与を伴うこともある。この際、贈与する食物の質や量によっても、対面相手の「名誉」が表現される。首長や「高位者」の訪問を受ける場合には、客人を祭宴堂に案内し適切に座席を用意したり、その場で「カヴァを掘り出し」（*sarkada sakau*）て客人のためにカヴァ飲みを催すことがある。より「名誉」を示すべき客人に対しては、「ブタの屠殺」（*kamehla pwihk*）や「石焼きの点火」（*saunda uhmw*）をとおした大規模な食物の調理が行われる。

ポーンペイ島社会で催される祭宴は、少なくとも現地で聞いた説明にもとづけば、これらの礼節作法の延長上にある。祭宴の実施は主な参加者に対して主催者側が「名誉」を最大限に表現するやり方とされる。そのため、祭宴の場では、参加者の「名誉」を分節化する幾つもの手続きが実行され、称号の位階に沿って身分階層秩序が可視化される。

他方、第一章で論じたように、ポスト植民地時代のポーンペイ島社会の公的な活動領域は「慣習の側」に限られず、「政府の側」や「教会の側」で活躍する島民たちは位階称号に頼らずとも社会的に尊敬される。こうした今日のポーンペイ島社会において、位階称号は礼節作法における絶対的な基準ではない。序論で素描したように、首長や高位称号保持者であっても敬意を示されない場合すらあるのだ。

本章の目的は、こうした敬意の曖昧さに着目しながら、社会的地位のあり方が多元化するポスト植民地時代のポーンペイ島社会において、身分階層秩序がどのような形で可視化されるのかを明らかにすることである。以下では、「名誉」を分節化する機会としての祭宴や行事に焦点を当て、参加者への礼節を基本とする対面的相互行為の状況がいかに維持・創出されているのかを位階称号との関連から記述する。そして、「あふれ出し」と「括弧入れ」の概念を用いたフレーム分析により、ポスト植民地時代のポーンペイ島社会における身分階層秩序の可視化の特性を明らかにする。

二　礼節と位階称号――「名誉」を可視化する多彩な手続き

本節では、具体的な祭宴や行事の記述に先立ち、祭宴における儀礼的な手続きについて概説する。祭宴の場では、参加者の「名誉」を可視化する諸々の手続きが実行される。序論第二節で紹介したように、祭宴の会場である祭宴堂には、中央の地面を囲むように、コの字型の高床がある。木製（あるいはセメント製）の柱は、祭宴堂の屋根のみならず、高床を支えている。以下では、入口から見て正面奥にある高床を正面床（*lempahntamw*）、右手と左手にある高床を側面床（*mwengintik*）、中央の地面を土間と表現する。

首長国規模の祭宴の場合、序論の図0—1で示したように、最高首長と副最高首長が正面床の奥の中央に席を設けられることで、その最上級の「名誉」が可視化される。副最高首長の左側には名誉称号系統の最高位者が座る。最高首長の右手には、高位の女性たちが座る。基本的には、正面床に座っている男性たちの妻が座る。これらの首長や高位称号保持者は、土間を正面に見据えて座る。そして、正面床の手前には、最高首長から見て、右側に最高首長系統・第二位の高位称号保持者が、左側には副最高首長系統・第二位の高位称号保持者が座る。彼らは祭宴堂という空間において、その他の参加者を「見下ろす」（*soupeidi*）存在であると言われる（写真2—1）。

写真2-1　祭宴堂の奥間からその他の参加者を「見下ろす」者たち

残りの参加者は、祭宴の「仕事」を行う。最高首長から見て右手の側面床には、主に女性が座る。左手の側面床には、女性が主に座るが、男性も座る。カヴァ搗きをする男性は、石台に向って座る。この際、一つの石台に対して、大抵は四人の男性が向かう。祭宴堂において、司会の男性、給仕役（*erir*）の男性、カヴァを搗く男性は、服（*seht*）を脱ぎ、上半身裸で仕事を行う。祭宴堂の外では、男性たちがブタの屠殺や石焼きなどの仕事を行う。主催者家族を中心に、家屋のなかでは大量の食事が準備される。祭宴堂という空間では、「見下ろす」存在である首長や高位称号保持者が正面床に座り給仕を受ける一方で、残りの参加者が祭宴の「仕事」を引き受けるというように、位階称号にもとづく「名誉」をめぐって非対称性が顕在化するのである。

ほかにも、首長や「高位者」には優先的に軽食や飲料物が提供されたり、花冠（写真2―2）とココヤシ油が施されたりすることによって、「名誉」が表現される。とりわけ、ブタ肉やカヴァ、ヤムイモの再分配の場面では、位階称号の序列が可視化されることによって、個々の位階称号の持つ「名誉」が明確に表現される。今日における祭宴では、おおよそ以下の物が儀礼財として参加者の手で持参され、参加者に配り直される。

写真 2-2　花冠

・農作物：カヴァ、ヤムイモ、パン果
・家畜：ブタ、イヌ

・海産物：魚（*mwahmw*）、ウミガメ、瓶詰めにされたナマコ
・調理済みの食事：お盆（*opwong*）、ボウル（*peisin*）、プラスチック容器入り弁当
・商品の詰めあわせ：ボウル、ココヤシ葉製バスケット（*kiam*）、ココヤシ葉製大型バスケット（*kiamoro*）
・現金（*sent*）

このうち、農作物と家畜、海産物は、男性が祭宴に持参する物である。とりわけ、カヴァとヤムイモとブタの三点は、祭宴における儀礼的価値が高い。ブタは男性が石焼き（*uhmw*）にした後、切り分けられて、主に男性の手によって参加者に再分配される。他方、調理済みの食事は、女性が主に煮炊き（*ainpwoat*）によって調理し、祭

写真 2-3　お盆、ボウル、プラスチック製容器

写真 2-4　ココヤシ葉製バスケットとココヤシ葉製大型バスケット

宴に持ち込む。女性が調理した料理に加え、商店で購入した物（インスタントラーメン、菓子、砂糖、缶ジュースなど）を詰め込むというやり方が一般的である。調理済みの食事には食事の入っている器にもとづく序列があり、お盆、ボウル、プラスチック製容器の順に価値が高い（写真2—3）。これは昼食や夕食として、主に女性の手によって祭宴の参加者に配られる。また、男女を問わず、高位の首長や称号保持者に対して商品や現金を献上する者もいる。高位の首長に献上される物財の場合、ココヤシ葉製バスケットによる包装を通じて敬意が表現される。さらに多くの敬意を示そうとする場合には、ココヤシ葉製大型バスケットが用いられる（写真2—4）。

　こうした物財の再分配は次のような手続きを踏む。㈠祭宴の参加者たちが、カヴァやヤムイモ等の農作物、ブタなどの家畜、調理済みの食事といった物財を持参して会場を訪れる。農作物や家畜は男性たちが、調理済みの食事は女性たちが担当する。この際、参加者は各々の世帯や親族などを基礎にまとまり、列をなして物財を持ってくる（写真2—5）。㈡祭宴の進行に従って、会場

写真 2-5　祭宴に参加する人びと

に持ち込まれた物財が祭宴堂のなかに運ばれ、参加者のうち最高位の称号保持者の前に並べられる。最高首長や村首長の場合には、たとえその場に参加していないとしても、最高位者として扱われることがある。(3)分配役（*sounehme*）や「司会」（*menindeh*）が受領者の称号を呼び上げることを通じて、最高位者の前に集められた物財が再分配される。この際、物財はすべて最高位者の所有物とされ、最高位者からの分け前として残りの参加者に配り直される。この際に分配役や司会を務めるのは、称号の順や再分配の仕方などに詳しい男性である。とくに首長国規模の祭宴では、最高首長や副最高首長などの「高位者」を父や祖父とする人物、すなわち「貴族の血」を引く者に限定される。

　首長位称号保持者に対して物財が配られる場合には、たとえば「イソ・ナーニケンのお食事」（*sahk, Iso Nahnken*）のように、食物の敬語表現とあわせて称号が呼び上げられる。ポーンペイ語には、首長位称号の保持者が所有する食物や食事に対して、首長国と村の双方において敬意対象ごとの特別な敬語表現が設けられている。最高首長への献上物は「お召し上がり物」（*koanoat*）、最高首長夫人への献上物は「お召し上がり物」（*pwenieu*）、副最高首長や村首長への献上物は「お食事」（*sahk*）と表現される（表2―1）。首長の献上物からの分け前も、同様のカテゴリーによって理解され、「お召し上がり物からの分け前」（*kepin koanoat*）や「お食事からの分け前」（*kepin sahk*）と表現される。キーティングはこれらのカテゴリーについて、首長の食物が神聖性を帯びているので、これらの献上物からの分け前も「神聖な食物や聖なる権力の分け前として考えられる」[Keating 1998a: 117]と解釈している。

　同時に、高位称号保持者にはより「大きな」（*lapala*）物が再分配され、首長をはじめとする「高位者」への再

表2-1　ポーンペイ語における食物の敬語表現

本書の表記	ポーンペイ語	敬意対象
お召し上がり物（男性）	*koanoat*	最高首長 名誉称号系統・最高位の称号保持者
お召し上がり物（女性）	*pwenieu*	最高首長夫人 名誉称号系統・最高位の称号保持者の夫人
お食事	*sahk*	副最高首長、副最高首長夫人 村首長
食事（丁寧形）	*tungoal*	一般的な表現
食べ物	*mwenge*	一般的な表現

分配物はココヤシ葉製バスケットに詰められるなど、再分配物の量や授与の形式において、称号の位階序列が視覚的にも顕在化する。カヴァ飲料の給仕もこの再分配と同様の形式で行われる。参加者の供するカヴァは最高位者の前で枝を落とされ、カヴァ飲料が用意される。最初の四絞りは儀礼的に価値が高いとされているが、これも最高位者への献上物からの分け前として、称号の呼び上げに従って上位者から順にカヴァ飲料の杯を献呈するという手続き[2]をとおして再分配される〔清水　一九八五ａ：一八六―一九三、Shimizu 1987: 158-163〕。清水は、このような称号の呼び上げによる授与こそ、「被授与者の『名誉』を可視化し、讃える行為にほかならない」〔清水　一九八五ａ：一八九―一九〇〕と述べている。さらに、清水は、祭宴を通じた「名誉」の体系の可視化と実現こそが、首長を中心かつ頂点とする中央集権的な社会統合に寄与する〔Shimizu 1987〕と論じる。

　称号の順位は上位になればなるほど重視されるわけであり、逆に下位になればなるほど気に留められなくなっていく。そのため、実際には、参加者すべての称号を呼び上げることは稀であり、相対的に上位の称号が呼び上げられた後は、「配給」（*aikiu*）という形式で物財が再分配される。「配給」は日本統治時代に伝わった外来語であるが、ここでは小さく切り分けられたブタ肉を幾人かの女性が配って歩くことを指す。したがって、称号の呼び上げという行為は、呼び上げられた称号の単線的な序列のみならず、称号を呼び上げられた者と呼び上げられなかった者の弁別をも生み出す（再分配後の「配給」については第七章も参照）。

ポランニーによる経済過程の類型に従って、物財の再分配の必要条件である中心性という制度的配置［ポランニー　二〇〇三：三七四］に着目すると、再分配の中心は紛れもなく最高首長である。このことは、最高首長に献上される物財が「お召し上がり物」と呼ばれるのに対して、他の多くの参加者が受け取る物財が「お召し上がり物からの分け前」と呼ばれるという言語的な区別からも明らかである。再分配を通じた「名誉」の可視化という点に注目すれば、こうした物財の再分配は、最高首長に集められた「名誉」を「お召し上がり物からの分け前」という形で他の参加者へと再分配する過程であるともいえる。したがって、祭宴における再分配をとおして受け取る物財の価値は、位階称号の最高位者に集中する「名誉」に価値の源泉を持つと考えることができる。こうした点に着目した清水は、称号の位階順にもとづく「名誉」という単一の価値に沿って社会秩序が組織されるという、「名誉」の体系モデルを提示し、「名誉のハイアラーキー」として首長制の社会構造を捉えたのである(3)［清水　一九九五］。

三　「名誉の賭け」としての祭宴

1　称号の保持と「名誉」の可視化

ポーンペイ島社会で催される祭宴では、ほぼ同一の形式で位階称号の「名誉」を可視化する多彩な手続きが実行される。本節では、祭宴における物財の再分配をとおした「名誉」の可視化が、島民たちにとっていかなる意義を有するのかについて検討する。まずは、「名誉」を可視化されない事態を取り上げる。

私が調査を始めたばかりの頃、日本に滞在経験があったことから日本語に堪能なエルチャー（二〇〇九年当時四八歳、ベニートの弟）は「タイトル（位階称号）はほしいですか。ほしくなかったら、いいんですけどね。ちょっと、ポーンペイ〔島〕にいて、タイトルがないと、何か物足りない感じなんですね」と、日本語で私に言った。彼が言う「物足りなさ」について、アルウィースという男性（二〇〇九年当時四〇歳）が称号を失った時の例をあげよう。

アルウィースは、ベニート一家の居住地からほど近い場所で暮らしており、かつてナーナワ（*Nahnawa*：村首長系統・第八位の称号）という比較的高位の村称号を首長のベニートから授与されていた。しかし、祭宴の「仕事」をめぐってベニートとの折りあいが悪くなるにつけ、ベニートは、アルウィースに与えていたナーナワ称号を、別の村人に与えてしまった。自らの称号剥奪を知らなかったアルウィースは、ブタとカヴァを持って「村の祭宴」に意気揚揚と参加したという。ところが、カヴァ飲料の給仕の場面になって、祭宴の司会が「ナーナワ」と呼び上げてカヴァ飲料の杯を差し出すと、新たに「ナーナワ」の称号を授けられた村人がその杯を受け取って、それを飲んだ。何事もなかったかのように、祭宴は進行していく。アルウィースは、もはや『ナーナワ』と呼ばれるべき村称号保持者ではなく、ただの「アルウィース」であった。アルウィースは祭宴の場で自らの「名誉」が可視化されなかったことで落胆した。怒りに震えた彼は、自らが持参したカヴァを回収し、ブタ肉の再分配も待たずに帰ってしまった。アルウィースはそれから数年のあいだ、称号を保持していないことに引け目を感じ、ベニート一家で催される祭宴に顔を出せなくなってしまったという。

島民が称号を失った場合、アルウィースがただの「アルウィース」になったように、帰属とアイデンティティの喪失が導かれる事態にもなりかねない。こうして見てみると、祭宴の場において「名誉」を可視化されるか否かは、島民たちのアイデンティティと尊厳にもかかわる。そのため、称号はめったに剥奪されないのである。

2　相対的な「名誉」を可視化する受領物

次に、祭宴の場のみならず、祭宴後における物財の流れにも注目して、「名誉」の可視化が当人たちにとって持つ意味を検討する。ベニートは、葬式などの祭宴に参加する度に、彼の保持する村首長位称号の「名誉」に見あった大きさのカヴァやブタ肉を再分配される。序論で触れたように、ベニートが祭宴に向かうと、祭宴の場で集積される物財に対する入手可能性が想定され、ベニート一家や近隣の世帯はそれを楽しみに待っている。

しかし、彼らはこうした楽しみをつねに享受できるわけではない。以下では、ベニートが祭宴において物財の再分配の恩恵に預からなかった事例を提示する。

二〇一〇年二月上旬、ロミオという六〇歳代の男性が亡くなったことを悼む葬式が行われていた。ポーンペイ島社会では人が亡くなると、故人の遺族が葬式を主催する。葬式は故人やその親族の屋敷地内で催される。遺体はまず屋敷内に寝かされ、遺族やその親族の女性の弔問客が中心になって遺体を囲み、死者を悼む。女性はあらかじめタオルや手ぬぐいを持参して弔問し、遺体に対面すると顔をおさえて号泣する。他方、男性の弔問客らは遺体と対面した後、同じく屋敷地の中にある祭宴堂に身を移し、カヴァ飲料の給仕や物財の再分配をはじめとした祭宴の「仕事」を進める。

葬式は通例、四日間催される。そのうち一日目は通夜であり、二日目に埋葬儀礼（*mwurilik*）が実施される。一日目には弔問客は米や鶏肉などを持って葬式の会場を訪れ、遺族が弔問客に振る舞う食事をつくるための材料を提供する。故人を偲ぶやり取りの空間は二つに分かれ、屋敷のなかでは遺体を囲んで遺族や女性たちが聖歌を歌うなどして過ごす一方で、祭宴堂では男性たちを中心に祭宴が進行する。葬式二日目も埋葬の時が来るまでは空間が二つに分けられ、屋敷のなかでは女性や子どもたちが遺体を囲み続ける。葬式二日目以降、祭宴堂では弔問客がカヴァやブタを持参し、物財の再分配を中心とする祭宴の「仕事」が連日のように進められる。

ロミオは、亡くなる直前までマリオという「高位者」の男性（七〇歳代）の屋敷に居住していた。マリオは、ロミオの一番上の兄である。マリオは、ウー首長国の副最高首長系統・第二位であるナーライム（*Nahlaimw*）の称号を保持していた。ただし、ロミオはマリオとともに育ったわけではなく、最高首長メルソールの父方のオバに養取されて育った。そのため、メルソールにとって、ロミオは父方第一交叉イトコであった。こうした関係から、ロミオは、生前長らくメルソールの屋敷で暮らしていた。彼がマリオの屋敷に移り住んだのは、病気を患ってからである。

このような親族関係を背景として、メルソールはロミオの葬式に積極的に参加し、ウー首長国の高位称号保持者たちも多く集まった。最高首長は故人と親族関係があるかどうかにかかわらず、「慣習」の定めにより首長国内で催される葬式に臨席するが、大抵は遺体が埋葬される二日目のみ参加する。だが、この葬式には、メルソールが連日参加したことから、二日目のみならず、三日目と四日目の祭宴における再分配の場面でも、最高首長に「お召し上がり物」として大きなブタ肉やカヴァが献上された。これらの献上物は軽トラックでメルソールの屋敷に運ばれたが、これを見た島民たちは、「〔最高首長の〕『お召し上がり物』の仕事は大変だ」と噂した。

葬式二日目の二月九日には、最高首長のメルソールをはじめとして、メルソールの妻、副最高首長夫妻、副最高首長位系統・第二位のマリオ、高位の名誉称号保持者など、首長国の高位称号保持者が多く集まった。親族や村人が集まり始めた午前中の時間こそ、ベニートはその場の最高位者として遺族やその他の参加者から歓迎され、祭宴堂の奥間に席を与えられ、軽食などを振る舞われていた。

だが、正午を回り、最高首長や首長国の「高位者」が姿を現すと、ベニートはその場の最高位者ではなくなり、祭宴堂の奥間の空間をこれらの人物に譲ることになった。そして、これらの「高位者」を中心に祭宴は進行した。祭宴の終盤になって遺族を中心とする参加者が持ってきたヤムイモやブタ肉、カヴァなどが再分配されたのだが、結局、ベニートがこの日手にしたのは、小さなヤムイモ一つだけであった。祭宴で再分配されたブタ肉は二七頭分のブタに相当し、カヴァは二九本あったが、彼にはブタ肉もカヴァも再分配されなかった。

葬式の祭宴が終わり、夕方になって屋敷に帰宅したベニートは、そのヤムイモを差し出し、娘のリータにやや小さく低い声で「今日は〔他に〕何もない。これだけだ」（*rahnwet sohte mehkot. meh te*）と呟くように言った。持ち帰った物の少なさに、彼は肩を落としていたのであった。

ベニートの落胆は、彼の一家の期待を満たせなかったことを理由とするが、ご馳走を持って帰るという世帯の成員の物質的な欲望を満たせなかったことだけに限らない。それでは、一家の期待とはどのようなものであったのだろうか。

ベニートが受領物を持ち帰るか否かは、ベニート一家や弟の世帯に対して、祭宴におけるベニートの相対的な順位を可視化する。ベニート一家や、弟の世帯は、ご馳走の入手可能性だけではなく、彼が祭宴の場における相対的な高位者であるという可能性に期待しているのである。「慣習」に従った再分配は位階称号にもとづいて実施される。だが、ロミオの葬式の祭宴の事例から明らかになったように、祭宴における参加者の構成によっては、ベニートのような村首長の称号であっても、相対的に低位になったり、高位になったりする。つまり、ベニートは、葬式の祭宴において彼が相対的な低位者であったことに落胆したのである。

もう一つの事例を挙げよう。二〇一一年一一月二〇日、アテリーノ（男性、六〇歳代）は彼の運転する車のなかでやや不満げに私にこう述べた。

「ポーンペイ人は祭宴が大好きだ。でも、時々退屈に感じることもあるんだよ。だって、昨日は、〔最高首長の〕お召し上がり物からの分け前をもらえなかったんだから。」

彼は、ウー首長国の副最高首長ピーターの兄にあたる人物であり、ティエン（*Dien*）村の首長位称号ルウェン

（*Luwen*）に加え、ウー首長国の高位称号セメタワン（*Semedawan*）を保持していた。高位の首長国称号と村首長位称号の両方を保持するアテリーノは、まさに「高位者」であった。この語りの前日には、他村の新首長に対する称号確認式が行われていた。その村は、村首長の称号を授与された見返りとして、最高首長に一五二〇ドルを献上した。この現金は位階称号にもとづいて再分配されたが、アテリーノの称号が呼び上げられることはなく、彼には現金が再分配されなかった。

アテリーノは、村首長であると同時に首長国の高位称号を保持しているにもかかわらず、この祭宴における再分配では彼の称号は呼び上げられず、「〔最高首長の〕お召し上がり物からの分け前」が彼のもとに行き渡ることはなかった。アテリーノの事例やベニートの事例が示すのは、たとえ「高位者」であっても、その位階に見あうだけの「名誉」がつねに可視化されるわけではないという事実である。すなわち、祭宴において再分配される物財の質と量は、称号の位階の固定的な順位を反映するとは限らず、あくまでも祭宴における参加者の相対的な順位を視覚的に示す記号なのである。

3　「名誉の賭け」への没入――フレーム分析の前提

祭宴における物財の再分配は、最高首長位称号を頂点とする位階称号体系にもとづきながら、再分配される物財が相対的な順位を可視化するという点に価値を置く。ポーンペイ島社会で催される種々の祭宴の機会では、清水も指摘するように［清水　一九八五ａ］、たとえば、葬式において故人を悼んだり、新築祝いをしたりなどといった祭宴の当の目的にかかわらず、祭宴堂という空間を舞台に、その場の最高位者を頂点とする位階称号間の序列にもとづいて儀礼的手続きが遂行される。そのような意味で、ポーンペイ島社会において祭宴における対面的相互行為を支えるフレームは、個々の祭宴の目的や特定のコンテクストを「括弧入れ」し、最高首長位称号を頂点とする称号体系にもとづく位階秩序の理解を導くよう働くといえる。

しかし、「高位者」の近親の死に際した葬式の祭宴において、村首長のベニートがブタ肉の再分配を受けられないほど、首長国の高位称号保持者が数多く参加したという事例からもわかるように、参加者の構成は各々の祭宴によって異なる。ベニートやアテリーノからすれば、通常は必ず再分配されるはずの物財が「いつもと違って」再分配されなかったことは想定外であった。そのような意味において、どのような称号保持者が祭宴に参加するのかについてあらかじめ予測することはできず、それゆえ、再分配を十分に受ける可能性も不確実な様相を呈する。

それゆえ、祭宴における「名誉」の可視化も不確実性を帯び、各々の参加者にとっては「名誉の賭け」という状況への没入を促す。それは、個々人が祭宴に参加してはじめて自らの相対的な順位を実感するという状況である。個々人にとって祭宴における「名誉」が予測不可能であることによって、「名誉の賭け」という状況は醸成されているのである。このように「名誉の賭け」とは、祭宴ごとに異なる参加者の構成においてはじめて参加者の「名誉」が可視化されるという点において、祭宴における対面的相互行為に特有な状況である。単なる形式的な承認ではない、その場その場で生まれる価値を参加者に認めるからこそ、位階称号の呼び上げと物財の再分配という礼節行為は、そのような行為による人格的承認を島民たちにとって実効的なものにしているといえる。

個々の祭宴ごとに異なる参加者の構成にもとづく「名誉の賭け」という状況を考察するためには、称号がいかに呼び上げられているのかという点に焦点をあわせた検討が必要である。以下では、特定のコンテクストや参加者の構成との関係において、称号の呼び上げがどのような効果を持っているのかを考察する。オセアニア諸社会を対象とする言語人類学が論じてきた「民族語用論」のように、称号の呼び上げを社会的な行為として論じるのである。そのためには、呼び上げられた称号が「何を意味しているのか」という意味論的な問いではなく、称号を呼び上げるという行為が「何をしているのか」という語用論的な問いへの転換を図る必要がある。

しかし、ポーンペイ島社会の祭宴における「名誉」の構築を言語人類学的に研究したキーティングの議論は、祭宴の参加者の演説に見られる敬語表現の分析に終始しており、位階称号の呼び上げがいかに用いられているのかという点を議論していない［Keating 1998b］。以下では、キーティングが注目しなかった称号の呼び上げという行為を取り上げることによって、祭宴における「名誉」の構築という彼女の議論に、称号の呼び上げが「名誉」の可視化に果たす役割という新たな論点をつけ加えるものである。ただし、キーティングが述べるように、称号の呼び上げはあくまで祭宴における秩序をつくり出す多彩な表現の一つに過ぎない［Keating 1998a; Keating 2000］。そのため、称号の呼び上げが「何をしているのか」という語用論的な問いを軸としながらも、祭宴におけるその他の儀礼的手続きも視野に入れて考察することが求められる。

以下では、そのような点も踏まえつつ、祭宴の場において「名誉の賭け」という対面的相互行為の状況がいかに維持・創出されているのかを、諸要素の「括弧入れ」と「あふれ出し」をとおしたフレーム作成の過程に注目して明らかにする。

四　位階称号と再分配の変質

個々の祭宴における具体的な検討に入る前に、本節では、物財の再分配を通じた「名誉」の可視化に、島民たちが価値を置くようになった歴史的な背景について説明する。

以下の語りは二〇一一年八月二六日にエズモンド（男性、六四歳）が私に話したものである。彼はマントペイタック村の首長という立場に加えて、かつて最高首長であった祖父を持つという出自を背景として、ウー首長国のなかでも「慣習」に詳しい人物として知られていた。

「今日では、もし自分の称号を呼び上げられることがなかったら、人びとはがっかりするだろう（*isinsuwed*）。昔は、村首長が〔再分配を通じて物を〕手に入れたら、十分だったのに。」

エズモンドによると、かつての祭宴における物財の再分配では、最高首長からノース（*Noahs*：首長国の最高首長系統・第四位の称号）までの首長国称号が呼び上げられた後、称号の呼び上げを通じて各村の村首長へと物財が再分配された。祭宴の場における第一次再分配（primary redistribution）に対して、村首長は自らに再分配されたブタ肉やヤムイモを切り分け、それをさらに村人に分配するという第二次再分配（secondary redistribution）［Shimizu 1987: 158］を行っていたという（第二次再分配については、第五章および第七章も参照のこと）。それを見込んで、村首長が受ける再分配物の量は多く、たとえばブタ肉の再分配であれば、丸々一頭分が村首長に分配されたという。親族の長（*kaun en peneinei*）も同様に、自らの得た物を祭宴から持ち帰り、親族に分配したという。

アメリカ統治時代以降、首長国と村の双方において称号の数が増加し、呼び上げられるべき称号が増えた結果、村首長に再分配される物財の量は、村人に第二次再分配をするのには不十分なほどに少なくなった。さらに、二〇世紀初頭のドイツ行政による土地改革が土地の男系単子相続を促進して以降、母系親族集団を単位とした集住は徐々に見られなくなった。結果として、親族の長による第二次再分配の実施は物理的にも難しくなった。加えて、エズモンドによると、近年において住民たちは、切り分けられたブタ肉やヤムイモを「小さい」（*tikitik*）と言って嫌うのだという。彼らは、たとえ物財を再分配される可能性が低いとしても、称号の呼び上げを通じて「大きい」物財を受け取るのが好きだという。

こうした背景から、祭宴において村首長や親族の長による第二次再分配を目にする機会は減少した。今日では、村首長や親族の長が称号の呼び上げを通じて受け取った物財を村人や親族に分けることなく、そのまま持ち帰ってしまうことも少なくない。祭宴の場で位階称号を呼び上げられなかった者たちは、余った ブタ肉が女性たちによって「配給」されるのを待つか、個人的につながりのある近親や友人に再分配物の一部を分け与えてもらうか、そうでなければ何も再分配されないまま家路につく。

このような再分配の現状において、村人の側では、親族の長や村首長の称号が呼ばれるかどうかではなく、村人自身の称号や、もしくは彼と個人的なつながりのある親族や知人の称号が呼ばれるかどうかが関心事となっていった。それは上記のエズモンドの発言にも表れている。こうして、称号の呼び上げを伴う再分配物の受領は、村や親族のような社会集団に属するものというよりも、むしろ個人に属する位階称号の「名誉」という色彩を強めていったのである。したがって、称号の呼び上げを通じた「名誉」の可視化に価値が置かれるという状況は、村首長や親族の長による第二次再分配を起点とする分配の連鎖が続かなくなった結果であるといえる。

五　名詞から他動詞への転換──「名誉」から「名誉を認める」へ

個別に祭宴が催される具体的な現場に身を置くならば、位階称号の呼び上げという行為が、個人に属する称号の「名誉」を可視化する以上のことをしていることに気づかされる。本節では、称号の呼び上げという行為が「名誉の賭け」という状況に対してどのような役割を果たすのかを描く。

1　規格化されない「名誉を認める」行為

私は先行研究の影響も受けつつ、フィールドワークの過程で位階称号に関する知識を習得していった。「慣習」

に詳しいとされる年配の男性のもとに通い、称号にかかわる権利と義務を学び、祭宴のなかで称号がいかに呼び上げられるかについて教えを受けた。また、ウー首長国の称号保持者のリストを記録したA４版のノートを当時の最高首長夫人から見せてもらって書き写したり、村首長のもとを回って称号保持者のリストを確認した。さらに、新たに首長から称号を与えられる人物の名前を逐一記録し、称号保持者のリストを新たな称号授与の度ごとに更新した。

その結果として、私は称号とその保持者に関する知識を大半の住民よりも豊富に保持することになり、住民たちの「間違い」に気づくようになった。たとえば、祭宴において分配役や司会が称号の順位を曖昧に記憶したまま称号を呼び上げてしまうことがあり、しばしば最高首長や村首長の管理する位階称号のリストや順位とは矛盾する事態が生じていた。さらに、分配役が受領者の称号名を知らない場合もあり、分配役が「あの男の称号は何だっけ」(*ia mwaren ohlo?*)と言って、受領者となる人物の称号を周りに尋ねるという事例も見られた。あるいは、分配役が称号の代わりに受領者の名前を呼び上げることもあった。このように、称号の呼び上げは必ずしも位階称号の順位を正確に反映したものとはなっておらず、彼らの「間違い」に気づいた私はそれを修正したい欲望に駆られていた。私は祭宴の場で、称号の呼び間違いや称号の順位の取り違えを見つけ、時に参加者に伝えた。当時はそれを良いことと考えていた。

しかし実のところ、「間違い」をしていたのは、住民たちではなく、当の私であった。私は、単に首長らの管理する称号のリストを覚えていただけであって、称号の呼び上げが「何をしているのか」を理解していなかったのである。事例二―一では、称号の呼び上げにおける正確な順番を再確認しようとする首長国の人びとの努力が見られる。どうやら彼らの「間違い」を修正したいと考えていたのは、私だけではなかった。

【事例二―一　呼び上げの順番を規格化しようとする試みの失敗】

二〇一一年一二月三日、ウー首長国では「礼の集会」(*mihting en wahu*)が開かれた。「礼の集会」とは、一年に一度、首長国の各々の系統の上位一五名の称号保持者に加え、首長国内のすべての村首長が最高首長の屋敷に集まり、首長国運営について話しあう場である。(「礼の集会」については第六章と第七章も参照)これらの高位称号保持者と村首長たちは総称として「礼の集団」(*pwihn en wahu*)と呼ばれる。

この年の「礼の集会」の議題は三つあった。「礼の集団」を構成する成員の更新についての確認、ウー首長国主催の「品評会」[4](*impiokai*)の開催手順に加え、祭宴において称号を呼び上げる順番について話しあわれた。それは、曖昧になりつつあった村首長の順番をめぐって、首長国の第何位の称号保持者の次に村首長の称号が呼ばれるのかを正式に確定しようとする試みであった。

だが、「礼の集会」に参加者したジャクソンは、この議題自体に無理があると考えていた。この会議の二日後、ジャクソンは首長国運営に長年携わってきた経験にもとづいて、私に向けて次のような不満を語った。

「(位階称号の順序というのは)話し合えることじゃない。なぜって、称号を呼び上げることは、(通信簿の成績が)四だった小学生にお菓子を四つあげることとは違うからだ。たとえば、(中略)あなたの名誉を認める(*wahuniki*)とするなら、クロウ・ウェニック(*Kirou Wenik*:私の保持する称号)が呼び上げられるだろう。そんなものだ。」

ジャクソンはこのように呼び上げの順序を規格化することへの不満を語り、その代わりに称号の呼び上げに際して「名誉を認める」ことの重要性を説いた。

上記のジャクソンの語りにおいて、「(通信簿の成績が)四だった小学生にお菓子を四つあげる」という表現は、位階称号が上位であればあるほど、その人物により多くの物を再分配するという発想を含意している。振り返ってみれば、私自身がしていたのは、こうした通信簿的な発想から現地の実践の「間違い」を正そうとする行為であった。だが、ジャクソンはこのような通信簿的な発想を否定する。むしろ、ジャクソンの語りは、称号の呼び上げという実践が、必ずしも位階称号の順位を反映するものではなく、称号以外のさまざまな要素も考慮に含めて目の前の人物に「名誉を認める」という人びとの行為に左右されることを示唆している。

実際のところ、ポーンペイ島社会において人物に「名誉を認める」指標は、位階称号に限られない。称号にもとづく「名誉」の体系を強調してきた清水も、「称号こそが人の『名誉』を示す最終的な規準とされる」［清水一九九二：一四〇］と述べながら、人物の評価には年齢や性別、系譜、農作業における勤勉さといったさまざまな指標があることに触れている。また、諸外国からの統治と独立を経たポスト植民地時代の社会状況では、政治家や公務員の地位や、キリスト教の役職者の地位など、称号とは異なる社会的地位の指標を持つ者がいる。加えて、ジャクソンの語りに見られるように当事者間の社会的距離も評価や尊敬の一定の指標であろう。

さまざまな人物評価に目を向けるジャクソンから見れば、位階称号のリストしか見ていない私の方が「間違い」ということになる。もちろん、分配役が単に順番を勘違いしたり、あるいは失念したりなどといった場合もあるだろう。しかし、その場合でも、分配役が見ているのは、位階称号の一覧表ではなく、祭宴の場において彼の視界に入る個々の人物なのであり、どのような人物がその場に参加しているのかということである。そのため、物財を再分配する相手を決めた後にその人物の称号を周囲に確認するという事態が生じる。位階称号以外の要素も含めて眼前の人物に「名誉を認める」行為を強調したジャクソンに対し、私は、称号の順位と厳密に対応する個人の「名誉」にこだわっていたのである。

2　名詞から他動詞への転換

ブロックは、王権社会の位階秩序を考察する際に、英語の honor に、「名誉」という状態を表す名詞形と、「尊敬する」あるいは「名誉を認める」行為を表す他動詞形があることを指摘した［Bloch 1989a: 61-81］。彼は、英語における名誉のこうした二重性に着目し、マダガスカルのメリナ王国において位階の名誉を指し示すハシナ（*hasina*）という現地の観念について、状態としての名詞（ハシナⅠ）と行為としての他動詞（ハシナⅡ）に区別した。ブロックはこの区別にもとづき、上位者が下位者からの贈与によりハシナを受け取り、それが上位者によって下位者に贈与される際には神聖性を帯びたハシナと表象される、という王室儀礼の象徴表現（symbolism）を考察した。そして、王権のイデオロギーが、儀礼的コミュニケーションを介して、ハシナⅡ（下位者から上位者への贈与）とハシナⅠ（神聖性にもとづく位階秩序）との結びつきを偽装し、[5] 支配の現実を隠蔽することにより王権を再生産する、[6] という自らの儀礼論を提示する［Bloch 1989a: 61-81］。

この議論を踏まえて、ポーンペイ島社会における名詞の「名誉」と他動詞の「名誉を認める」の関係性について整理したい。主に清水が提示する「名誉」の可視化という視点は、祭宴の過程のなかで、参加者からの贈与や表現が「名誉」という単一の価値にもとづく位階称号の表象へと変換され、首長制の位階秩序を正当化するという点で、ブロックの儀礼論とほぼ同一の構造を持つ。そのため、ブロックと同じく、象徴表現のなかで正当化されるべき所与の「名誉」を想定しており、位階と「名誉」の対応関係を疑わない。これに対して、「名誉を認める」を強調するジャクソンにとって、呼び上げられ可視化される称号の「名誉」とは、既存の称号の順位を単に反映するものではなく、目の前の相手との関係性に応じて変更されうるものである。つまり、ジャクソンのいう「名誉を認める」は、機会ごとに目的語を変える他動詞的な行為であり、称号の呼び上げと称号の順位との一見矛盾した関係も説明できる。[7] 他方、称号を呼び上げる行為は、目的語を自由に変えるとはいえ、あくまで主語となる分配役や司会が特定のコンテクストに沿いながら、自らの視点や立場の範囲内で行うものである。

このように目的語を変える他動詞として考えると、称号の呼び上げという行為は何をしているのか。先述のマダガスカルのハシナを行為（action）という観点から考え直したデヴィッド・グレーバー（David Graeber）は、儀礼言語についての知識を獲得していくなかで、ブロックのいうハシナⅠが多くの物を神秘化したという仮定を疑い始めた[8]。彼の聞き取り調査によると、ハシナは本来的に身分階層的な優越性の概念を伝えるものではない。むしろグレーバーの発見は、ハシナⅡのような人間の行為（たとえば下位者による上位者への贈与）によって、ハシナⅠがつねに創られ維持されることを人びとが知っている、ということであった。この発見にもとづき、グレーバーは、位階の表象がハシナⅠという神聖な外観のもとに支配の現実を誤認させるイデオロギーとして作用するのではなく、人びとの合意（agreement）を得るための価値創造的な行為によって生み出されると主張する［Graeber 2001: 229-261］。グレーバーは後のインタビューのなかで、以下のように、王権社会を例に自らの価値理論をわかりやすく述べている。

王というのは、単にみなが王だと思う人のことなのです。それが王というものを政治制度にしています。つまり政治というのは、現実とは何かを主張することで、現実を創造しうる領域なのです［グレーバー二〇〇九：一五二］。

グレーバーにとっては、王という存在も、人びとから切り離された超越的で不変の存在ではなく、人びと自身が新たな現実の可能性を実現するために創造しうる存在である。すなわち、王や位階やハシナⅠとは、欲望され想像される制度や関係を実現するために、人びとの行為を通じて創造・維持され続ける価値の媒体（medium of value）である。したがって、これらの媒体の価値はその媒体自体に内在しているわけではなく、実現すべき関係や制度についての合意が変わる度ごとに、ハシナⅡのような人びとの行為により再創造されるものである[9]。

こうしたグレーバーの議論を踏まえるなら、「名誉を認める」行為としての称号の呼び上げは、位階称号に内在する「名誉」を可視化するものではない。むしろ、呼び上げは「名誉」の媒体を創造・維持する行為であり、称号は呼び上げられることではじめて受領者の「名誉」を可視化する媒体になる。その際、彼の議論に従うなら、呼び上げの行為が「名誉」を創造・維持することによって、祭宴の参加者のあいだに何らかの合意が生まれ、新たな秩序が形成されるとも考えられる。しかし、ポーンペイ島社会において、称号を呼び上げる行為の主体は、祭宴の参加者たちではなく、あくまで分配役や司会である。したがって、参加者間の合意と呼び上げ主体との関係についても、検討しなければならない。

このように、称号の呼び上げを通じた「名誉」の可視化を他動詞的な行為とみなし、呼び上げられる称号を「名誉」の媒体と捉え直すなら、それは祭宴の参加者たちに対してどのような効果をもたらしているのだろうか。次節では、称号を呼び上げるという他動詞的な行為が実際のところ「何をしているのか」を、呼び上げを他動詞と捉える際に目的語となる人物の属性や、それらの人物の属性にかかわる個々の祭宴のコンテクストに焦点をあわせて明らかにする。

六　承認としての呼び上げ――場に特有の人物評価をめぐって

1　祭宴の主役と「名誉の賭け」

本節では、ベニート一家とその近隣に住む世帯が協働して実施した祭宴の事例を扱う。以下では、親族集団と

図 2-1　ポーンペイ島におけるセンベーンの位置

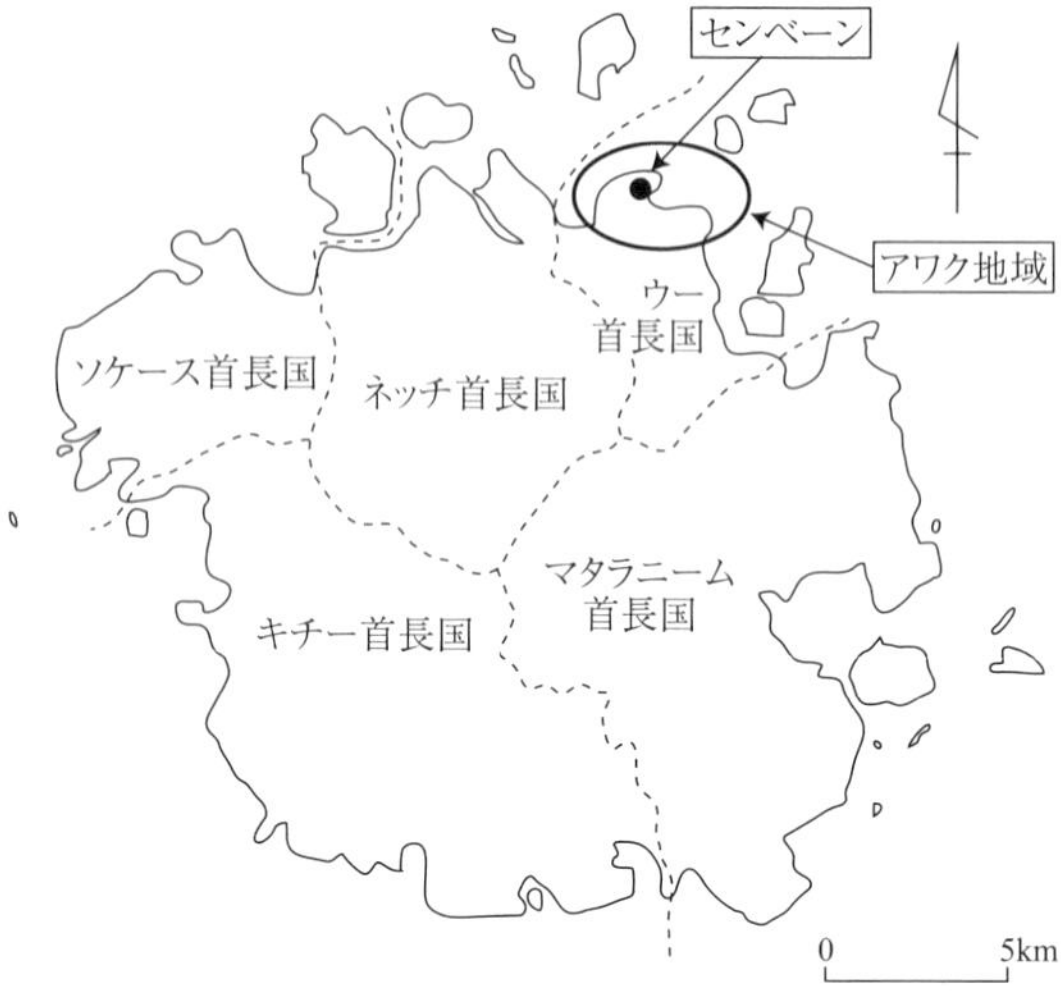

出所：リーゼンバーグの報告書［Riesenberg 1968: 9］をもとに筆者作成

しての彼らの背景に触れ、その後に事例を紹介する。

　第一章で触れたように、一九二〇年代にウー首長国内の一つの村へと降格したアワク村は、一九九〇年代までにアワクポウエ村を本流とする六つの村に分裂した。ベニート自身は一九八〇年頃に当時の最高首長パウルスからアワクポウエ村の首長位称号を授与され、それ以来三〇年間も村首長を務め続ける人物である。ベニートの世帯は一二人で構成される。私がポーンペイ島を最初に訪れた二〇〇九年頃、ベニートには妻のマリア（当時五六歳）がいたが、同年の七月二七日に病死した。その後、ベニートが再婚したのは、二〇一二年一一月のことであった。

　ベニートを含めた六人の兄弟は、一九八〇年代に死亡した父親の土地を分割相続して所有している。[10] この土地の「区画」は「センベーン」[11]（*Senpehn*）と呼ばれる（図2−1）。二〇一一年当時のセンベーンには、妻の土地に居住するスティーヴ（ベニートの弟）の一家を除き、ベニートと、エルチャーを含む四人の弟、そしてマリーノ（ベニートの娘の夫、序論参照）が各々に世帯を構え、六世帯、計四四人が居住していた。彼らは、他の場所に住む人びとから「センベーンの人びと」（*mehn Senpehn*）と呼ばれる親族集団である（「センベーンの人びと」の関係性については、第四章でも取り上げる）。

「センベーンの人びと」は、物財を用意して冠婚葬祭やその他の祭宴に出かけるだけではなく、自分たちのために親族の単位でさまざまな祭宴を催すことも少なくなかった。たとえば、村首長かつ親族の長であるベニートを主役とする祭宴（称号確認式や初物献上、「村の祭宴」など）は定期的に開催される。それのみならず、誕生日を祝う祭宴や旅立ちを祈念した祭宴、婚姻にかかわる祭宴、クリスマスの祭宴など、必ずしもベニートを主役としない祭宴もたびたび開かれていた。

本節では、後者のように個別的な人物評価を含んだ祭宴を取り上げ、位階称号以外のさまざまな要素も考慮に入れた「名誉を認める」技法としての呼び上げがどのような役割を果たしているのかを論じる。事例二—二は、誕生日や旅立ちの祭宴など、物財の再分配に際して「センベーン」における複数の個別的な人物評価が重なった事例である。

【事例二—二　幼い三歳児よりも遅く呼ばれた首長の妹】

二〇一二年七月二七日、ベニートの屋敷において、一つの祭宴が開催された。同月にベニートの長男カリスは家族を連れて、アメリカ本土のカンザスシティから一時的に帰郷していた。カリス一家はかつてポーンペイ島で暮らしていたが、カンザスシティに移住して久しい。彼らは鉄鋼業界で働くカリスをはじめとして、カンザスシティ周辺で賃金労働をして生計を立て、時にはベニート一家に海外送金をしていた。彼らにとって七月二七日は特別な日であり、この日はカリスの娘のマリアが三歳の誕生日を迎えると同時に、ベニートの妻（カリスの母親）の命日であった[12]。また、カリスの義理の息子（当時一八歳）が留学のためにグアムへと旅立つ前日でもあった（登

図2-2　センベーンの祭宴における登場人物の系譜関係（カッコ名は称号名）

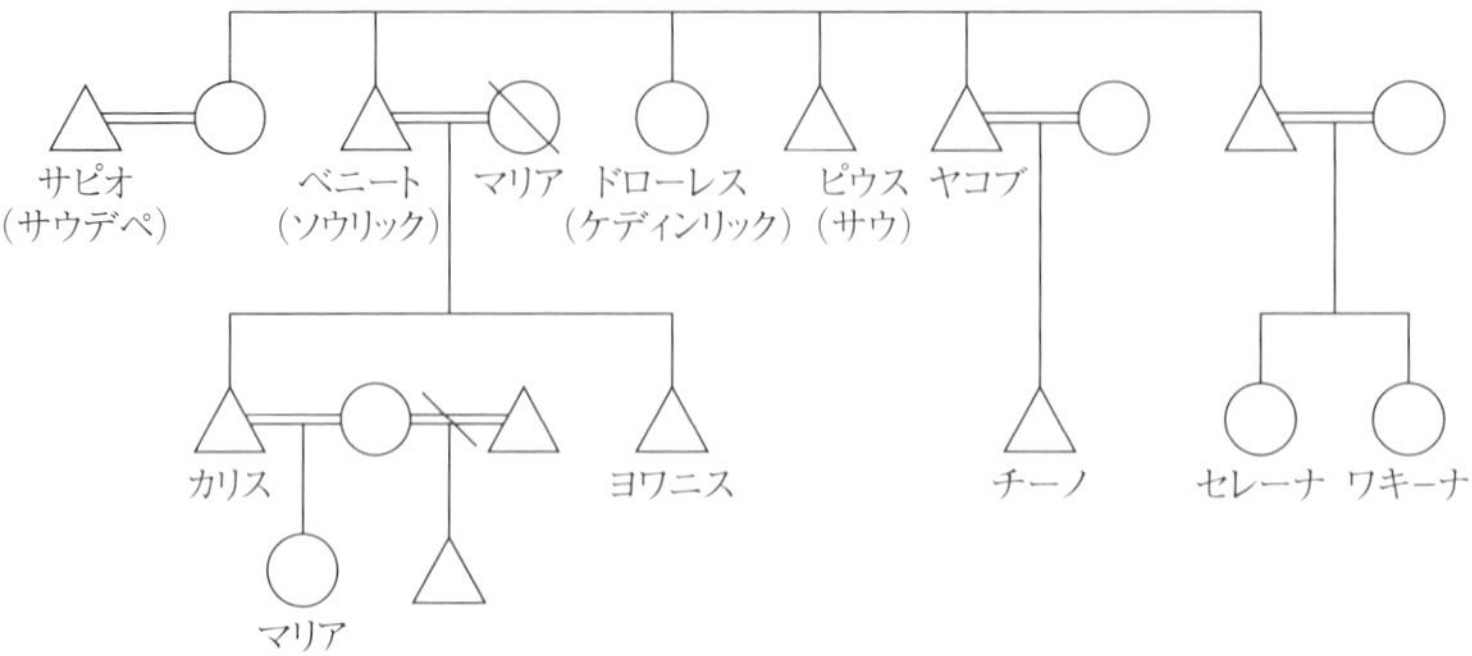

場人物の系譜関係については図2—2を参照）。

カリスは、ベニートの弟のヤコブから四〇〇ドルの価格で二頭のブタを購入し、そのブタを屠殺してマリアの誕生日を祝う祭宴を開いた。さらに、ヤコブも自らのブタを一頭屠殺した。ヤコブの息子で二〇歳のチーノがハワイへの労働移住を四日後に控えていたこともあって、ヤコブは誕生日の祭宴に便乗し、息子の旅立ちを祝おうとしたのであった。こうして三頭のブタを屠殺して祭宴が開かれたが、ブタ肉の再分配の際に行われた称号の呼び上げでは、その順序をめぐり、ちょっとした諍いが起こった。

一八時頃から始まった祭宴には、ベニートやヤコブの兄弟姉妹とその家族に加え、カリスの姻族やヤコブの姻族も含めて五〇名以上の参加者がいた。一九時を過ぎた頃、ブタ肉の再分配が始まった。この時はヤコブが分配役になった。ヤコブは親族内における再分配の順序もよく知っており、声も通ることから、センベーンで開かれる小規模な家族の祭宴では分配役を務めることも少なくなかった。

ヤコブが声を張り上げ、位階称号の呼び上げを伴うブタ肉の再分配が始まった。最初の六名に限れば、その順番は表2—2に示すとおりである。まず、ベニートの首長位称号であるソウリックが呼び上げられ、ココヤシ葉製バスケットで包装されたブタ肉がベニートに再分配された。次に、この祭宴のために駆けつけたベニートの姉の夫で、マタラニーム首長国の称号保持者

表 2-2　ベニートの孫の誕生日の祭宴におけるブタ肉の再分配

順番	呼び上げ	受領者の地位または属性
1	ソウリックのお食事（*sahk Soulik*）	アワクポウエ村の首長
2	サウデペ（*Saudepe*）	マタラニーム首長国の称号保持者 ベニートの姉の夫
3	アワクポウエ〔村〕のクロウン（*Kiroun Awak Powe*）	アワクポウエ村の副首長 ベニートの姉の夫
4	チーノ（*Gino*）	ハワイ移住を控えたヤコブの息子
5	誕生日の者（*ipwidio*）	3 歳の誕生日を迎えたベニートの孫
6	ケディンリック・オノーレン（*Kedinlik Onohleng*）	キチー首長国の称号保持者 ベニートの妹

である男性に対して、同様にココヤシ葉製バスケットで包装されたブタ肉が再分配された。続いて、ベニートの姉の夫かつアワクポウエ村の副首長である男性の息子がこの祭宴に参加していたため、その男性の副首長位称号クロウン（*Kiroun*）が呼び上げられ、同じくココヤシ葉製バスケット入りのブタ肉が再分配された。これらの物財が再分配された各世帯の家長は、いずれも高位称号（村首長位称号、首長国称号、副村首長位称号）の保持者であるため、位階称号の序列に沿った再分配が行われていたといえる。

それに対して、四番目以降の再分配は、位階称号の呼び上げとは少し異なるやり方で実践された。四番目の再分配に際して、ヤコブは、位階称号ではなく「チーノ」（*Gino*）という名前を呼び上げた。それは弱冠二〇歳の彼の息子の名前であった。ヤコブは、四日後にチーノがハワイへ移住することを激励するという意味を込めて、本来のチーノの称号であるリチン・アワクポウエ（*Riting Awak Powe*：副村首長系統・第四四位）の位階順よりもかなり早い順番で、それも称号を用いずに彼自身の名前を呼んだのである。さらに、ヤコブは五番目の再分配時に、位階称号を呼び上げるのではなく、「誕生日の者」（*ipwidio*）という言葉を呼び上げた。ヤコブはこの時、アメリカから帰郷していた三歳の少女の誕生日を祝福するという祭宴の目的に沿って、本来再分配されることのない幼い少女に対して早めの順番での再分配を行ったのである。

四番目と五番目の再分配において、ヤコブによる「チーノ」と「誕生日の者」という呼び上げは、再分配の順番にかかわる位階称号を用いないことによって、祭宴の主役であった若い青年と幼い少女に「名誉を認める」ことを可能にした。このように位階称号以外の言葉を用いた呼び上げは、他の種類の祭宴でも見られる。たとえば葬式の祭宴では、位階称号ではなく「遺族」（*peneinei*）という言葉を呼び上げることを通じて、葬式を主催する故人の遺族に対して、称号の位階に見あった量よりもはるかに多い食物が再分配されることがある。このような行為はとくに「慣習」として定められているわけではない。

あるいは、近親や親戚の集まりにおいてとくに、分配役が類別的な父と母を表す「パパ」や「ノーノ」の言葉を呼び上げることによって、親族内の系譜上の位置を考慮した再分配が行われる場合がある。具体的には、両親の世代は「年長者」として子どもの世代に優越し、兄・姉も同じく「年長者」として弟・妹に優越する。[13]こうした長幼の序は「年長者は年少者を叩くことができる」という慣習的な表現でしばしば語られる。[14]この意味での「年長者」に関して、たとえば「ノーノ・クララ」という言葉を通じて、クララという年長女性に対する呼び上げが寡婦称号の位階に比して早く行われることがあった。

「誕生日」や「遺族」のような呼び上げ、あるいは祭宴の主役や相対的な年長者への優先的な呼び上げは、称号や役職などの地位にもとづく「名誉」を表すわけではなく、その機会に特有な気遣いや祝福を特定の参加者に伝えるという遂行的な行為であると考えられる。これらの機会に特有な人物評価さえも、最高位の称号保持者から順番に地位や属性を呼び上げるというやり方――「名誉を認める」というやり方――で実現されるといえる。

このように、物財の再分配と呼び上げの技法により位階秩序を人びとの目に見える形で可視化するという実践は、単に称号の位階を「名誉」として可視化するとは限らない。むしろ、称号の呼び上げという他動詞的な行為は、その目的語を称号以外の属性へとスライドさせることにより、称号の位階にもとづく「名誉」とは異なる人物評価――配慮や祝福――を、あくまでも「名誉を認める」というやり方のなかで実現している。

しかし、称号の呼び上げという行為は、こうした多様な人物評価に際限なく開かれているわけではない。じつは事例二―二における再分配には続きがある。ヤコブが五番目の再分配時に「誕生日の者」と呼び上げた時、「ケディンリックの称号を先に呼び上げなさい」という文句の声がベニートやその兄弟たちからヤコブに向けられ、呼び上げの順番に関するヤコブのやり方は批判された。

ケディンリックとは、ベニートの妹のドローレス（六〇歳）が保持する称号の短縮形である。彼女の夫はミクロネシア連邦の入国管理局の長官であり、ソウリック・オノーレン（*Soul:k Onohleng*）という、キチー首長国の名誉称号を保持している。彼女は夫の称号に準ずるケディンリック・オノーレン（*Kedinlik Onohleng*）を保持する。「センベーンの人びと」が近親や親戚で行う祭宴では大抵、ベニートの妹でもあるドローレスに対して、首長国称号の「名誉を認める」ことによって優先的に物財が再分配される傾向にある。ところが、この祭宴では、称号の順や長幼の序に比して、彼女の称号が呼び上げられる順番が遅かったために不和が生じたのである。

近親たちによる批判の声は、誕生日の祝福や旅立ちの激励といった、位階称号以外の人物評価を優先させ過ぎてしまうと、位階称号の順位や長幼の序にもとづいてドローレスに「名誉を認める」ことができなくなってしまうという危惧から生じたと考えられる。さらに、呼び上げによって可視化される「名誉」やそれによって示される参加者間の序列の意義が薄れてしまい、当事者たちにとって重要な「名誉の賭け」という状況自体を維持することが難しくなる可能性もあった。

「名誉の賭け」という状況が安定している時、分配役や司会が称号を呼び上げて物財を再分配し、参加者が物財を受け取るという一連の相互行為は、祭宴の目的や特定のコンテクストを「括弧入れ」するように働くフレームにもとづく。その相互行為のなかで分配役や司会となる人物が果たす役割は、その場の最高位者を頂点とする参加者の位階称号を尊重し、彼の代理として再分配を差配することによって、個々の参加者にとって「名誉の賭け」への没入という状況をつくり出すことである。彼らは、最高位者を尊重しつつ、位階称号の序列にできる限り沿った再分配を行う責任を預けられている。分配役とはたしかに、「名誉を認める」という他動詞の主語になる人物であるが、再分配にかかわる事柄を自由に決定できる権限を持っているわけではなく、彼自身の意思で好き勝手に物財を再分配することはできない。参加者たちにとって不適切な再分配があれば、しばしば横やりが入ったり、非難の対象となったりすることもあるため、首長などの「高位者」や周りの参加者の地位や属性に配慮しながら、慎重に物財を再分配しなくてはならない。そのため、分配役を任される人物には参加者の地位に関する一定程度の知識と注意力が要求される。

2 「ポーンペイの慣習」ではない「私の慣習」

本項では、分配役や司会が位階称号やその他の言葉を呼び上げるという他動詞的な行為が、多様な人物評価を実現するうえで、「名誉」の可視化とは異なる効果を生み出した事例を紹介する。ここでも事例二―二と同じくセンベーンが舞台であるが、「センベーンの人びと」が二〇一一年に催したクリスマスの祭宴の事例を取り上げる。

【事例二―三　クリスマスの祭宴で「チェアマン」が見せた気前の良さ】

二〇一一年一一月二八日、ベニートの息子であるヨワニスが三二歳の誕生日を迎えたその日に、ヤコブ主催のミーティングがベニートの屋敷地で行われ[15]、「センベーンの人びと」はカヴァ飲みをしながら、クリスマスの計画を話しあった。そこでは、一組の夫婦と別の夫婦とが交換パートナーとなって互いにプレゼントを送り合う形式[16]で、クリスマスの祭宴が開かれることが決まり、くじ引きによって全部で七組のパートナーが誕生した。各パートナーの義務として、贈与しあうプレゼントの他に、ブタ一頭とカヴァ一本の供出が課された。このプレゼントとブタとカヴァのそれぞれについて、最も「大きな」ものを提供したパートナーに賞金が贈られるという、プレゼント競争の実施も決まった。また、彼ら全員の参加による決議の結果、ヤコブがクリスマスの「チェアマン」（*serman*）を務めることになった。当日が近づくにつれ、「センベーンの人びと」はクリスマスプレゼントの用意を始めた。

当日、夕方になって全員が集まった。カヴァ飲料の給仕と食事の提供が行われるなか、一八時三〇分頃から「チェアマン」を司会として、プレゼント競争の結果が順々に公表され、数人の人物によって演説が行われるなど、祭宴は順調に進行していった。最後に、ブタ肉の再分配が行われた。「チェアマン」のヤコブを分配役として、まずココヤシ葉製バスケットに入れられたブタ肉がアワクポウエ村の首長であるベニートに献上され、続いてアワクポウエ村の副首長へ再分配された（副村首長は祭宴の会場に姿を見せなかったため、彼の息子が代わりに受け取った）。その後、その場に参加していた成人たちの称号が位階順に呼ばれていった。

普段ならここでブタ肉の再分配の手続きは終わるはずだが、ヤコブが彼独自の考えで、成人たちだけではなく、子どもたちに対してもブタ肉を再分配した。その際、たとえば「ソウリックの長子」（*mesenih en Soulik*）、「サウの長子」（*mesenih en Sahu*）などの呼び上げによって、それぞれの家長の長子が順番に呼ばれ、ブタ肉が再分配されていった。さらに、「お腹のなかのセレーナの長子」（*mesenih en Serehna, mihmi nan kapehde*）、「お腹のなかのリキーナの長子」（*mesenih en Wakihna, mihmi nan kapehde*）という呼び上げによって、出生前の胎児までが再分配の対象になった。その胎児の母となるセレーナ（二一歳女性）やワキーナ（一九歳女性）が代わりにブタ肉を受け取ったのである。最後に、ベニートの孫世代の子どもたちの名前も次々に呼ばれ、ブタ肉が再分配された。このようにして、出生前の胎児も含め、その場にいるまさに全員に対してブタ肉が再分配されたのである（表2—3）。

表2-3　クリスマスの祭宴におけるブタ肉の再分配

順番	呼び上げ	受領者の地位または属性
1	ソウリックのお食事 (*sahk Soulik*)	アワクポウエ村の首長
2	クロウンのお食事 (*sahk Kiroun*)	アワクポウエ村の副首長
……	……	……
25	ソウリックの長子 (*mesenih en Soulik*)	ベニートの長子 (実際には、彼の孫が受け取った)
26	サウの長子 (*mesenih en Sahu*)	ベニートの弟の長子 (実際には、彼の孫が受け取った)
……	……	……
34	お腹のなかのセレーナの長子 (*mesenih en Serehna, mihmi nan kapehde*)	胎児 (セレーナの子)
35	お腹のなかのワキーナの長子 (*mesenih en Wakihna, mihmi nan kapehde*)	胎児 (ワキーナの子)

ヤコブはよく、「ポーンペイの慣習」(*tiahk en Pohnpei*) に対して「私の慣習」(*nei tiahk*) と称して、子どもたちや出生前の胎児に至るまで、あらゆる人物を呼び上げ、再分配を行き渡らせる自らのやり方を誇らしく語っていた。ヤコブは、首長をはじめとする「高位者」が優先的に物財を受け取り、住民たちの取り分が必ずしも保障されないことを理由に、「ポーンペイの慣習」に従った再分配に懐疑的であった。たとえば、クリスマスの一ヶ月ほど前に、ヤコブの弟のスティーヴがウー首長国の最高首長から首長国称号を授かるという機会があった。しかし、彼は現金一〇ドルを出しただけで称号確認式に参加せず、「私の慣習は人びと (*aramas*) に会いに行くことだ。ナーンマルキ (最高首長) に会いに行くことじゃない」と私に不満そうに語った。彼の不満は、首長などの「高位者」が優位に立つ「ポーンペイの慣習」が孕む不平等にも及んだ。

本章の前半で述べたように、再分配において物財を参加者全員に配ろうとする試みは、通常、称号の呼び上げだけでは完結しない。それはしばしば、「配給」によって補完される。前者が「名誉を認め」参加者間の序列を分節化する行為であるのに対して、後者は、位階や人物評価に関係なく配ることによって受領の機会の均等化を目指そうとする行為といえる。

これに対して、ヤコブの実践は、差異を見出し序列化する行為としての称号の呼び上げを徹底的に続けることをとおして、呼び上げられる機会をすべての参加者に対して均等に与えることを指向していた。呼び上げの回を重ね、言及される目的語が増えれば増えるほど、目的語間に創り出される差異というよりも、むしろ目的語になりうる人物とそうではない人物との差異（呼び上げられる者と呼び上げられない者という区別）が際立ってくる。ヤコブによる「私の慣習」は、個別的な人物や機会に特有なものとして「名誉を認める」ことだけには還元できない。その営みは、呼び上げによって前者の差異を見出すことで身分階層秩序を生み出しつつ、呼び上げを過剰に続けて、（呼び上げの実践自体に必然的に伴われる）後者の差異を縮減することによって、階層性と平等性を同時に達成する可能性を示している。

七　さまざまな地位の呼び上げ――「慣習の側」と「政府の側」を架橋する

アメリカ統治時代以降のポーンペイ島社会では、行政的な位置づけのない村の水準のみならず、首長国の水準に関しても、政府機関や行政機構の活動から成る「政府の側」は制度や認識のうえで「慣習の側」の外部に置かれている。島民たちは前者を「慣習の側」、後者を「政府の側」として区別しており、親族を超える規模の祭宴において「政府の側」にかかわる制度や活動は無関係であるように思える。

しかし、最高首長以外の人物は政治家や公務員の職に就いている場合も少なくはない。そのような政治家や公務員に対しては、最高首長は政治家や公務員などに高位の称号を与える傾向にある。そのため、最高首長をはじめとした高位称号保持者が出席する「慣習の側」の祭宴において、「政府の側」における要職者や選挙候補者などが参加し、演説などを行うことは少なくない。その反対に、政府の式典や行事において、最高首長から位階称号を授与されている政治家が、最高首長や村首長、高位の称号保持者を招待することも稀ではない。以下では、このように「慣習の側」と「政府の側」が個々の参加者の次元で交差する祭宴や行事において、いかなる対面的相互行為のフレームが作成されているのかを、前節までで論じた呼び上げの技法を手がかりとして論じる。

1　政治家や選挙候補者に開かれた「慣習の側」

写真 2-6　選挙候補者のポスター

一年に一度催される「村の祭宴」では、政治家や選挙候補者といった個々の人物を通じて「政府の側」の活動が祭宴の場に関係することがある。事例二―四は、二〇一一年一一月八日にウー行政区における議会選挙を控えた選挙候補者たちが選挙キャンペーンを展開する時期に行われた「村の祭宴」の事例である。ポーンペイ島社会における選挙キャンペーンは、個人商店など島民たちが多く訪れる場所に選挙ポスターを貼ったり（写真2―6）、選挙人同士の公開の討論の場を特別に設けたり、ラジオ放送などで公約を伝えるという活動もあるが、それ以上に個々の有権者に対する直接的な訴えが重視される。たとえば、カヴァを持って村首長などの屋敷を訪問し、カヴァ飲みの最中に当選後の政策にかかわる演説を行い、カヴァ飲みに集まった島民に自らの政治姿勢を伝えるということが行われる。さらに、一〇月や一一月のように、「村の祭宴」が各地で行われる時期に選挙がある場合、候補者たちがカヴァやブタ、ヤムイモといった儀礼財を持参して、複数の「村の祭宴」に顔を出し、その場で自らの政策にかかわる選挙演説を行うことも珍しくない。

【事例二―四　候補者に「名誉を認める」】

二〇一一年一一月五日、ウー首長国では五つの村それぞれで「村の祭宴」が開かれた。私は、そのうちの一つ、チャモロイ村の祭宴に参加した。一三時頃には村首長と副村首長が姿を現し、席次やカヴァ飲料の杯の給仕など一連の礼節の作法が遂行されていった。この村には村称号以外に高位の首長国称号を保持する者もおり、なかには首長国の高位称号であるナーンサウ・ルルン（*Nahnsahu Ririn*：ウー首長国の副最高首長系統の第二位）を保持する「高位者」の男性（八〇歳代）がいた。首長国称号の体系と村称号の体系は類似しているが、基本的には相互に独立しており、村称号の順位を首長国称号の順位に置き換えることはできない。そのため、通常、「村の祭宴」では首長国称号はほとんど用いられず、村称号を用いた儀礼的手続きがとられる傾向にあり、それによって村称号にもとづく村人の序列が可視化される。実際、この祭宴でも村首長と副首長が最高位の座位を占めた。

それに対し、カヴァ飲料の給仕の場面では、副村首長よりも早く、首長国称号ナーンリウ・ルルンが呼び上げられ、その保持者の首長国称号に対して「名誉が認め」られた。このように、カヴァ飲料の給仕や食物等の再分配における称号の呼び上げは、敬意対象が限られているその他の「名誉」の表現[17]に比べて柔軟であり、「村の祭宴」では後景化される、高位の首長国称号の「名誉」を示したのである。以降、その様態を記述する。

一四時四〇分頃、一一本のカヴァが男たちの手で祭宴堂に運び込まれ、ジャクソンと副首長による演説の後、それらのカヴァが再分配された。この時は先述のジャクソンが分配役となった。ジャクソンはチャモロイ村の祭宴のみならず、ウー首長国の数々の祭宴でも長年にわたり分配役を務めており、いわばベテランの分配役であった。このジャクソンという男性は、ウー首長国の最高首長系統の第二位まで登り詰めた「高位者」を父に持つことから、「貴族の血」を引く者として首長国運営にも携わり、一九七〇年代以来、ウー首長国で催される諸々の祭宴で分配役を務めてきた経験がある。

さて、分配役のジャクソンが声を張り上げ、称号の呼び上げを伴うカヴァの再分配が始まった。再分配の順番

表2-4　チャモロイ村の祭宴におけるカヴァの再分配

順番	呼び上げ	受領者の地位
1	大いなる神 （*enihlap*）	至高神
2	ソウリックのお食事 （*sahk Soulik*）	チャモロイ村の首長
3	ウー〔首長国〕のナーンサウ・ルルン （*Nahnsahu Ririn U*）	副最高首長系統の第3位 （ウー首長国の称号）
4	チャモロイ〔村〕のクロウン （*Kiroun Tamworohi*）	チャモロイ村の副首長
5	チャモロイ〔村〕のケディンリック （*Kedinlik Tamworohi*）	チャモロイ村の首長の妻
6	チャモロイ〔村〕のコロームア （*Koaroamw en Tamworohi*）	首長系統の第2位 （チャモロイ村の称号）
7	ウー〔首長国〕のオウ・ルルン （*Ou Ririn U*）	副最高首長系統の第9位
8	候補者 （*Candidate*）	ウー管区の選挙候補者 （ウー首長国の称号）

は表2―4に示すとおりである。最も大きなカヴァは形式的に神に捧げられ、祭宴堂内の柱に括りつけられた。そしてまず、ジャクソンはチャモロイ村の首長位称号を呼び上げた。次にナーンサウ・ルルン、その後、副首長の順番で、ジャクソンは高位称号を呼び上げ、そして幾つかの村称号を続けて呼び上げた。その過程で、分配役ではない参加者がオウ・ルルン（*Oun Ririn*：ウー首長国の副最高首長系統の第九位）の称号を呼び上げ、この称号を保持する分配役のジャクソン自身にも一本のカヴァが再分配された。ジャクソンに対しても、先のナーンサウ・ルルンと同様に、称号の呼び上げによって首長国の「高位者」としての「名誉が認め」られたのである。

続いて、ジャクソンが「候補者」（candidate）と呼び上げ、三日後に迫った選挙の候補者たちに一本のカヴァが再分配されることになった。そのカヴァは候補者の一人であるウィリアム（男性、六〇歳代）が手にした。残り三本のカヴァは、その場におけるカヴァ飲料の給仕に使用された。

この事例において注目すべきは、選挙の候補者たちへの再分配である。この祭宴の後半、一六時頃には、七人の候補者がキャンペーンのための演説をした。ウィリアムはソウリック・エン・ウェイ（*Soulik en Wehi*）という称号を持ち、他の候補者もそれぞれに称号を持っていたが、カヴァの再分配の場面で、彼らは「候補者」という肩書きで呼び上げられた。候補者は演説をしたことに加えて、それぞれにカヴァや食事などを供出して祭宴に参加していた。「高位者」ではないウィリアムの位階称号では通常、たった八本しかないカヴァを再分配されることはない。「候補者」という肩書きでの呼び上げは、まさに彼らの政治活動に「名誉を認める」行為にほかならない。

「候補者」のように、「政府の側」における肩書きを用いた呼び上げは決して珍しいことではない。たとえば、ポーンペイ州政府主催の式典では、州知事や州議会議員への言及や再分配に際して、彼らの保持する高位称号ではなく、「政治家」（senator）や「知事」（*kepina*）、「行政区長」（chief minister）といった役職名が呼び上げに用いられることはよくある。

さらに「教会の側」における肩書きが呼び上げられることもある。たとえば、葬式の会場において死者を弔うためにキリスト教役職者が遺族の屋敷で祈りを捧げる時、同じ屋敷地内の祭宴堂で行われるカヴァ飲料の給仕や物財の再分配の場面では、役職者が保持する首長国や村の位階称号ではなく、「〔カトリック教会の〕助祭」（*dikken*）や「〔プロテスタント教会の〕牧師」（*wahnporon*）という役職名がよく用いられる。ただし、呼び上げを分配役や司会が行う際、最高首長や村首長の「お考え」（*kupwur*）が差し挟まれることもある。

このように、「慣習の側」の活動と「政府の側」の活動と「教会の側」の活動という理念上の公的な区別があるにもかかわらず、実際には、「慣習の側」の出来事にも政治家や教会役職者の活動が関係することがある。そのような活動の重なりあいに際して、彼らの活動に「名誉を認め」なければならない局面があり、それは称号の呼び上げではなく、役職名の呼び上げを通じて実現されるのである。それは、「政府の側」や「教会の側」の活動が祭宴の場にかかわる場合に、政治家などの職業名やキリスト教の役職名を呼び上げることによって、異なる

写真 2-7　スーツと花冠で着飾った新行政区長と新区議会議員（この写真は映像から切り取ったものである）

「側」に属するはずの彼らの活動に対して「名誉を認める」という行為である。つまり、「慣習の側」の祭宴において位階称号のみならず、役職名を呼び上げるという行為は、一般的な認識のうえでは区別されているはずの「慣習の側」と「政府の側」ないし「教会の側」といった領域を一時的にでもつなぎあわせる役割を果たしている。

ただし、最高首長から称号を与えられている政治家や聖職者が、自身の保持する首長国称号に誇りを持ち、英語の役職名ではなく首長国称号による呼び上げを期待している場合もある。そのため、分配役を引き受ける人物には、祭宴の場において「政府の側」や「教会の側」が関係する度あいを見極めると同時に、参加者による期待や意図を汲み取りながら、位階称号と役職名をバランスよく呼び上げる手際が求められるのである。

２　首長や高位称号保持者に開かれた「政府の側」

次に、政治家が最高首長や村首長を招待した「政府の側」の行事を取り上げ、対面的相互行為のフレームがいかに作成されていたのかを検討する。具体的には、二〇一二年一月六日に行われたウー行政区の「区長」（chief minister）および「区議会議員」（councilman）の就任式を扱う。

この式典は、四年に一度の選挙をとおして、新たに当選した行政区長と区議会議員の顔ぶれを印象づけるものであった。式典自体はウー行政区内のプロテスタント教会で行われ、ポーンペイ州知事やミクロネシア連邦議会議員に加え、ウー首長国の最高首長や副最高首長、村首長も招待された。そのほかにも、彼らの晴れ姿を祝福しようとする沢山の島民が式典の場に参加した（写真2―7）。

【事例二―五　着席と紹介による社会的地位の可視化】

主催者らは図2―3のように席次を決めた。新行政区長や新区議会議員が主役であり、教会で式典が催されたのだが、最高首長と副最高首長が出席する以上、主催者は祭宴と同様に最高首長や副最高首長に対して「名誉を認める」必要があり、「慣習の側」における位階秩序を無視しえなかった。そこで主催者は最高首長とその夫人を会場の一番奥に置かれた椅子に座るよう案内し、最高首長夫妻はその他の参加者を見渡すように座った。そして、副最高首長夫妻は最高首長の右手に中央に向かって座り、左手には連邦議会議員や州議会議員といった政治家が並んだ。これは、祭宴堂において最高首長などの「高位者」がコの字型の高床の奥間に座り、一段高いところから他の参加者を「見下ろす」という儀礼的な席次を想起させるような着座の様式であった。このように「あたかも」祭宴堂であるかのような空間配置によって、「政府の側」の行事においても、「高位者」の「名誉を認める」ことが可能になった。そして、当の主役である新行政区長と新区議会議員の座席は、コの字に配置された机と長椅子に囲まれる中央に配置された。その他の参加者は、コの字から外れた手前の長椅子に座った。

最高首長や副最高首長、その他の参加者が揃うと、主催者側は新しい顔ぶれだけではなく、連邦議会議員や州議会議員も含めた政治家を入場時にマイクで紹介した。マイクでの紹介によって、主催者側はこの式典が「政府の側」の行事であるという印象をつくり上げようとしていたのである。

式典の司会は、入場してくる新行政区長や新区議会議員、その他の政治家を、彼らが保持する称号ではなく、名前と英語の職業名を用いて紹介した。それは、「ウー行政区選出のポーンペイ州議会議員、リーノ・アルチュイ先生」（*wiliepen wehisohn U nan* Pohnpei Legislator, The Honorable Lino Artui）のように、「役職名＋「The Honorable ＋名前」を

図 2-3　就任式における着席の位置

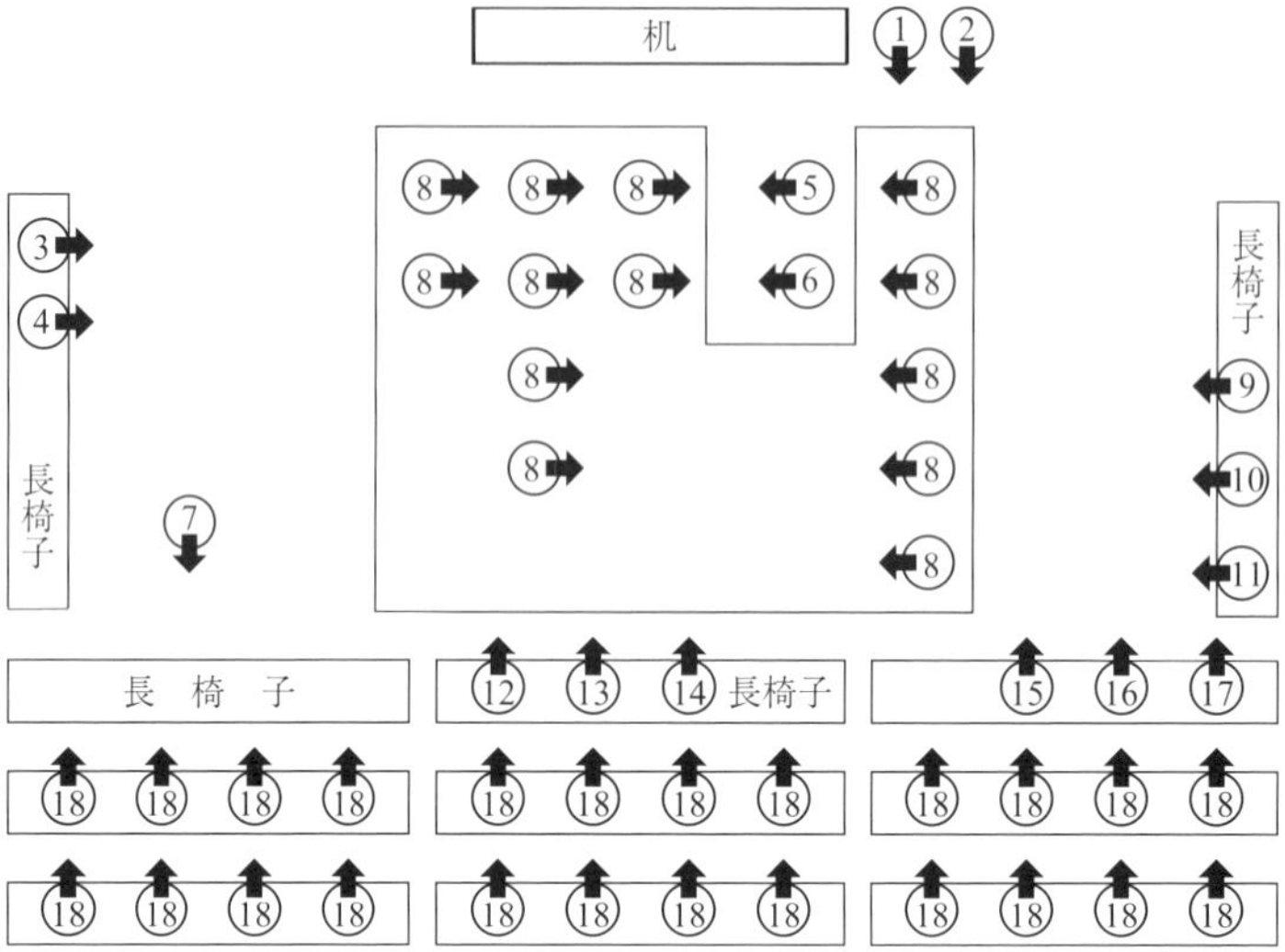

1 最高首長
2 最高首長夫人
3 副最高首長
4 副最高首長夫人
5 新行政区長
6 新行政区長の夫人
7 司会（MC）
8 新区議会議員（夫人帯同者含む）
9 ミクロネシア連邦議会議員
10 コロニア市長
11 ポーンペイ州知事
12 ポーンペイ州議会議員
13 ポーンペイ州議会議員
14 裁判所長官
15 他行政区の区長
16 他行政区の区長
17 他行政区の区長
18 その他の参加者／聖歌隊

※ 図中の→は身体の向いている方向を表している。

呼び上げる形式であった。ローカルな水準の日常生活では名前（*ahd*）や肩書きではなく称号での呼びかけによって島民の地位が確認されるが、政府の式典においては逆に肩書きが用いられることによって政治家の地位が強調されていた。

　これらの入場と着席の場面では、「政府の側」の式典において新行政区長や新議員を祝福するという行為だけではなく、最高首長や副最高首長の「名誉を認める」という行為も同時に観察された。つまり、一方ではマイクでの紹介をとおして、他方では祭宴堂に似た着席の仕方をとおして、「政府の側」と「慣習の側」の双方における参加者の社会的地位が可視化されていたといえる。この後の新区長の演説もまた、双方の「側」に対する配慮に貫かれていた。

【事例二―六　新行政区長による双方の「側」に配慮した演説】

新行政区長の演説は自らの施政方針というよりは、むしろその場のさまざまな参加者に敬意を示す言及が中心であった。このような礼節の表現が約二〇分にわたる演説のじつに三分の一を占めていた。資料2―1は、新行政区長の演説における参加者への言及の部分を取り出し、敬意対象を明示したものである。これを見ると、まず最高首長夫妻や副最高首長夫妻の称号、次に連邦議会や州議会の政治家などの要職者の英語の職名やその変形への言及があり、それからウー首長国の高位称号保持者、続いて行政区議会の政治家の地位が読み上げられた。最後に、ウー行政区内の有権者に対して敬意が示され、区議会議長はようやく自らの施政方針を話し始めた。[18]

資料2―1に見られるような、新行政区長による参加者の地位に対する配慮は、位階称号にもとづく「慣習の側」の地位表現か、英語の役職名にもとづく地位表現か、という二者択一のものとして遂行されていたわけではない。むしろ、新行政区長は位階称号にもとづく「慣習の側」への言及と、英語の役職名にもとづく「政府の側」への言及を交互に繰り返していた。位階称号と英語の役職名の双方を用いることによって、異なる「側」に属する地位への配慮が同時に行われていたのである。

八　行為としての礼節――多様な人物評価を可視化する

本章の最後に、位階称号の呼び上げという技法が「名誉の賭け」という状況の維持・創出に果たす役割について考察したうえで、対面的相互行為における「慣習の側」と「政府の側」の関係を論じる。

資料 2-1　新行政区長の演説における社会的地位への言及

Kalahngan Mr. MC.

Keping kalahngan en Samatail Koht me ketin kapikada Nanleng, Sampah oh Audepeh

kan. Ei tungoal sakaradahn keipweni pahn kupwuren Wasa Lapalap Sangoro, Wahu
最高首長の称号
Lap pahn kupwuren Iso Nahnken, patohwan wahuniki Likend, Nahnkeniei, wahuniki
副最高首長の称号　最高首長夫人の称号　副最高首長の称号
kepina, keriau en kepina en Ponnpei State, wahuniki wilapatail kan nan Congress
ポーンペイ州知事　ポーンペイ副州知事　ミクロネシア連邦議会議員
FSM, Welcome and Honor The Diplomatic Chore, wahuniki wipiapatail kan nan
外交員　ポーンペイ州議会議員
Legislator en Pohnpei, wahuniki Wasahi, Oloiso koaros, Nahlaimw, Serihso koaros,
最高首長系統の高位称号保持者　副最高首長系統の高位称号保持者
sapwelimw lengileng Samworo koaros, oh Soumas en Wehi wet koaros, wahuniki
名誉称号系統の高位称号保持者　ウー首長国内の村首長
mehlel Lapalap teikan me iang pato pahn kupwuren Sangoro pahn wet. Ei tungoal
その他の「高位者」
sakaradahn wahu oh kaping Doke Sapwelimen Wehiso wet Chief Minister en aio,
ウー行政区の前区長
iangahki omwi tungoal tohn doadoahk koaros, Wahu Lap Doke sapwelimatail Soun
ウー行政区の職員　裁判官
Kopwong kan patohwanda poahson pen ketdi kesemwpwal en pahrwet. Ei tungoal

sakaradahn wahu oh paia mwahu Doke Speaker, Vice Speaker, Chairman en Standing
ウー行政区議会の議長と副議長、および常設委員会委員長
Committee kan towe kan koaros en pwihn en Kou Kosonned kewelipak en Wein U,
ウー行政区議会の議員
wahuniki iengei Local Executive koaros oh Mayor en Kolonia Town. Wahu pil Doke
行政機構　州都コロニアの市長
kaun en Mwomwodiso koaros oh toweh kan koaros nan wehi wet. Ei tungoal wahu
キリスト教会の聖職者　ウー行政区からのその他の参加者
doke mehlel me pwulopwul koaros nan wehiso wet. Ei tungoal sakaradahn wahu, oh
ウー行政区内に居住する若者
rahn doke mehlel tohn usuhs koaros nan wein U.
ウー行政区内の有権者

注：このデータは、新行政区長がこの日のために用意した読み上げ原稿を書き写したものである。

1　「名誉の賭け」における呼び上げの技法

祭宴堂における儀礼的手続きのなかで進められる対面的相互行為のフレームは、祭宴の目的や特定のコンテクストを「括弧入れ」することを通じて、参加者たちを「名誉の賭け」という状況に没入させるものであった。だが、とくに親族規模の祭宴では、「括弧入れ」していたはずの祭宴の目的や主役にかかわる諸要素が「あふれ出す」ことも少なくない。

このような状況において、呼び上げの技法は目的語を自在に変える他動詞として、目的やコンテクストの「あふれ出し」に沿って祭宴の参加者に「名誉を認める」ことを通じて、フレームの調整に対して大きな役割を果たしている。すなわち、分配役や司会は称号の呼び上げという技法を通じて「名誉の賭け」という相互行為の状況を支えるフレームに介入し、多様な人物評価の「あふれ出し」を織り込む形で再分配を遂行しているのである。

加えて、ヤコブによる「私の慣習」の事例が明らかにしたように、呼び上げを通じて人物評価をされる参加者の範囲と、そのような人物評価を受けない参加者の範囲との境界は、称号の呼び上げをどれくらい続けるのかどうかに応じて引き直されるものであった。すなわち、称号の呼び上げが第一の差異（「名誉を認める」行為がつくる身分階層的な差異）をつくり続ける一方、称号の呼び上げを過剰なまでに続ける行為自体が、呼び上げと不可分な第二の差異（呼び上げられた者と呼び上げられなかった者の差異）を縮減するという効果を生み出した。このように、呼び上げの技法は、個別的な配慮や祝福の「あふれ出し」に対して「名誉を認める」ことによって相互行為のフレームを再作成するのみならず、呼び上げを続けるという行為自体がまさにフレームを変容させるのである。

ただし、分配役が「あふれ出し」に過剰に対応したまま称号以外の言葉を用いた呼び上げを続けてしまうと、周囲の参加者から批判されてしまう。親族の規模で実施される祭宴における分配役や司会は、あくまでも当の祭宴における最高位者の代理として、称号の位階にもとづく「名誉」を尊重する限りにおいて、呼び上げの技法を通じて祭宴の主役や相対的な年長者への配慮や祝福という個別的な人物評価を実現することを許されている。

このような呼び上げの実践は、親族の規模における個々の祭宴に特有のコンテクストや、祭宴ごとに異なる参加者の構成にあわせて「名誉を認める」ことによって、称号の位階にもとづく「名誉」の領域（首長制を背景とした位階秩序）と「名誉」以外の多様な人物評価の領域（個々の祭宴に特有の配慮や祝福）とを一時的につなぎあわせる役割を果たす。祭宴における司会や分配役は呼び上げという技法を通じて、後者の「あふれ出し」を含みこむ形でフレームを再作成し、称号の位階に還元されない、さまざまな人物評価にもとづく多様な「名誉」の可視化を実現しているのである。

親族を単位に行われる祭宴において「あふれ出し」が主に個別的な配慮や祝福から構成されているのに対して、親族を超える規模の祭宴における「あふれ出し」は個別的な配慮や祝福のみならず、「慣習の側」と「政府の側」と「教会の側」という公的な区別にもかかわる。「慣習の側」の活動としての祭宴における相互行為は、基本的には、最高首長を頂点とする位階称号の体系以外の諸要素を「括弧入れ」するフレームによって「名誉の賭け」という状況を醸成している。だが、たとえば事例二─四で見たように選挙キャンペーンのような政治活動が関係することによって、「括弧入れ」していたはずの政治家や選挙候補者の社会的名声という「政府の側」の要素が「あふれ出し」てしまう。同様に、たとえば葬式においてキリスト教聖職者が故人のために祈ることによって、「括弧入れ」していたはずのキリスト教聖職者の宗教的権威という「教会の側」の要素が「あふれ出す」。

分配役や司会は、このような「側」を横断する「あふれ出し」に際して、政治家や聖職者が保持している位階称号の代わりに、「政府の側」における政治家の職業名、「教会の側」の位階制に準ずる聖職者の役職名を呼び上げる。分配役や司会は、位階称号の代わりに、各々の「側」によって異なる地位の肩書きを呼び上げることを通じて、「慣習の側」とは異なる「側」に属する活動にまさしく「名誉を認める」のである。このような職業名や役職名の呼び上げは、称号体系とは異なる地位体系を持つ「政府の側」や「教会の側」における地位評価を「名誉の賭け」という状況にあわせて変換することによって、異なる「側」の活動という「あふれ出し」を「慣習の側」の祭宴における相互行為秩序のフレームに組み込んだ結果である。ただし、政治家や聖職者が役職名や肩書きではなく、位階称号での呼び上げを期待している場合もある。そのため、異なる「側」の「あふれ出し」が分配役の裁量次第で再び「括弧入れ」されることにより、役職名ではなく位階称号が呼び上げられる可能性はつねにある。したがって、祭宴のコンテクストによって「名誉」の可視化のあり方が一義的に定まるわけではない。異なる「側」の活動という「あふれ出し」に対して「名誉を認める」か否かは、分配役の裁量や周囲の助言によって変わりうる。そのため、祭宴の参加者から見れば、自身に「名誉が認め」られる否かは、依然として予測不可能であり、自らの期待どおりに「名誉」が可視化される可能性も複雑な様相を呈する。

このように、祭宴における物財の再分配という相互行為の状況は、「あふれ出し」を取り込む礼節行為によりフレームを拡張する可能性を孕みながら、不確実性を帯びた「名誉の賭け」として再構成されるのである。

2 「慣習の側」と「政府の側」の区別とつながり

ポスト植民地時代のポーンペイ島社会は、首長制と近代国家体制という二つの異なる政体の併存状況を「慣習の側」と「政府の側」という区別によって受け入れている。実際に、祭宴と称号授与を中心とする「慣習の側」の活動が住民の屋敷地内に属する祭宴堂という空間で行われるのに対して、議会討論や役所仕事を中心とする「政府の側」の活動は首都パリキールや州都コロニアや各行政区にある議会や役所で行われるため、両者の活動空間は基本的には交差しない。

しかし、アメリカ統治時代以降、政治家や官僚が祭宴を通じて首長に貢献し、首長が彼らに称号を与えるという交換関係が積み重ねられており、政治家や官僚である人物が「慣習の側」の活動である祭宴に参加することはさして珍しいことではない。「政府の側」の活動のなかでも、住民たちに開かれた式典や行事の機会には、最高首長や村首長などが招待されることも少なくない。したがって、「慣習の側」と「政府の側」という活動領域の区別がありながらも、島民たち個々人の活動は「側」を横断して展開する。

「慣習の側」の祭宴では位階称号にもとづく対面的相互行為が展開するが、「政府の側」における式典や行事では、新行政区長による演説や、司会による政治家の紹介に見られたように、英語の役職名や肩書きを用いて政治家や役人の地位が言及される。ミクロネシア連邦における伝統的指導者と近代国家体制の関係を論じたピンスカーは、ポスト植民地時代のミクロネシア連邦において、政治家や官僚にふさわしい人物であるか否かは、英語を流暢に話し、少なくとも大学卒業以上の学歴を持ち、アメリカ的なコンテクストの扱いに長けているかどうかという点から評価される傾向にあると指摘する［Pinsker 1997: 180］。「政府の側」の式典や行事における対面的相互行為のフレームは、政治家や官僚の職を得るポーンペイ島民が普段は位階称号で呼ばれていたとしても、彼らの称号保持を一度「括弧入れ」し、政治家や官僚としての名声によって互いを評価するよう促す。彼らはそのような相互行為に没入するなかで、たとえば「英語の役職名＋The Honorable ＋名前」などといった言及を通じて、ポスト植民地時代のミクロネシア連邦における彼の社会的成功を示されるのである。

ところが、最高首長や副最高首長などの「高位者」が「政府の側」の式典や行事に参加すると、式典や行事の主催者やスタッフは「高位者」の位階称号を考慮しなければならなくなり、「慣習の側」における位階称号という要素が「あふれ出し」てしまう。事例二―五に示した事例において、主催者たちは、机と長椅子をコの字型に配置することで、「あたかも」祭宴堂の儀礼的席次を想起させるかのような空間をつくり、コの字型の配置の一番奥に最高首長夫妻の座席を設けることによって、祭宴と同じように席次を通じて最高首長夫妻に「名誉を認め」たのである。加えて、事例二―六に示した事例では、新行政区長の演説における職業名と位階称号を交えた言及によって、政治家のみならず、最高首長をはじめとする「高位者」に「名誉を認める」ことが可能となっていた。

以上のように、各々の「側」の当事者たちは、「括弧入れ」していたはずの異なる「側」の活動や要素の「あふれ出し」に対して、「慣習の側」では呼び上げの技法、「政府の側」では「あたかも」の空間配置と演説での言及という違いはあるにせよ、礼節行為をとおして相互行為のフレームを再作成している。すなわち、ポーンペイ島民は礼節の行為をとおして異なる「側」の「あふれ出し」を変換し、フレーム内部へと組み込むという選択によって、各々の「側」における名誉や名声をめぐる対面的相互行為の状況を再構成しうる。行為としての礼節による「あふれ出し」の変換は、「慣習の側」と「政府の側」という理念上の区別を参加者の構成や諸活動の目的に応じて再構成することを可能にする技法なのである。

注

（1）島民によって認識は異なるが、ここでいう「高位者」とは、首長国の各系統の上位一五位までの称号保持者と村首長の両方を指し示すというのが大体の理解である。

（2）最初の四絞りの再分配は「初物献上」も意味する ***nohpwei*** という単語で表現される。なお、南部のキチー首長国に限っては重要とされるのは最初の五絞りである。

（3）とくに清水は次のような言い方さえもして、ポーンペイ島における首長制の社会構造の根幹としての称号体系を強調している。「制度としての首長国は、そこに生きる具体的な諸個人によって構成されるのではなく、まずは数ある称号の体系として構成される。つまり、首長国を一つの社会構造として認識するには、具体的な諸個人ではなく、この称号群の体系を見ればよい。この称号の体系に諸個人が登用されて、生きた首長国を担うことになる」［清水　一九九五：四三―四四］と述べているのである。

（4）「品評会」という言葉は日本統治時代に伝えられ、現地のイベントを指す言葉として定着した。「品評会」では、参加者が賞品や賞金を懸けて、ヤムイモやバナナ、カヴァなどの農作物を持ち寄って展示し、その大きさや重さ、形状などによって優劣が定められる。

（5）たとえば王室の沐浴儀礼において、王は、砕かれていない銀貨の形態で下位者から位階の順にハシナⅡを受けとる。続いて、王が神聖な水に儀礼的に沐浴することにより、彼の受け取ったハシナⅡは自然的な力と連合し、生得的で連続的なものとして神秘化される。これにより、彼が人びとに振りかける水は、祝福という幻想（illusion）の外観を帯び、位階を基礎づけるハシナⅠとして表象される。この誤表象を成功させるのは、日常的コミュニケーションから区別される儀礼的コミュニケーションである［Bloch 1989a: 61-81］。

（6）これらの考察に際して、ブロックは、ルイ・デュモン（Louis Dumont）の提唱する「権力と地位の区別」を前提としている［デュモン　二〇〇一］。これに従えば、マダガスカルのメリナ王国の位階秩序はハシナにもとづく地位の表象であり、支配層による被支配層の搾取とは区別される。ブロックはこの断絶に着目し、いかに王権のイデオロギーが自然化されるのかを考察した。

（7）英語の honor が名詞と他動詞に区別されるということから議論を進めたが、日本語の「名誉を認める」は既に名誉という目的語を含んでいるため、本来は目的語を取れない。そのような留保つきだが、本書では議論の煩雑化を避けるため、「名誉を認める」については、目的語を伴う他動詞とみなして議論を進める。

（8）もっともグレーバーは、この論考を読んだ当初からブロックの議論に見られる奇妙な点に気づいていた。「論考全体の核心が、二つのハシナのつながりを偽装することにあるとしたら、なぜはじめからそれらが同じ名前で呼ばれるのか。それでは［偽装が］バレバレではないか」［Graeber 2001: 234］という読後感を彼は持ったという。

（9）グレーバーは、人びとの行為による創造性を重視した彼の価値論を、「フェティッシュとは構築中の神である」というフェティシズム論に拡張させている［Graeber 2001; Graeber 2005; cf. 石井　二〇一四］。これらの理論とマルクス流のフェティシズム論との違いについて、酒井隆史は「グレーバーによる（あるいはモース的人類学による）フェティシズム論は、隠蔽よりも創造にかかわる、といった定式で表現できる」［酒井　二〇一七：二五四、強調は原文のまま］と述べている。

（10）彼らの兄弟姉妹はあわせて一三人である。七人の姉妹は全員婚出し、そのうち二人は既に死亡していた。

（11）ポーンペイ島社会では、区画も含めて人間の住む各々の場所に地名がつけられている。トマス・パンホルザー（Thomas Panholzer）とルフィーノ・マウリシオ（Rufino Mauricio）によれば、ポーンペイ島における地名はその名の由来となる歴史的な物語を反映する［Panholzer and Mauricio 2003］。

（12）二〇〇九年七月二七日、カリスの母親がポーンペイ州立病院で亡くなった。その知らせを受けたカリスは、同じ日にアメリカのカンザスシティで生まれた娘に、カリスの母親の名前と同じマリアという名を授けた。

(13) 私はこの説明を聞くことが多かったが、別のヴァージョンの説明もあった。それは、兄・姉の子孫は、弟・妹の子孫に優越するというものであった。このような説明の違いは、時折、親族内の軋轢や葛藤を誘発する。

(14) 同様の表現は、現在も聞かれるだけではなく、ピーターセンの民族誌にも見られる。パコ（仮名）という男性は「私こそが年長だ。私は〔村首長を〕叩くことができる」と言った。パコの称号は首長よりも低位であったが、首長の母方の祖母はパコの母の妹であった。そのため、パコは世代的に首長に優先しており、首長よりも年長者（*laud*）であった［Petersen 1982a: 59］。

(15) ベニートはこの時、長男カリスが暮らすアメリカのカンザスシティを訪問しており、センベーンを不在にしていた。ベニートはクリスマスの直前、一二月二二日にポーンペイに帰国した。

(16) クリスマスの祭宴の一環としてクリスマス交換が行われることは珍しくないが、その際、事前にくじ引きや話しあいなどをとおしてプレゼント（*kisakis*）を贈与する相手を決めておくのが一般的である。その方法には大きく分けて二つの形式がある。一つは「ベリアリ」（*peliali*）と呼ばれるもので、贈与する相手と贈与される相手が同じであるパターンである。他方は「ポポキ」（*popoki*）と呼ばれる物で、贈与する相手と贈与される相手が異なる組みあわせになるパターンである。

(17) この祭宴においては、その他に「名誉を認める」行為として、花冠の授与、食事や飲料の提供、一年に一度の首長への感謝の表明としての現金貢納、演説における言及などが見られた。いずれも首長などの「高位者」にのみなされる「名誉を認める」行為である。

(18) たとえば、州知事を表すポーンペイ語の「ケピナ」（*kepina*）は、英語の governor が現地語に取り入れられたものである。

第三章　礼節のポリティクス

一　ポスト植民地時代における政治的な出会い

ポスト植民地時代を迎えたオセアニア諸国家では、政治・経済的に脆弱な国家体制のなかで伝統的指導者の位置づけは決して安定しておらず、首長制のような異質な政治制度を包摂しつつ、いかに安定した秩序を維持するのかという課題がある［須藤　二〇〇八：一一―一二］。この問いに対する一つの答えとして、前章の最後では、「慣習の側」と「政府の側」が理念的に区別されることで受容されながらも、具体的な出来事において双方の「側」の関係が儀礼的な手続きをとおして調整されることを論じた。

国家としての政治・経済的な脆弱性という点を考慮に入れるなら、「慣習の側」と「政府の側」がいかに関係するのかという点以外にも考えなければならない、もう一つの点がある。オセアニア諸国家は政治・経済的に脆弱であるからこそ、近隣島嶼国との連携強化や、宗主国や先進諸国による経済援助も含め、諸外国や近隣地域といった外部とのつながりを構築する必要がある。

このような諸外国や近隣地域とのかかわりや、それらの地域から訪問する外部者への対応は、ミクロネシア連邦政府やポーンペイ州政府といった「政府の側」の管轄である。たとえば、二〇一二年六月九日、日本によるODA（政府開発援助）の成果としてポーンペイ国際空港の滑走路が延長されたことを記念し、日本政府関係者も搭乗した友好記念直行便が成田空港からポーンペイ国際空港へとはじめて就航した。この時、日本政府関係者は、ミクロネシア連邦大統領やポーンペイ州知事、その他の政府関係者を交えた式典やパーティーによって歓迎されたが、そこにポーンペイ島の最高首長や副最高首長の姿はなかった。このように、「慣習の側」に属する最高首長や副最高首長という伝統的指導者の存在を肩越しに、外交関係は進められることも多い。

しかし、首長国を超えたミクロネシア連邦という政治の水準において、最高首長はポーンペイ島社会のいわば象徴（token）であり［Pinsker 1997: 173］、最高首長としてではなく、むしろポーンペイ島社会を象徴する存在として式典などに招かれることがある。本章では、隣接する島嶼地域や外国からの外部者との政治的な出会いに際して最高首長が臨席した式典の事例を取り上げ、いかに対面的相互行為の状況が構成されたのかを検討する。それは、ポスト植民地時代の首長制を「ローカルな政治文化とナショナルな政治文化とグローバルな政治文化の交差点」［Lindstrom and White 1997: 3］に位置するものとして捉え、対面的相互行為の場から考えることにほかならない。

とくに本章の第三節では、マーシャル諸島やヤップ島などの近隣島嶼地域から訪れた伝統的指導者に対する歓迎式典の事例から、主催者のポーンペイ島民たちが異なる地域の伝統的指導者にどのような対応をしたのかを論じる。本章ではこの事例を中心に検討するが、ポーンペイ島社会をめぐる現代的な国際関係において、近隣島嶼地域との連携だけではなく、経済援助をはじめとする旧宗主国とのつながりも重要である。そこで第四節では、アメリカ合衆国による援助に対してネッチ首長国の副最高首長が応対した事例、および日本人の援助関係者がポーンペイ島民によって歓迎された事例を検討する。

本章で取り上げる事例は、単に外部者を扱うという事例ではなく、ポスト植民地時代のポーンペイ島社会を取り巻く国際関係の展開のなかで生じる政治的な出会いの事例である。ピーターセンは、ポーンペイ島社会における儀礼的パフォーマンスが、外部者に対するポーンペイ島民のもてなしについてのメッセージを伝える、と指摘する[Petersen 1992]。ピーターセンの指摘を踏まえれば、他地域の伝統的指導者や外国人をめぐる儀礼的なパフォーマンスがいかなる政治的・社会的な含意を有しているのかという点も検討する必要がある。次節では、このような外部者の迎え入れに際したポーンペイ島社会の対応を対面的相互行為の現場から考えるための理論的枠組みを検討する。

二　歓待の両義性——越境的な出会いにおける敬意と敵意

1　伝統的指導者と歓待

ポーンペイ島社会において主人が客人を迎え入れる際の基本的な歓待作法は、首長制を背景にした「慣習」にもとづくと論じられてきた［清水　一九八五ａ］。トム・セルウィン（Tom Selwyn）は、前章で言及したブロックの議論［Bloch 1989a］に触れながら、伝統的指導者と歓待の関係について名誉の交換という観点から次のように論じた。

王と臣民の関係の場合のように、各々の歓待行為の核心には、主人と客人の名誉の交換がある。これは、客人が、歓待の提供される機会への招待に応答しながら、主人の道徳的権威の受け入れを示していることを意味している［Selwyn 2000: 34］。

セルウィンによると、王権社会において王が主人である場合、主人が客人に対して歓待を供するだけでなく、逆方向の働きかけもあるという［Selwyn 2000: 34］。客人が歓待を受け入れるということが、まさに主人である王の権威を承認することを示しているのである。このように、王や首長が主人である時、客人の位置づけのみならず、歓待の契機において主人の権威がどのような形で現れるのかを考察しなければならない。

他方、清水は、ポーンペイ島社会の歓待実践について首長の権威の承認という観点から論じている。ただし、清水が論じたのは、客人の持つ位階称号次第で、主人と客人の関係が反転する可能性である。ある島民が私に対して「来てくれる人こそが大切だ」（*aramas kohdo me kesempwal*）と述べたように、ポーンペイ島社会における人と人の出会いにおいては、客人に対する手厚いもてなしが強調される一方、客人の位階称号次第では、主人と客人の関係は反転しうる。つまり、すべての客人が主人よりも低位である場合、主人自身が客人以上に「大切に」されるべき最高位者になるのである。清水はこの最高位者のことを「主客」（main guest）と呼ぶが、次のような表現でこの状況を記している。

来客が主人側より地位の低い者であるならば、彼はここでも主客とはなりえない。来訪者のために催す大規模な行事が、来訪者をもてなす当の主人に献上されるという、外来者（人類学者）の目にも、当のポーンペイ人にとっても奇妙な事態である［清水　一九八五ａ：一九二］。

「主客」である最高位者が他の参加者以上に「大切に」されることは、さまざまなやり方で示される。たとえば、最高位者は祭宴堂内の正面床の最も奥に座席を設けられる。それは他の参加者を「見下ろす」位置である。また、カヴァ飲料の給仕に際しては、一絞り目のカヴァ飲料を注がれた杯が彼に献上される。このようにして、主人が客人を「大切に」するというよりは、むしろ客人が最高位者としての主人の権威下にあることが、如実に示される。

セルウィンと清水の議論で重要な点は、外部からの来訪者への歓待において主人と客人のあいだには名誉の交換があり、伝統的指導者の権威を構築する契機も含まれているという点にある。この点をポスト植民地時代のオセアニア諸社会における越境的な出会いとの関連で考察するためには、各社会の伝統的指導者の地位がそれぞれ異なる文化的起源と地位体系に由来する、という点を念頭に置く必要がある。加えて、ピーターセンは、そうした島嶼間の越境的な出会いの場において、「首長は特定の出自集団の長とはみなされず、共同体や場所全体のリーダーとして語られ、そのように扱われる」［Petersen 2009: 155–156］と述べた。次項では、こうした異なる文化的背景を持つ他者との出会いという視点を深めるために、歓待に関する人類学的研究を検討する。

2　緊張に満ちた歓待空間

異なる文化的背景を持つ他者との出会いにおいて主人と客人の関係を所与としない立場は、主にジャック・デリダ（Jacques Derrida）の歓待論［デリダ　二〇一八］に影響を受けた、「歓待の人類学」（anthropology of hospitality）において理論的に検討されている。とりわけ、マテイ・カンデア（Matei Candea）とジョヴァンニ・ダ・コル（Giovanni da Col）は、ジュリアン・ピット＝リヴァーズ（Julian Pitt-Rivers）による異人歓待論を再評価し、「歓待は両義性に基礎づけられる」［Pitt-Rivers 1968: 25］という彼の指摘がデリダの歓待論に三〇年も先んじていたと指摘した［Candea and da Col 2012a: 5］。

ピット＝リヴァーズの議論とデリダの議論に共通する点は、客人が畏敬の対象でありながら、忌避の対象にも転換しうるという点に注目することによって、客人への歓待と主人を支える秩序との緊張関係を取り上げた点にある。[1] 歓待におけるこうした緊張関係は、移民や難民の受け入れをめぐる一九九〇年代以降の欧州の政治問題を背景とした議論のなかで、移民や難民を受け入れるのか、それとも国家の秩序や主権を守るのか、という歓待のアポリアとして注目されたものである［Candea and da Col 2012b］。

デリダは、歓待の行為が、他者に対する絶対的な開放性を倫理的に要求する「無条件の歓待」に見えながら、実際には、客人の権利と義務を制限するような法と秩序を必要とする「条件つきの歓待」であると指摘する。そして、そうした歓待の条件が、主人と客人のあいだに敵意[2]を生じさせる危険をつねに伴うと論じた［デリダ　二〇一八］。そのような主人と客人の緊張関係に関して、マリベス・エラブ（Maribeth Erb）はデリダに依拠して次のように述べる。

> 出会いの契機には、誰が「主《あるじ》」（master）であるのかをめぐる、主人と客人のあいだの権力闘争がある［Erb 2013: 309］。

エラブはこのように主人と客人の緊張関係を闘争とみなし、デリダが歓待の鍵概念として提示する「閾《しきい》＝戸口」（threshold）のイメージで捕まえている。デリダとエラブにとって、歓待の供される以前において主人と客人の関係は「決定不可能性」（undecidability）を帯びており、歓待空間の秩序を賭けた闘争がそこにある［Erb 2013: 309］。

ただし、ポスト植民地時代のポーンペイ島社会において、近隣島嶼の伝統的指導者や外国人という客人は、たとえば欧州における移民や難民とは異なり、人道的・倫理的な要求として受け入れるべき存在ではない。近隣島嶼や諸外国からの外部者は、ポスト植民地時代のミクロネシア連邦における政治・経済的な脆弱性を埋めあわせる必要から、政治的・経済的な要求として受け入れるべき存在である。ポスト植民地時代のポーンペイ島社会における外部者への歓待は目的と性格こそ違うが、客人への開放性を要求する点において移民や難民の受け入れを題材に論じられてきた歓待の条件と共通しており、そこに主人を支える法や秩序との緊張関係を読み取ることは可能である。したがって、本章で扱うポスト植民地時代における外部者との政治的な出会いについても、主人と客人の関係が互いの地位の認識によって変わりうるというだけではなく、ポーンペイ島の最高首長の権威を支える秩序形成にとって他地域や外国の指導者が脅威となりうるという点をめぐる、さまざまな緊張や駆け引きがあると仮定できるのである。

3　歓待と面目＝行為

以上の歓待論を踏まえて、ポスト植民地時代のポーンペイ島社会における外部者との政治的な出会いを対面的相互行為のフレームという観点から検討するために、ゴッフマンによって提唱された「面目」（face）の概念に注目する。ゴッフマンは英米一般に見られる相互行為秩序の成立要件として、相互行為の当事者同士のあいだで互いの「面目」への配慮がなされることの重要性を説き、以下のように述べる。

〔人びとは〕面目をゆるがすことについてのまことにたくさんの関係性のなかにいることになる。さまざまな偶然性のなかで他人たちとうまくやってゆくためには、人は、侮辱とのさまざまな関係性のそれぞれに対処して、面目を保ついろいろな種類の行為をしなければならない［ゴッフマン　二〇〇二：一五］。

それゆえ、ゴッフマンにとって、主人と客人の関係が緊張を孕む契機は、対面的相互行為において人の「面目」が脅かされることにある。対面的相互行為論にもとづくと、異なる伝統的指導者や外国人の出会いにおいて歓待が成功するか否かは、彼らの権威や地位を損なわないよう彼らの「面目」がいかにうまく管理されるかにかかっている。本章では、このような「面目」を支えるフレームの成立と変容を、本書の一貫した指針である諸要素の

「括弧入れ」と「あふれ出し」という視点から捉える。

ゴッフマンは、相互行為秩序のフレームを維持するために、対面的相互行為において相手の「面目」に配慮する対人行動を「敬意表現」（deference）と呼ぶ(3)。ペネロペ・ブラウン（Penelope Brown）とスティーヴン・レヴィンソン（Stephen Levinson）はこの敬意表現における言語の役割を考察し、本来的に相手の「面目」を侵害する可能性を持つものとして言語行為を捉えた(4)。彼らは、相手の「面目」を可能な限り侵害しないように、いかに言語が用いられるかを研究する語用論的研究を提唱し、ポライトネス（politeness）理論を確立した［ブラウン／レヴィンソン 二〇一一］。このような語用論的アプローチは、先に述べた異なる出自や体系の併存状況という、対人配慮にかかわる単一の規則や規範を想定できない場面を捉えるうえで有用である。

それらの研究に対して、序論で検討した言語人類学的研究は、言語使用のみならず、単なる言語表現にとどまらない記号表現の効果として、儀式的な対面状況における秩序の成り立ちを捉える見方をつけ加えてきた。とりわけキーティングは、ポーンペイ島社会の祭宴において階層的な秩序が成立する際に、互いに協働も対抗もしうる多様な記号資源が交渉し複合的に用いられる点を明らかにした［Keating 1998a; Keating 2000］。したがって、本章では、諸要素の関係性を調整する技法として敬意表現を捉え、複数の敬意表現の組みあわせがいかに諸要素を再構成しているのかという視点から相互行為秩序の形成を扱う。

最後に、ポーンペイ島社会の祭宴や行事における複数の敬意表現のなかでも、社会的・政治的な秩序を確立するカヴァの役割は、とくに重要である。この点に関してピーターセンは、カヴァ飲料の給仕が二重の効果を持つことを強調した。それは、一方では位階と身分階層秩序を構築する効果、他方ではピーターセンが「カヴァ石の民主主義」（kava-stone democracy）と呼ぶ効果、つまり「あらゆる者を統治に参加させることのできる媒介」を創出する効果である［Petersen 1995: 53］。本章では、こうしたカヴァの二重の効果も念頭に置き、身分階層秩序の構築のみならず、ある種の「民主主義」の達成にも注目する。ポスト植民地時代のポーンペイ島社会における歓待実践と秩序形成の関係を理解するうえでも、これらのさまざまな敬意表現の手段がいかに展開されるのかを理解することが重要である。

三　異なる伝統的指導者への歓待

1　太平洋諸島伝統的指導者評議会

一九世紀末以降における諸外国からの統治において、今日ではミクロネシア連邦として知られる島々――ポーンペイ州、ヤップ州（以下、ヤップ）、コスラエ州（以下コスラエ）、チューク州（以下、チューク）――は、パラオ共和国（以下、パラオ）、マーシャル諸島共和国（以下、マーシャル）、アメリカ自治領の北マリアナ諸島（以下、北マリアナ）として今日知られている地域の島々と同一の統治過程を経験した。

これらの島々は同時期に同一の国々からの統治を受けたにもかかわらず、島ごとに独自の文化的反応を示したがゆえに、それぞれに異なる社会変容を被ってきた［則竹　二〇〇〇、飯高　二〇〇二：二〇七］。互いに異なる島に暮らす住民たちは、諸外国から同時に統治された経験を部分的な理由として、島嶼間の文化的・社会的差異を認識している。そして、各々の住民は、彼ら自身のカテゴリーを用いて、他地域の政治的指導者を自らの政治的指導者から差異化する［Pinsker 1997: 174–177］。しかしながら、これらの島々は政治的・経済的に脆弱であり、文化的・社会的な差異があるにせよ、独立後の地理的・政治的な境界を超えて互いに連携を強めなければならないことも確かである。

こうした連携を念頭に置いて設立された会議の一つが、一九九九年にパラオで創始されたミクロネシア伝統的

表3-1　ミクロネシアにおける伝統的指導者会議

開催年	会議の名称	開催地
1999	第1回ミクロネシア伝統的指導者会議	パラオ
2002	第2回ミクロネシア伝統的指導者会議	ポーンペイ島
2005	第3回ミクロネシア伝統的指導者会議	ヤップ本島
2008	第4回ミクロネシア伝統的指導者会議	マーシャル諸島
2010	第5回ミクロネシア伝統的指導者会議	パラオ
2012	太平洋諸島伝統的指導者評議会・第1回サミット	ポーンペイ島

指導者会議（The Conference of Micronesian Traditional Leaders：以下CMTL）であった。この会議は、ミクロネシア地域で生じるさまざまな社会的・政治的な問題のうち、伝統的指導者（首長）にかかわる問題を討議することを意図された。CMTLは、一九九九年から二〇一〇年までに計五回開催されたが、二〇一〇年にパラオで再び開かれた際に、太平洋諸島伝統的指導者評議会（The Council of Pacific Islands Traditional Leaders：以下CPITL）という今日の名称に変え、再出発した。二〇一二年一一月二〇日には、CPITLの第一回サミットがポーンペイ島で開かれた（表3―1、写真3―1）。

このサミットのテーマは「我々太平洋諸島の土着の権利のために立ち上がり、我々の文化遺産、価値観、資源を保護しよう」というものであった。このテーマのもとに、サミットでは六つの議題についてセッションが開かれた。それは、(1)ミクロネシア地域における伝統的な価値観・原理・言語・文化の保護と保全、(2)自然資源をめぐるミクロネシア地域の伝統的所有権と土着の権利、(3)気候変動と環境、(4)自由連合協定の永続性とミクロネシア地域の放射能問題、(5)アルコール・薬物・タバコの影響――若者・健康・文化・慣習、(6)近代統治における伝統的リーダーシップの役割、であった。

このサミットには、ミクロネシア全域から伝統的指導者が招待された。その開催期間である二〇一二年一一月二〇日から二四日までのあいだ、ポーンペイ島民によって構成されるサミット実行委員会が諸々のお膳立てをした。初日の二〇日、委員会は、州都コロニアにあるポーンペイ州庁舎において歓迎式典を開いた。この式典には、ポーンペイ島社会から最高首長、最高首長夫人、副最高首長、副最高首長夫人も参列した。

2　「主客」の特定――あたかも「最高首長」のように

サミットの二〜三週間ほど前から、「ミクロネシアの『高位者』がこぞってやってくるぞ」という声が住民のあいだを駆け巡った。ミクロネシア全域から「高位者」を迎え入れるという事案が、ローカルな会話のなかでさえも、よく聞かれる話題の一つになっていた。ほぼ同時に、ネッチ首長国の副最高首長を中心にサミット実行委員会が設立された。委員会自体は三つの部門で構成された。サミットの予算を担当する部門、太平洋諸島伝統的指導者評議会のプロトコルを検討する部門、歓迎式典と送別式典のプログラムを作成する部門である。

　こうして、三つ目の部門が、ミクロネシア全域から来訪する伝統的指導者の歓待について責任を負うことになった。それらの部門は、各々の首長国から選出されたメンバーで構成された。彼らは各地の代表団のメンバーに関する情報を収集するために、参加国や参加地域の連絡担当者と電子メールの交換をした。参加したのは、パラオ、マーシャル、北マリアナに加え、ミクロネシア連邦の三州（ヤップ、コスラエ、チューク）であった[5]。

　なかでも彼らが丹念に調べたのは、代表団のなかに何人の「カーラップ」（*kahlap*）が含まれるのかということであった。「カーラップ」という言葉は字義どおりには「身体」を意味するが、ポーンペイ島社会における最高首長と同等に敬意を表すべきだとポーンペイ島民にみなされる人物のことも指す［cf. Keating 1998a: 160］。彼らは、国別・地域別に代表団のリストをつくり、「カーラップ」とみなすべき人物を特定するとともに、各々の客人の地位も把握した。

　その結果、彼らが「カーラップ」とみなしたのは、パラオ、マーシャル、ヤッ

写真 3-1　太平洋伝統的指導者評議会に参加した各地の首長や代表

表3-2　ミクロネシア各地域の代表団

地域	代表団の中心人物の地位	代表団の人数
パラオ	大首長（アイバドルとルクライ）	6
マーシャル	男性首長（イロージ） 女性首長（レロージ）	10
北マリアナ	コミュニティ・文化省の長官	2
ヤップ	首長（ピルン首長会議の議長）	1
チューク	ウェノ（チューク州都）の市長	2
コスラエ	教育省の役人（慣習の専門家）	15
ポーンペイ	最高首長（ソケース首長国） 副最高首長（ネッチ首長国）	2

プ、ポーンペイの四地域の首長のみであった。対照的に、北マリアナ、チューク、コスラエの三地域の代表団には政府の高官が含まれていたにもかかわらず、委員会は「カーラップ」はいないとみなした（表3―2）。

実際のところ、今日のチュークにも「伝統的首長」はいる。だが、ピンスカーが指摘するように、ポーンペイ島民は「ポーンペイ州の環礁の伝統的政治体系に加え、チュークの伝統的政治体系を『低い島民』（*mehn namwanamw*）の体系として分節化する傾向にある。それら地域の首長は、ポーンペイ〔島〕の最高首長と同等ではない」［Pinsker 1997: 174］。それゆえ、ポーンペイ島民から成る委員会は、チュークには「カーラップ」はいないと理解したのである。

委員会による参加者の区別は、ミクロネシアの他地域の伝統的指導者を歓待するうえで重要な役割を果たした。委員会は、ポーンペイ島の最高首長を含む「カーラップ」の地位を損なわないようにした。この目的に沿って、委員会は式典のプログラムの予算編成を検討した。また、そのうちの何人かは会場の下見を行った。さらに、彼らは、あらかじめ種類と量を定められた儀礼財を用意することを三つの首長国（マタラニーム、ウー、キチー）に求めた。そして残り二つの首長国（ネッチ、ソケース）は送別の式典を担当することになった(6)。

3　敬意表現Ⅰ――座席の配置

二〇一二年一一月二〇日午後三時、州都コロニアにあるポーンペイ州庁舎の建物の前の駐車スペースで、歓迎の式典が始まった。委員会は式典会場に祭宴堂を選ばなかった。その代わりに彼らは、駐車スペースに備えられたテントと建物の入口前にある階段の段差を利用して、祭宴堂のような座席の配置をつくり出した。つまり、建物の入口前のスペースを祭宴堂の正面床に見立て、三つのテントを側面床に見立てたのである。テントは、スタッフと招待客のために一張と、多くの見物人のために二張が割り当てられた。仮の正面床には「カーラップ」の座席としてプラスチック製の椅子が配置された。そして、代表団がポーンペイ島に到着し、会場はその訪れを待つばかりとなった。

ここで、客人側と主人側の大体の構成を説明しておきたい。

客人側では、翌日に到着するパラオの代表団のみならず、北マリアナの代表団も歓迎式典を欠席した。そのため、この日の式典では、ヤップ、マーシャル、チューク、コスラエの代表団がポーンペイ島民側に迎えられることになった。

主人となるポーンペイ島民側に目を向けると、式典担当の三つの首長国（マタラニーム、ウー、キチー）の最高首長のうち、マタラニームの最高首長のみが欠席した。その代理として、マタラニーム首長国の最高首長系統・第四位の称号ノース（*Noahs*）を持つ人物が出席した。これらの首長国からは、ウー首長国の副最高首長、最高首長夫人、キチー首長国の最高首長夫人、副最高首長夫人も参加した。加えて、ソケース首長国からは、最高首長、副最高首長、最高首長夫人、副最高首長夫人が参加した。ネッチ首長国からは、最高首長や副最高首長の参加はなかった。また、ポーンペイ島の離島（サプアフィックとピンゲラップ）の最高首長も式典には姿を見せなかった。

代表団を乗せた自動車が会場に到着すると、司会の男がマイクを使って、英語とポーンペイ語の両方で代表団のメンバーの名前と肩書きを呼び上げていった。それに続いて、アナウンスされた順番にメンバーが会場へと案内された。彼らは、あらかじめ配置された座席に着いた（図3―1）。仮の正面床には、主催者のポーンペイ島民

図 3-1　歓迎式典における座席の配置

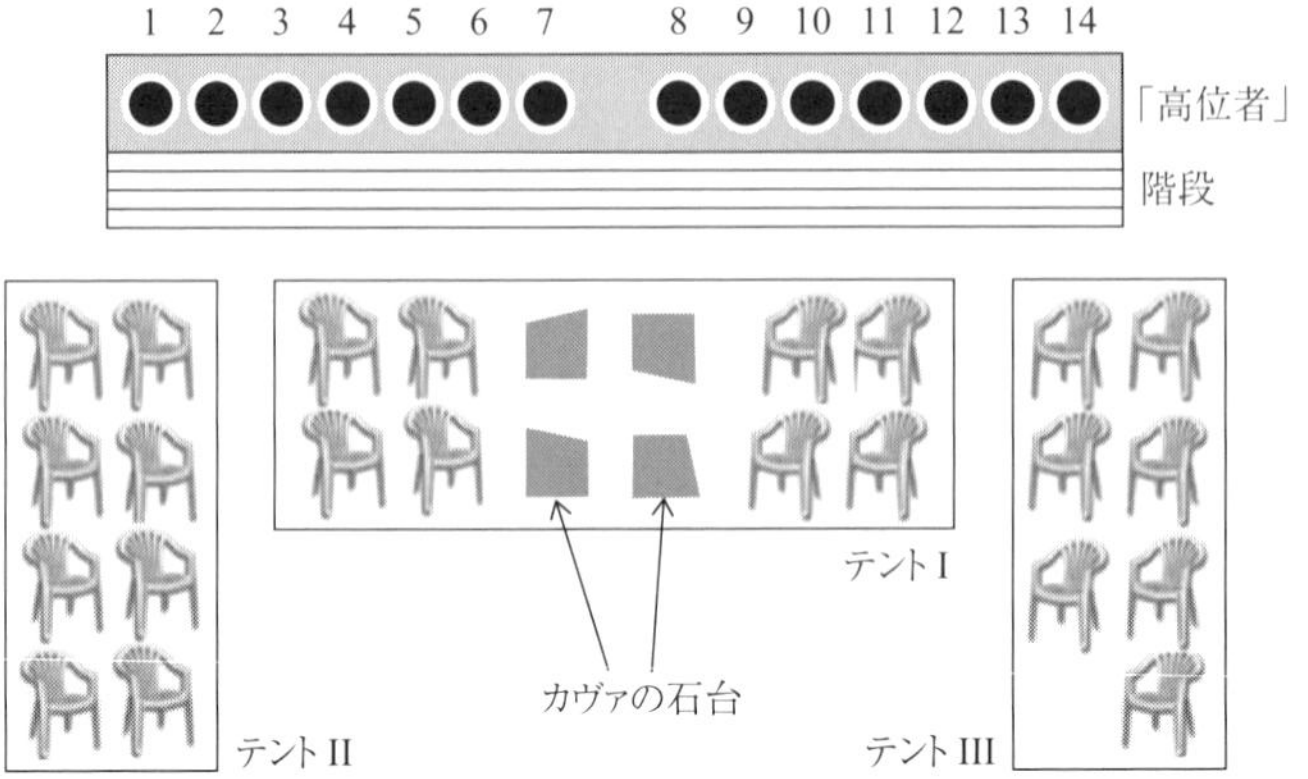

≪高位者≫

1 女性首長イシグロ（マーシャル）
2 副最高首長夫人（ソケース首長国）
3 副最高首長夫人（キチー首長国）
4 首長ロヤック夫人（マーシャル）
5 最高首長夫人（ソケース首長国）
6 最高首長夫人（キチー首長国）
7 最高首長夫人（ウー首長国）
8 最高首長（ウー首長国）
9 最高首長（キチー首長国）
10 最高首長（ソケース首長国）
11 高位称号保持者（マタラニーム首長国）
12 首長ロヤック（マーシャル）
13 首長サラガン（ヤップ）
14 副最高首長（ソケース首長国）

≪テントⅠ≫

・コスラエ代表、チューク代表、副最高首長（ウー首長国）、ポーンペイ州知事、最高裁判所長官
・評議会の報告者、首長国の成員：司会・カヴァ搗きなど（マタラニーム、ウー、キチー）

≪テントⅡ、Ⅲ≫：その他の見物人

による誘導を介して、ミクロネシアの「高位者」たちが着座した。ポーンペイ島の各首長国の最高首長・副最高首長・最高首長夫人・副最高首長夫人、ヤップの首長、マーシャルの男性首長と女性首長である（写真3—2）。正面床の奥間に座る人物たちは他の参加者を「見下ろす」位置につくことになる。図3—1を見てみよう。1～7の人物は女性であり、8～14の人物は男性である。「慣習の側」のコンテクストにおいて、男性側の最高位にあたる人物は、最も中央に近い位置に座るウー首長国の最高首長（図3—1における人物8）である。中央から外れていくにしたがって儀礼的な地位は相対的に低くなっていくものの、8～14の人物たちはほぼ対等とみなされている。女性の側でも同様に、ウー首長国の最高首長

夫人（図3—1における人物7）が最高位であり、中央から外れていくにつれて低位となるが、彼女らもまたほぼ同等とみなされている。

だが、他の代表団（チューク、コスラエ）のメンバーは正面床ではなく、テントⅠのなかに用意された椅子に着座するよう案内された。加えて、ポーンペイ州の知事や最高裁判所長官など、ポーンペイ州の政治家や高官もテントⅠに案内された。そして、一般の見物人にはテントⅡとⅢがあてがわれた。こうした席次は、この日の歓待のあり方に影響を及ぼしていた。

4　敬意表現Ⅱ——カヴァ飲料の給仕

写真 3-2　仮の祭宴堂の奥間に着座する他地域の伝統的指導者

マタラニーム、ウー、キチーの三つの首長国は、一五本のカヴァを用意する責を負った。これらの首長国のメンバーは、カヴァを用意するにあたり、サミットの予算から補助金をもらっていた。何人かの男性スタッフがカヴァ飲料の準備を行った。大きな石台の上でカヴァの根を叩き潰し、オオハマボウの樹皮を用いてカヴァの根から液体を絞り取り、ココヤシ殻の杯にカヴァ飲料を注ぐという作業である。

最初の四絞りのカヴァは、祭宴における慣例に従って、その場に居あわせた人物のうち最も「名誉を認める」べき者たちに捧げられる。この作法は首長国ごとに異なるスタイルで行われる。この日の式典では、ウー首長国の最高首長がその場における最高位者とみなされていたため、ウー首長国のスタイルが採用された。ウー首長国の給仕スタイルの場合、一絞り目は最高首長へ、二絞り

表3-3　式典におけるカヴァ飲料の給仕

杯の順番	受領者
1絞り目	ポーンペイ島の最高首長 マーシャル諸島の男性首長 ヤップ本島の首長
2絞り目	ポーンペイ島の副最高首長
3絞り目	ポーンペイ島の最高首長夫人 ポーンペイ島の副最高首長夫人 マーシャル諸島の女性首長
4絞り目	ポーンペイ島の最高首長 マーシャル諸島の男性首長 ヤップ本島の首長

目は副最高首長へ、三絞り目は最高首長夫人と副最高首長夫人へと、それぞれカヴァ飲料の杯が献上される。そして最後の四絞り目は最高首長へと「戻ってくる」。これによって最高首長の権威が確認される。

表3—3はこの日の式典におけるカヴァ飲料の給仕の順番を示したものである。一絞り目の杯を手にした男性スタッフたちは、ポーンペイ島の最高首長、マーシャルの男性首長、ヤップの首長に同時にその杯を献上した。彼らは「カーラップ」とみなされた人物たちであった。二絞り目の杯は、ポーンペイ島の副最高首長たちに捧げられた。三絞り目の杯は、ポーンペイ島の最高首長夫人、副最高首長夫人、マーシャルの女性首長に対して同時に献上された。四杯目は、一杯目と同様に「カーラップ」に献上された。

こうした四絞りのカヴァ飲料の献上は、ポーンペイ島の最高首長の権威のみならず、マーシャルの男性首長とヤップの首長の権威を参加者たちに対して視覚的に印象づけたといえる。他方、これらの貴重な杯の献上は、その他の地域の代表団のメンバーには行われなかった。この点において、この歓待の実践は「カーラップ」を有する地域には開かれているが、同時に「カーラップ」を有さない地域には閉じられたものであったといえる。

5　敬意表現Ⅲ——儀礼財の再分配

この式典における儀礼財の再分配のために、委員会は一万八〇〇〇ドルの予算を組み、四五本のカヴァと、四五個のココヤシ葉製大型バスケットを用意した。後者には、石焼きにした一頭のブタが丸々入れられていた[7]。この準備にあたり、マタラニーム、ウー、キチーの三つの首長国がそれぞれ一五本のカヴァと一五個の大型バスケットを用意する責務を負った。

当日のカヴァの再分配の順番は表3―4に示すとおりである。以下の順番で、欠席した最高首長にも再分配が行われた。(1)ポーンペイ島とポーンペイ離島の最高首長、(2)マーシャルの男性首長とヤップの首長、(3)ポーンペイ島の副最高首長、(4)最高位の女性たち（ポーンペイ島の最高首長夫人、副最高首長夫人、マーシャルの女性首長）、(5)ポーンペイ州の行政組織、(6)マタラニーム、ウー、キチー首長国の「高位者」。

他方、ココヤシ葉製大型バスケットの再分配の順番は、表3―5に示したとおりであり、以下の順番で再分配された。(1)ポーンペイ島とポーンペイ離島の最高首長、(2)ポーンペイ島の副最高首長と最高首長夫人、(3)式典に参加した代表団のうち「カーラップ」を有する代表団（マーシャルとヤップ）、(4)「カーラップ」を有さない代表団（コスラエとチューク）及び、「カーラップ」を有するが欠席した代表団（パラオ）、(5)ポーンペイ州の行政機構、(6)ポーンペイ島の五つの首長国の参加者たち（舞踊集団なども含む）。

いずれの場合も、欠席した最高首長（マタラニーム首長国とネッチ首長国の最高首長、およびピンゲラップとサプアフィックという二つの離島の最高首長）を含めたポーンペイ本島及び離島すべての最高首長に対して、優先的に再分配がなされていた。その際、再分配における首長国同士の順番は、神話や伝承によって知られる成立時期の早さにもとづく首長国間の格づけを反映していた――マタラニーム、ウー、キチー、ソケース、ネッチの順である。また、カピンガマランギ、ヌクオロ、モキルという三つの離島はポーンペイ州内にありながらも、それらが最高首長を擁さないという理由により、呼び上げによる言及や再分配の対象とはならなかった。

他方、「カーラップ」のいないコスラエとチュークの代表団は、カヴァの再分配を受けなかったが、ココヤシ

表 3-4　式典におけるカヴァの再分配

順番	受領者の地位	受領者の帰属	呼び上げの表現
1	至高神	ポーンペイ島	大いなる神（*enihlap*）
2	最高首長(欠席)	マタラニーム首長国	イシパーウのお召し上がり物（*koanoat Isipahu*）
3	最高首長	ウー首長国	サーンゴロのお召し上がり物（*koanoat Sahngoro*）
4	最高首長	キチー首長国	ソウキセのお召し上がり物（*koanoat Soukis*）
5	最高首長	ソケース首長国	ナンプチャック・ピキニヤップのお召し上がり物（*koanoat Nanpwutak Pikeniap*）
6	最高首長(欠席)	ネッチ首長国	ポウト・レペン・ネッチのお召し上がり物（*koanoat Pwoud Lepen Nett*）
7	最高首長(欠席)	ピンゲラップ(離島)	トーカサのお召し上がり物（*koanoat Doakoasa*）
8	最高首長(欠席)	サプアフィック(離島)	ペイウェイレンのお召し上がり物（*koanoat Peweileng*）
9	男性首長	マーシャル	イロージ・ラプラプ（*Iroiji Laplap*）
10	首長	ヤップ	ヤップ州の首長（*Chief of State en Yap*）
11	副最高首長	ウー首長国	ウー〔首長国〕のイソ・ナーニケンのお食事（*sahk Iso Nahnken U*）
12	副最高首長	ソケース首長国	ソケース〔首長国〕のイソ・ナーニケンのお食事（*sahk Iso Nahnken Sokehs*）
13	副最高首長	ネッチ首長国	ネッチ〔首長国〕のイソ・ナーニケンのお食事（*sahk Iso Nahnken Nett*）
14	最高首長夫人	ウー首長国	ウー〔首長国〕のリケンドのお召し上がり物（*pwenieu Likend U*）
15	最高首長夫人	キチー首長国	キチー〔首長国〕のナーナレックのお召し上がり物（*pwenieu Nahnalek Kitti*）
16	最高首長夫人	ソケース首長国	ソケース〔首長国〕のナーナレックのお召し上がり物（*pwenieu Nahnalek Sokehs*）
17	女性首長	マーシャル	レロージ・イシグロ（*leroiji Isiguro*）
18	副最高首長夫人	ウー首長国	ウー〔首長国〕のナーニケニエイのお食事（*sahk Nahnkeniei U*）
	→ 州知事へ贈与	ポーンペイ州	
19	副最高首長夫人	キチー首長国	キチー〔首長国〕のナーニケニエイのお食事（*sahk Nahnkeniei Kitti*）
20	副最高首長夫人	ソケース首長国	ソケース〔首長国〕のナーニケニエイのお食事（*sahk Nahnkeniei Sokehs*）
21	国家政府	ミクロネシア連邦	お召し上がり物からの分け前、国家政府（*kepin koanoat* National Government）
22	州政府	ポーンペイ州	お召し上がり物からの分け前、州政府（*kepin koanoat* State Government）
23	行政区政府	行政区	お召し上がり物からの分け前、ローカル政府（*kepin koanoat* Local Government）
24	最高首長系統第２位	キチー首長国	お召し上がり物からの分け前、キチー〔首長国〕のワサーイ（*kepin koanoat Wasahi Kitti*）

25	副最高首長系統第2位	マタラニーム首長国	お召し上がり物からの分け前、マタラニーム〔首長国〕のナーライム（*kepin koanoat Nahlaimw Madolenihmw*）
26	最高首長系統第4位	マタラニーム首長国	お召し上がり物からの分け前、マタラニーム〔首長国〕のノース（*kepin koanoat Noahs Madolenihmw*）
27	最高首長系統第4位	ウー首長国	お召し上がり物からの分け前、ウー〔首長国〕のノース（*kepin koanoat Noahs U*）
28	不明	キチー首長国	ソウマタウのお食事（*sahk Soumadau*）
29	最高首長系統第3位	キチー首長国	お召し上がり物からの分け前、キチー〔首長国〕のタオク（*kepin koanoat Dauk Kitti*）

葉製大型バスケットの際には、マーシャルやヤップの直後に再分配を受けた。さらに、ココヤシ葉製大型バスケットの再分配は、行政機構や他の住民にも開かれていた。こうした微細な差異は見られるものの、概して式典のスタッフは、代表団ではなく、式典に参加した「カーラップ」を、より「名誉を認める」べき重要な客人として扱った。

この再分配の実践において、二つの特徴的な礼節技法を指摘することができる。それは、客人がポーンペイ島社会の位階称号を保持しているか否かにかかわらず、式典の主要な参加者たちに対する円滑な再分配を可能にした技法である。第一に、他地域の伝統的指導者への再分配の際、分配役となった司会の男性は、ポーンペイ島社会の称号ではなく、他地域の「伝統的」称号を呼び上げた。たとえば、表3―4と表3―5に見られる「イロージ・ラプラプ」（*Iroij Laplap*）や「レロージ・イシグロ」（*Leroji Isiguro*）である。

第二に、司会の男性は、ポーンペイ島の称号の代わりに、英語で表記される行政上の役職名や、公的な集団の組織名も用いた。たとえば、表3―4と表3―5に見られる「パラオの代表団」（Delegation of Palau）や「最高裁判所長官」（Chief Justice）という表現がそうである。このような表現をとおして、司会は、他地域の伝統的指導者や公的な集団をポーンペイ島の称号保持者と同じように扱った。他地域の称号を用いるという第一の技法は、「カーラップ」を有する地域とそれを有さない地域という新たな弁別を生み出すものでもあった。とはいえ、そのよう

表 3-5　式典におけるココヤシ葉製大型バスケットの再分配

順番	受領者の地位	受領者の帰属	呼び上げの表現
1	最高首長(欠席)	マタラニーム首長国	イシパーウのお召し上がり物（*koanoat Isipahu*）
2	最高首長	ウー首長国	サーンゴロのお召し上がり物（*koanoat Sahngoro*）
3	最高首長	キチー首長国	ソウキセのお召し上がり物（*koanoat Soukise*）
4	最高首長(欠席)	ソケース首長国	ナンプチャック・ピキニヤップのお召し上がり物（*Koanoat Nanpwutak Pikeniap*）
5	最高首長(欠席)	ネッチ首長国	ポウト・レペン・ネッチのお召し上がり物（*Koanoat Pwoud Lepen Nett*）
6	最高首長(欠席)	ピンゲラップ(離島)	トーカサのお召し上がり物（*koanoat Doakoasa*）
7	最高首長	サプアフィック(離島)	ペイウェイレンのお召し上がり物（*koanoat Peweileng*）
8	副最高首長	ウー首長国	ウー〔首長国〕のイソ・ナーニケンのお食事（*sahk Iso Nahnken U*）
9	副最高首長	ソケース首長国	ソケース〔首長国〕のイソ・ナーニケンのお食事（*sahk Iso Nahnken Sokehs*）
10	副最高首長	ネッチ首長国	ネッチ〔首長国〕のイソ・ナーニケンのお食事（*sahk Iso Nahnken Nett*）
11	最高首長夫人	キチー首長国	キチー〔首長国〕のナーナレックのお召し上がり物（*pwenieu Nahnalek Kitti*）
12 13	男性首長 代表団	マーシャル	イロージ・ラプラプ・コタックとマーシャル代表団（*Iroiji Laplap Kotak oh* Delegation en Marshall）
14	首長とヤップ州	ヤップ	首長サーガンとヤップ州（Chief Thagarn *oh* State of Yap）
15	代表団	コスラエ	コスラエ代表団（Delegation of *Kusai*）
16	代表団	チューク	チューク州（*Ruk*, State of Chuuk）
17	代表団(欠席)	パラオ	パラオ代表団（Delegation of Palau）
18	国家政府	ミクロネシア連邦	お召し上がり物からの分け前、国家政府（*kepin koanoat* National Government）
19	知事と行政部門	ポーンペイ州	州知事と行政部門（*kepina oh pali en* Executive）
20	議長と議会	ポーンペイ州	議長と議会の側（Speaker *oh pali en Koasoaned*）
21	裁判所長官と最高裁判所	ポーンペイ州	最高裁判所長官と最高裁判所（Chief Justice *oh Mwaren Kopwong*）
22	会計監査人	ポーンペイ州	会計監査人（Public Auditor）
23 24	高位称号保持者 首長国の成員	マタラニーム首長国	お召し上がり物からの分け前、ノースとマタラニーム首長国（*kepin Koanoat Noahs oh Wehi Madolenihmw*）
25 26	高位称号保持者 首長国の成員	キチー首長国	お召し上がり物からの分け前、ソウマタウ、ワサーイ、レペン・マル、キチー首長国（*kepin koanoat Soumadau Wasahi, Kitti Lepen Moar oh wehi Kitti*）
27 28	高位称号保持者 首長国の成員	ウー首長国	お召し上がり物からの分け前、ノースとウー首長国（*kepin koanoat* Noahs *oh wehi U*）
29	首長国の成員	ソケース首長国	ソケース首長国（*wehi Sokehs*）
30	首長国の成員	ネッチ首長国	ネッチ首長国（*wehi Nett*）

31	伝統舞踊集団	マタラニーム首長国	舞踊集団（*pwihn en Kahlek*）
32	伝統舞踊集団	ウー首長国	舞踏集団（*pwihn en Kahlek*）
33	コロニアの住民	州都コロニア	コロニア・タウン（Kolonia Town）
34	治安部門	ポーンペイ州	治安部門（Public Safety）
35	不明	不明	不明
36	サミット実行委員会	ポーンペイ州	小委員会（*kisin komidi*）
37	プロパンガスの従業員	ポーンペイ州	プロパンガス担当（*pwihn en* Prop Gas）
38	残りの若者	式典参加者	若者（*mahnakapw*）
39			

な表現によって、ポーンペイ島の称号を持たない「高位者」が複数参加する式典において、ポーンペイ島の称号体系に基礎づけられる儀礼財の再分配による歓待を円滑に行うことが可能になっていたといえる。このようなやり方で、主催者のポーンペイ島民たちは、首長制と称号体系の論理を延長することによって、ポーンペイ島の最高首長の権威を保ちつつ、その権威下において他地域の伝統的指導者や代表団を効果的にもてなすことができたのである。

6　敬意表現Ⅳ——花冠の授与における混乱

マタラニーム、ウー、キチーの三つの首長国の女性スタッフは、花冠に加え、三〇瓶のココヤシ油（*leh*）を用意した。カヴァの再分配の後、女性スタッフたちは招待客のあいだを歩いて回り、花冠を載せ、ココヤシ油を塗布した。だがここで、想定外の事態が起こった。一人の女性スタッフがソケース首長国の最高首長夫人の頭の上に花冠を載せた時、その最高首長夫人はそれを拒み、「遅い」（*pwand*）と叫んで怒りを露わにした。そして、彼女は夫である最高首長を連れて、式典の場を立ち去ってしまったのだ。

ソケースの最高首長はそれから四日後の送別式典における演説の際、この出来事について触れながら、次のようなことを述べた。それは、マタラニーム、ウー、キチーの三首長国が歓迎式典を担当し、ソケースとネッチの二首長国が送別式典を担当するという分担があったとはいえ、ソケースとネッチがマタラニーム、ウー、キチーよりも下位にあるなどということは一度たりともありえない、という趣旨であった。首長国間には神話と伝承にもとづく儀礼的な格づけがあるにもかかわらず、その格づけに従ってマタラニーム首長国の最高首長がポーンペイ島で最高位だという理解とは異なる解釈もある。ソケース首長国の最高首長の演説にあったように、各首長国の最高首長同士は対等であるという解釈も現地には見られるのである。少なくともフィールドワークにおいて私が聞き取った限りでは、双方の語りは発話者の立場性を反映しており、前者の語りは概してマタラニーム首長国の住民から、後者の語りはそれ以外の首長国の住民から、それぞれ聞かれる傾向にあった。したがって、すべての最高首長をポーンペイ島における最高位の人物として扱うのか、マタラニームの最高首長だけを最高位の人物として扱うのかは、しばしば難しい問題として浮上する。

ソケース首長国の最高首長夫人が式典で怒りを露わにした際にも、首長国間の序列をめぐる葛藤が見え隠れした。カヴァ飲料の三絞り目の際に最高首長夫人たちがほぼ同じタイミングで杯の給仕を受けたのとは対照的に、花冠の授与に際してはタイミングの差が生まれてしまったのだ。実際には、女性スタッフたちが一列になって花冠を順番に頭に載せていったために、ソケース首長国の最高首長夫人の順番がウー首長国やキチー首長国の最高首長夫人よりも目に見える形で遅くなったという偶然の出来事でしかない。だが、その「遅れ」こそが、地位の差異をめぐる感情を揺さぶったのである。

花冠の授与やカヴァ飲料の給仕といった地位を可視化する実践は、一方では高貴な客人に対して好意的に敬意を示す歓待の実践である。だが同時に他方では、この事例が示すように、誰がどのような順番でそれを受け取るのか、すなわち歓待空間において誰にどのくらい権威や「名誉」が認められるのか、という一時的な序列をめぐる微細なポリティクスを孕んでしまう。

他地域の伝統的指導者たちは、あたかも「最高首長」に準ずる者として扱うという操作的な技法を介して、ポーンペイ島の最高首長の権威下において客人として迎えられうる。しかし、地域を超えた歓待の場では、各々の首長国ではなくポーンペイ島社会全体が主人側となるため、一人の最高首長のみならず、複数の最高首長が同時に参加する場面も必然的に生じる。外部者との政治的な出会いにおいてはポーンペイ島の最高首長も一人ではない。このような状況下においては、最高首長間の序列や首長国間の関係を同時に意識しなければならず、単線的にしか身分階層秩序を可視化できない儀礼実践とのあいだで葛藤が生じるのである。

7　複数の敬意表現の関係性

ＣＰＩＴＬの歓迎式典では、少なくとも五つの敬意表現の儀礼的手続きが取られた。この式典には最高首長が出席したことから、ポーンペイ島の位階称号にもとづく対面的相互行為のフレームにもとづく敬意表現が指向された。この敬意表現を達成するうえで、ポーンペイ島の位階称号では評価できない他地域の伝統的指導者をどのように扱うのかが最初の問題であった。つまり、他地域の伝統的指導者という異なる基準の地位が「あふれ出し」、位階称号にもとづく相互行為秩序のフレームを揺さぶったのである。この問題に対して、実行委員会は他地域の伝統的指導者を「カーラップ」と同定することによって、他地域の伝統的指導者の地位をポーンペイ島の最高首長に準ずる位階保持者の地位へと一時的に変換し、ポーンペイ島の位階称号にもとづく相互行為のフレームに組み入れたのである。

このような変換にもとづく複数の敬意表現はいかに組みあわされたのか。その答えは以下の三点に集約される。第一に、座席の配置、カヴァ飲料の給仕、カヴァの再分配という三つの手続きは、「カーラップ」の地位が他の参加者の地位に優先することを示していた。加えて、座席の配置とカヴァの再分配は「カーラップ」同士のあいだの単線的な序列を可視化した。とりわけ、カヴァの再分配は、式典を欠席した最高首長（ポーンペイ島とポーンペイ離島の両方）を含むことによって、ポーンペイ本島及び離島の伝統的首長が、ミクロネシア地域の他の場所の伝統的指導者よりも優先権を持つことを示した。

第二に、カヴァ飲料の給仕は、身分階層秩序を示すのみならず、居あわせた参加者のあいだに平等性の感覚を創出した［cf. Petersen 1995］。実際のところ、この儀礼的手続きは、「カーラップ」に対してのみカヴァ飲料を給仕することによって、他の参加者に対する「カーラップ」の優越性を強く強調していた。同時に、客人の「カーラップ」はポーンペイ島の最高首長とほぼ同等であることが示された。このようにして、カヴァ飲料の給仕は、ヤップとマーシャルの伝統的指導者に対する多大な尊敬をメッセージとして伝えた。身分階層秩序を露わにする手続きは、平等性の感覚を創出しようとする手続きと矛盾しているように思える。だが、私がここで強調したいのは、これら二つの手続き――座席の配置とカヴァ飲料の給仕――によってこそ、ポーンペイ島の最高首長とそれ以外の伝統的指導者を別々に扱うことなく、両者に対して同時に敬意表現を示すことが可能になっていたという点にある。

第三に、伝統的指導者とは異なる参加者たちにも敬意表現は向けられた。ココヤシ葉製バスケットの再分配は、欠席した首長や他地域の代表団や政府の要人までをも含んだ参加者たちのあいだに単線的な序列を顕在化させただけではなく、ポスト植民地時代のミクロネシア地域において要人とみなされる人物が、ココヤシ葉製バスケットを受けとるうえでほぼ同等の権利を有していたことも確認させた。また、花冠の授与の偶然的な遅れがポーンペイ島の最高首長たちのあいだに互いの優劣をめぐる感情を呼び起こしたという一方で、この花冠を配るという手続きは、さまざまな参加者たちに機会の平等性という感覚を伝えることによって、ミクロネシア全域という地域的なコンテクストにおいて承認されるべき参加者の多くに対して「名誉を認める」ものであった。

主人としてのポーンペイ島民側がこれらの多様な客人への適切な敬意表現を行うことを可能にしたという点に

着目すると、彼らの歓待実践の特徴は、少なくとも二つある。一つ目は、現代ミクロネシア社会において異なる伝統的指導者との政治的な出会いに直面した際の、ポーンペイ島民による歓待の儀礼的手続きにおける柔軟さにかかわる。もう一つは、参加者間の「名誉」と平等性について儀礼的手続きが伝える複雑なメッセージにかかわる。後者は、客人としての他地域の代表団へと敬意を示せば、主人としてのポーンペイ島の最高首長に敬意を示すのが困難である、ということである。

ポーンペイ島社会の歓待実践における手続きの柔軟さという点に関して、会場となったポーンペイ州庁舎がより大きな近隣島嶼間関係にかかわる場として選ばれたにもかかわらず、委員会のメンバーは「あたかも」コの字型の祭宴堂であるかのように、座席を配置した。彼らはそれによって、位階称号にもとづく対面的相互行為の条件をつくり出し、ポーンペイ島の最高首長を最高位者として扱った。加えて、祭宴のスタッフは、異なる地域の伝統的指導者に一絞り目のカヴァ飲料を給仕したり、儀礼財を再分配したりするなど、彼らを「あたかも」ポーンペイ島の最高首長に準ずる者であるかのように扱った。これらの技法をとおして、ほぼすべての参加者は、ポーンペイ島の最高首長がその他の客人よりも優位にあることを再確認した。このように、異なる地位や位階を持つ人物が参加する政治的な出会いの場において、ポーンペイ島民側による歓待は、異なる伝統的指導者に開かれている。それは、ポーンペイ島民側が、彼らを「あたかも」ポーンペイ島民の称号保持者であるかのように扱うことによって、最高首長の権威下に彼らを迎え入れることのできる範囲に限られる。換言すると、異なる伝統的指導者への開かれた歓待は、位階称号にもとづく対面的相互行為という、ポーンペイ島社会に特有な祭宴の方式を延長することによって可能になったといえる。

敬意表現と平等性をめぐる問いに関して、主人としてのポーンペイ島民側は、「カーラップ」とその他の参加者という弁別にもとづく、少なくとも五つの手続きを演じてきた。すなわち、座席の配置、カヴァ飲料の給仕、カヴァの再分配、ココヤシ葉製バスケットの再分配、花冠の授受である。これらの手続きは、ポーンペイ島内外の多様な参加者のあいだに身分階層秩序と平等性をめぐる感情の機微を伝えた。なかには互いに矛盾する手続きもあったが、むしろそれらが組みあわさることによって、さまざまな参加者たちの関係において身分階層秩序と平等性が同時に達成された。

ポーンペイ島民による歓待実践のこうした柔軟さは、ポーンペイ島民以外の多様な参加者に対して適切な敬意表現を示すことに役立った。ところが、同時に最高首長の「面目」の保持は二つの点で困難なものとなった。一つ目の点は、「カーラップ」としてのポーンペイ島の最高首長の地位が不安定であるということである。ポーンペイ島の最高首長が首長国の境界を越えて式典に参加し、さらには式典の委員会が他地域の伝統的指導者を同じく「カーラップ」とみなしたために、式典には普段の祭宴よりもかなり多くの「カーラップ」が姿を見せた。結果として、ポーンペイ島以外の社会出身の「カーラップ」への配慮が過剰に「あふれ出す」結果として、式典におけるポーンペイ島の最高首長の地位は、自らの首長国における「カーラップ」としての至高の地位からは遠いものとなってしまったのである。

第二の点は、異なる伝統的指導者との政治的な出会いにおけるポーンペイ島の最高首長の権威にかかわる。式典において、最高首長夫人が偶然にも遅れて受け取った花冠は、ポーンペイ島の最高首長夫人の地位をめぐる潜在的な序列を揺るがした。ポーンペイ島民は普段、首長国間の儀礼的な格づけを意識しない。なぜなら、すべての最高首長が同じ時間・同じ場所に会することは滅多にないからである。その意味で、首長国という単位を超えない通常の祭宴における相互行為において、最高首長同士の格づけは「括弧入れ」されている。ところが、州や連邦国家、もしくはミクロネシア地域という政治の水準では、複数の最高首長が他地域の伝統的指導者とともに、祭宴や行事に出席する。この時、歓待のスケールは、単一の首長国を基盤にしたものから、五つの首長国を一つにまとめたものへと移行せざるを得ない。その移行によって、「括弧入れ」されていたはずの最高首長間の格づけという要素が「あふれ出し」、多数の最高首長が同時に居あわせる局面における個々の最高首長の地位と権威という問題が浮上してしまう。その結果、対面的相互行為のフレームは緊張せざるを得ない。そうした緊張のなかでは、最高首長を彼ら自身の首長国における「最高」（paramount）の意味で扱うべきか、それともミクロネシア地域というコンテクストにおいてポーンペイ島全体の象徴的存在として扱うべきなのか、という二者択一の難題が突きつけられているのである。このように、歓待におけるスケールの移行は、客人のみならず主人を扱うやり方に関しても、フレームの転換を迫るものであった。

四　外国の要人への歓待

ポーンペイ島の最高首長に重ねあわせることのできた近隣島嶼社会の伝統的指導者とは異なり、首長位や称号による重ねあわせが容易にできない諸国家の要人を迎え入れるに際して、ポーンペイ島民はいかに彼らを歓待しているのだろうか。以下では、アメリカ大使や国際協力機構の職員の事例をもとに検討を行う。

最初に扱う事例は、二〇一二年九月六日にアメリカ大使を招いて開かれたネッチ初等学校の改築記念式である。学校の改築自体は、自由連合協定を背景とするアメリカ側からの経済援助によって可能となった。アメリカ政府はこの学校の他に、ポーンペイ州で二つの初等学校、コスラエ州で二つの初等学校の改築に援助を行った。これらの初等学校の改築費用として投じられた金額は、ポーンペイ州の三つの初等学校で六〇〇万ドル超、コスラエ州の二つの初等学校で六七〇万ドルであった［Embassy of the United States Kolonia, Micronesia 2012］。この日に催された記念式は、初等学校の改築を祝福し、アメリカ側からの援助に感謝するための催しであった。

写真 3-3　カヴァ飲料の杯を受けるアメリカ大使の白人女性（この写真は映像から切り取ったものである）

　記念式は初等学校の校庭で行われ、ポーンペイ州知事やネッチ首長国の副最高首長による演説、アメリカ大使やポーンペイ州知事夫人らの女性によるリボン・カッティングなどを中心に進行した。それらが終わると、初等学校の構内にある祭宴堂において、アメリカ大使やその他の参加者をもてなすための昼食とカヴァ飲料の給仕の時間が設けられた。ネッチ首長国の最高首長は臨席せず、コの字型の祭宴堂の奥間の中央に用意された椅子には、同首長国の副最高首長が他の参加者を見渡すように座り、「(他の参加者を)見下ろす」位置を占めた。その他に「見下ろす」位置に座ったのは、ポーンペイ州知事[8]のほか、ネッチ首長国の高位称号保持者四名であった。アメリカ大使の女性は、「見下ろす」位置ではなかったが、祭宴堂の奥間の一角に他のやや高位の女性とともに着座するよう案内された。

　記念式に先立って、ネッチ首長国内の各村には一村につき一本のカヴァに加え、石焼きにしたブタなどを詰めたココヤシ葉製のバスケットを用意する義務が課された。同様に、参加者はそれぞれに、昼食を詰めたお盆を一家族につき一つ用意する義務を課された。このようにして集められたカヴァや昼食の再分配がもてなしの中心となった。

　再分配のためにカヴァが祭宴堂に運び込まれると、ネッチ首長国の高位者が演説し、続いて同首長国の副最高首長が演説をした。副最高首長は演説のなかでアメリカ大使への感謝を示し、カヴァ飲料が入ったココヤシ殻の杯を彼女に差し出した(写真3—3)。彼女がその杯を受けとって自ら飲むという手続きをとおして、副最高首長はネッチ首長国の名誉称号を彼女に与えたのであった。すると、高位の名誉称号をもらったアメリカ大使は、副最高首長らと並んで他の参加者を「見下ろす」位置への移動を促され、その位置に座ることになった。さらに、カヴァ飲料の杯が献呈される際、アメリカ大使は副最高首長夫人の次に杯を差し出された[9]。このように、副最高首長はポーンペイ島民を代表するような形でアメリカ大使に称号を授与し、彼女が「あたかも」ポーンペイ島の高位称号保持者であるかのように待遇したのであった。

他方、そうした高次の政治的コンテクスト以外の場に目を向けると、たとえば白人や日本人が村人からの誘いによって祭宴の場に姿を現す時、これらの外国人に対してポーンペイ島民が敬意表現を示すこともある。しかし、位階称号にもとづく祭宴の相互行為において、称号を持たない外国人に敬意表現をすることはできない。つまり、ここでも外国人という要素が祭宴の場に「あふれ出し」ており、祭宴の当事者たちは「あふれ出し」を相互行為のフレームに取り入れなければならない。そこでしばしば取られる方法が、外国人という属性を「あたかも」称号のように扱うことで「あふれ出し」を変換し、位階称号にもとづく敬意表現を外国人にも行うというものである。たとえば、ポーンペイ島で働く国際協力機構の日本人職員などが「村の祭宴」に参加した場合、位階称号の代わりに、「日本人」（*mehn Sapahn*）や「日本の男」（*ohl en Sapahn*）、「日本の女」（*lih en Sapahn*）といった呼び上げを通じて食事やブタ肉が再分配されるという例を、私は何度も目撃した。

その際、たとえ国際協力機構の職員などであっても、彼らが援助関係者であるという事実ではなく、むしろわざわざ村に来てくれたという訪問の事実に対する感謝と敬意に従った待遇を受けていた。経済援助というコンテクストでは、初等学校の改築の際に副最高首長がアメリカ大使の功績に対して高位の名誉称号を授与したように、ポーンペイ島民が援助に対する感謝と敬意を示すために、位階称号にもとづく敬意表現を用いることはある。だが、それは援助を讃えるような特別な機会になされる敬意表現であり、「村の祭宴」というコンテクストにおいては、「外国人」（*mehn waii*）や「日本人」がわざわざ訪問してくれたという事実に対して敬意表現がなされる。

このように、近隣島嶼地域以外の外国人を迎え入れる際、ポーンペイ島民は、相手となる人物の地位や属性をその時々のコンテクストにふさわしい形で理解することによって、状況即応的な敬意表現を行っているのである。

五　ポスト植民地時代における礼節のポリティクス

本章では、ポーンペイ島民の主催者が外部者との政治的な出会いにおいて、最高首長や副最高首長のような「高位者」に「名誉を認め」ながら、いかに外部者に対して敬意表現を行っているのかという、いわば「礼節のポリティクス」の内実について検討してきた。

まず、近隣島嶼地域から来訪する伝統的指導者の迎え入れについて検討した。その結果として、本章では、他地域の伝統的指導者を「あたかも」ポーンペイ島の最高首長であるかのように読み替える敬意表現と、最高首長を彼らの上に位置づける敬意表現とを組みあわせることによって、出自を異にする他地域の伝統的指導者の地位に配慮すると同時に、ポーンペイ島の最高首長の面目を保っていることを指摘した。ここでは、多数の伝統的指導者が併存するという特異な状況ゆえに、最高首長の権威があらためて問いに付され、対面的相互行為のフレームが緊張しうるという点も指摘した。

次に、近隣島嶼地域以外の外国人の迎え入れの例として、アメリカ大使の事例と国際協力機構の日本人職員の事例について扱った。ここでは、ポーンペイ島民の側がその場での称号授与や、外国人を「あたかも」ポーンペイ島の称号保持者であるかのように扱うことによって、コンテクストに応じた地位や属性の理解にもとづく敬意表現をしていると述べた。

これらの検討から明らかなように、政治的な出会いとしての行事や式典において、ポーンペイ島の最高首長やその他の「高位者」に「名誉を認め」なければならないために、位階称号にもとづく対面的相互行為のフレームに沿って敬意表現が遂行される。だが、その際に、ポーンペイ島民の位階称号とは無関係な他地域の伝統的指導者や要人の地位に配慮しなければならないため、多様な来賓たちの職名や名前や属性という要素が「あふれ出す」。ポーンペイ島民の主催者や代表者は、多様な来賓たちの地位を「あたかも」称号であるかのように扱い、彼らをポーンペイ島民の称号保持者や最高首長であるかのように扱うことによって、位階称号にもとづく迎え入れの論理をさまざまな水準の政治的な出会いへと延長させる。ポーンペイ島民はこうした「あたかも」の技法によって、政治的な出会いの場における多様な来賓たちの不均質な地位の「あふれ出し」を変換し、ポーンペイ島の位階称号にもとづく相互行為のフレームのなかに位置づける。そのような位階称号にもとづく相互行為のフレームへの一時的な包摂を通じて、各々のコンテクストに応じた来賓たちの地位や属性への配慮は、最高首長を頂点とした身分階層秩序のなかで達成されるのである。

オセアニアのポスト植民地国家における政治的な出会いは、地位や属性において不均質な要人や伝統的指導者が接触する場であるという点で、「ローカルとナショナルとグローバルの交差点」である。とくに位階や権威を重んじる伝統的政体を現代政治体制のなかに温存させた幾つかの社会の場合、政治的な出会いにおける対面的相互行為のフレームに緊張が生じないようにするには、来賓たちの多様性を軽んじてもならないし、伝統的指導者の地位を脅かしてもならない。

本章で見てきたように、異なる伝統的指導者や外国の要人との政治的な出会いにおいていかに互いの面目を保持するのかという「礼節のポリティクス」において、島民たちの礼節行為は、来賓たちの多様性と伝統的指導者の地位の双方に配慮し、互いに異質な地位評価を一時的に共存させうる。多数の伝統的指導者が共在するという状況は、相互行為秩序という面から見れば不安定であり、緊張が生じる危うさを孕んでいる。そうしたポスト植民地時代における「礼節のポリティクス」において、ポーンペイ島民による複数の敬意表現は、「あたかも」最高首長や称号保持者に準ずる者に変換するという敬意表現のなかに顕著に見られるように、互いに異なる秩序が不可避的に接触する場の緊張を彼らなりに緩和する技法である。その点において、ポーンペイ島民による礼節の技法は、単一の権威や体系に回収されないポスト植民地時代のポーンペイ島社会の政治環境における秩序形成に一定の役割を果たすのである。

＊

第Ⅰ部では、ポーンペイ島社会の首長制とそれに特有な位階称号を、諸外国からの統治から現代に至る歴史的な展開のなかに位置づけたうえで、祭宴や行事における秩序の可視化に焦点をあわせて、今日の身分階層秩序の有り様を検討してきた。これらの章の記述と分析からは、称号と「名誉」の価値を対応づける形式作法として礼節ではなく、さまざまな地位や評価を持つ参加者に「名誉を認める」という承認行為としての礼節という側面が浮かび上がる。

今日のポーンペイ島社会における祭宴の場では、島民たちの社会的地位と社会的活動の多元性ゆえに、位階称号にもとづく秩序の可視化の局面において、彼らの地位や活動に対する評価が「あふれ出し」てしまう。そのような社会的地位や人格的評価に承認の契機をもたらす礼節行為にこそ、多元的な価値基準を生きる今日のポーンペイ島民に特有な実践論理が認められるのである。

注

(1)　小松和彦は、このような客人の両義性をめぐって「同じ社会でも時と場合に応じて、異人を歓待したり、排除したりしていたに違いない。(中略)とすれば、それに引き続いてなされねばならないのは、それぞれの社会において異人はどう処遇されたかという問題の検討、つまり各論ではないだろうか」［小松　一九九五：一五］と述べる。こうした異人歓待論は近年でも事例分析に使われ続けている。たとえば、四国遍路における接待を研究した浅川泰宏は、来訪者の身なりや読経の様子から、接待者が正統な巡礼者や異端な乞食として来訪者を解釈する過程を示した［浅川　二〇〇八］。

（2）デリダはこうした敵意を孕む歓待を「敵意ある歓待」（hostipitality）と呼ぶ。この造語は、エミール・バンヴェニスト（Emile Benveniste）の語源学的な分析にもとづく。バンヴェニストは、歓待の基語である hospes が hosts と pet に分けられることを指摘している。前者が「敵」や「異人」を指示する一方で、後者は「主人」を意味する pot と置換可能である［バンヴェニスト　一九八六：八一］。デリダの「敵意ある歓待」は、二つの用語の緊張関係にもとづきながら、〈他者〉に対する絶対的な開放性と排他的な至上権のあいだのアポリアを明らかにするための造語である［デリダ　二〇一八］。

（3）ゴッフマンによると、対面状況において相手の「面目」に配慮する「敬意表現」に加えて、自身の「面目」をつくり上げる「品行」（demeanor）も重要であり、両者はしばしば重なり合うという［ゴッフマン　二〇〇二］。ただし、ゴッフマンの「敬意表現」を受け継いだブラウンとレヴィンソンは「品行」の概念を継承していない［ブラウン／レヴィンソン　二〇一一］。

（4）ブラウンとレヴィンソンは、潜在的に相手の「面目」を侵害する可能性を孕んだ発話行為を「面目を脅かす行為」（FTA：Face Threating Act）と呼ぶ［ブラウン／レヴィンソン　二〇一一］。

（5）太平洋諸島伝統的指導者評議会は、メラネシア諸国の要人やポリネシア諸国の伝統的指導者も招待しようとした。だが、結局のところ、これらの地域からの参加はなかった。また、アメリカ領グアム、キリバス共和国、ナウル共和国の代表もこのサミットを欠席した。

（6）加えて、委員会は五日間のサミット開催期間中、島内の有名なレストランにおいて、代表団のために豪勢な昼食と夕食を用意した。

（7）予算の内訳は、一本のカヴァの準備費に一五〇ドルを、一頭のブタの購入費に二五〇ドルをあてがうというものであった。

（8）当時の州知事は、マタラニーム行政区の住人である。彼は、マタラニーム首長国の名誉称号であり、シャウテレウル王朝時代に由来する「ルーク・エン・レン・ゲイル」（*Luhk en Leng Eir*）を保持していた。

（9）最初の四杯のカヴァ飲料の給仕はとくに重要とされるが、それらの杯を献呈する順番は首長国ごとに異なる。ネッチ首長国の「慣習」では、一杯目を最高首長と副最高首長が、二杯目を最高首長夫人と副最高首長夫人が、三杯目を最高首長系統の高位者と副最高首長系統の高位者が、四杯目は再び最高首長と副最高首長が杯を献呈される［Riesenberg 1968: 108］。アメリカ大使はその称号ゆえに、二杯目のカヴァ飲料を副最高首長夫人の次に受け取った。

間奏 「外国人」から「東京のソウリック」へ(1)——称号をもらうまでの道のり

さまざまな人物評価を可視化するという礼節の技法は、「ポーンペイの仕事」の場に身を投じていた私とも無縁なものではなかった。島民でもないのに「ポーンペイの仕事」に関与しようとする私という外国人に対して、どのような呼び上げとともに物財を再分配すればよいのか——これは、彼らと私が関係性を紡いでいくうえでの一つの焦点であった。以下では、私自身がポーンペイ島民による礼節の技法と深くかかわるようになる過程を事例として、一人の外国人がいかにして「名誉を認め」られたのか、その道のりを描く。

＊

フィールドワークを始めて間もない頃、私は首長制にもとづく儀礼実践の現状を観察するために、初物献上や葬式をはじめとする祭宴の機会に参加することを望んでいた。フィールドワーク開始から三ヶ月が経った二〇〇九年八月、私は、ベニートの息子の義父が亡くなったという知らせを受けて、ベニート一家とともに葬式に参加した。辺りもすっかり真っ暗になってから、ベニートらに連れられて私は通夜に向かった。通夜は、故人が暮らしていた家屋（*ihmw*）と、カヴァ飲料の給仕や食物の再分配が行われる祭宴堂という二つの空間で進行する。家屋では、マットに寝かされていた遺体の周りを主に近親や女性たちが囲み、故人を偲んで泣いていた。他方、祭宴堂には主に男たちが集まり、カヴァを飲みながら、故人に纏わる話題を口にしていた。

私はまず家屋に入り、故人を悼む遺族や友人とともに祈りながら、そこで何が行われているのかを記録した。しばらくして、私は家屋に隣接する祭宴堂へと足を運んだ。その時であった。故人の親族の年配の男性が私を訝しげに睨み、「何で外国人（*mehn waii*）がいるんだ」と言い放ったのである。その場には緊張が走ったが、周囲の人間が彼を諌めてくれたため、私がその場から排除されることはなかった。だが、彼が発した「外国人」という言葉は、葬式の会場という親密な空間において、当時の私がいかによそ者であったのかをはっきりと示していた。

第Ⅰ部で論じたように、今日のポーンペイ島社会において、祭宴の場はさまざまな人物評価に開かれている。とはいえ、それは、称号の位階にあわせて参加者に「名誉を認める」か、祭宴の開かれる目的やコンテクストにあわせて参加者に「名誉を認める」かであり、そうでなければ人物評価は可視化されないというものであった。当時の私は位階称号を持っていなかったばかりか、故人と生前に顔をあわせたこともなく、多くの参加者とはじめて会うような状態であった。上記の葬式において、ベニート一家は親族として私を連れて行ったが、遺族からすれば故人の親族でも友人でもない私が葬式の場に居あわせることは場違いであり、端的に「名誉を認める」に値しない存在であった。

同じ頃、私は、「外国人」という言葉を用いた助言をベニートからもらった。彼の助言は主に二つであった。一つの助言は、「外国人が何の用だ」と言われてしまわないように、ポーンペイ語を十分に習得するまでは居住先の家族以外の人物への訪問や、祭宴への参加を控えるようにせよ、というものであった。当時、さまざまな人物のもとを訪れて積極的に聞き取り調査をしようと考えていた私にとって、この助言は困惑するものでしかなかった。それでも、しばらくのあいだ、私はこの助言に従い、できる限り外出を控えるようにした。

もう一つの助言は、序論でも触れたように、誰かのもとを訪問する場合には、何か物を買って持っていくようにしなさい、というものであった。「物を持参して訪問せよ」というベニートの指示は、祭宴への参加でも同様であった。ただし、当然のことながら、私は、ポーンペイ島民の男性が持参することを期待される財（ヤムイモ、ブタ、カヴァなど）を保持していなかった。その代わりに、私は、商品を詰めあわせたお盆や、市場で買った魚を結わえたもの、あるいはケース入りの飲料水や缶ジュースを持っていくようベニートに指示された。

さまざまな場所に足を運ぶようになった私は、必ず物を持参するようにした。そのうちに、ポーンペイ語の上達にも比例して、私に対する島民の応対が少しずつ変わっていくことが感じ取れるようになった。物を持って祭宴に参加するようになった私は、参加者たちから時に驚かれ時に喜ばれながら受け入れられ、多くの島民と顔の見える関係を構築していった。しばらくして、私は、「日本の男」（*ohl en Sapahn*）という呼び上げのもとに物財を再分配されるようになった。それは、ポーンペイ島に長く居住する日本人（国際協力機構の職員など）が、たとえば知人のポーンペイ島民を頼って祭宴を訪問する場合に、島民が日本人の訪問という事実を感謝して「名誉を認める」際にしばしば用いられる呼び上げの言葉であった。私はまず、〈島に長く暮らすなかで祭宴に参加するようになった日本人〉として「名誉を認め」られたのであった。

さらに、彼らは、ベニートの村首長位称号ソウリック（*Soulik*）を私の称号に見立てて、私を「東京のソウリック」（*Soulik en Tokyo*）と呼び上げることもあった。称号は多くの場合、村の名前とセットで呼び上げられる。祭宴においてベニートが「アワクポウエ〔村〕のソウリック」（*Soulik en Awak Fowe*）と呼び上げられて物財を再分配されるのに対して、分配役のなかには私のことを「東京のソウリック」と呼び上げてブタ肉を再分配する者がいた。ポーンペイ語や称号名を理解し、ポーンペイ島民と同じように物を持って祭宴に参加する私に対して、彼らは、「東京のソウリック」という架空の称号を呼び上げ、私の活動に対して「あたかも」ポーンペイ島の称号保持者であるかのように「名誉を認め」ようとしたのである。

分配役が「日本の男」や「東京のソウリック」という呼び上げによって私に物財を再分配する様子を見て、参加者のなかには呼び上げを含めた「ポーンペイの慣習」（*tiahk en Pohnpei*）にあらためて価値を見出し、自分たちの実践を再評価する者も現れた。こうして私が彼らと関係性を築きつつ祭宴に物財を投じ続けると、彼らから「名誉を認め」られる機会は次第に増えていった。

だが一方では、そのような「名誉の認め」方を快く思わない者もいた。あるポーンペイ島民の女性は「あなたに位階称号があれば、祭宴の司会（*menindeh*）は『日本の男』と呼ばなくても済むんだよ」と私に告げた。彼女は、村首長のもとに寝泊まりし「ポーンペイの仕事」に身を投じる私に、〈ポーンペイ島に暮らし、村に帰属する称号保持者〉として「名誉を認め」たかったのかもしれない。同じ頃、居住先のベニート一家も、私が祭宴の場で再分配を受ける度に「日本の男」と呼び上げられることを問題視していた。どうやら、彼らは、ベニートが村首長であるのにもかかわらず、その「息子」と位置づけられていた私がなぜ未だに位階称号を持っていないのかという体面の問題を気にしていたようであった。

ベニート一家は話しあいを重ねた末、ベニートは二〇一一年八月にクロウ・ウェニック（*Kirou Wenik*）という名誉称号を私に授けた。私が与えられた称号は、かつて彼の父方オジが保持していた名誉称号であった。自らの近親が身につけていた称号を授与することで、ベニートは私に「村人」（*tohn kousapw*）としての帰属だけではなく「家族」（*peneinei*）としての絆も示そうとした。

称号をもらって以降の私は、「アワクポウエ〔村〕のクロウ・ウェニック」という呼び上げとともに物財を再分配される機会が増えた。とはいえ、称号で呼び上げられる場合もあれば、相変わらず「日本の男」と言って呼び上げられる時もあり、ほとんど知人のいない祭宴に参加した時には「名誉を認め」られないこともしばしばであった。あるいは、ベニートが参加しない祭宴に私が顔を出すと、「ソウリック（ベニートの称号）の代理」（Acting

Soulik）だと言って、「こんにちは、ソウリック。君こそがソウリックだ」と冗談めいた調子で私に挨拶をしてくる者もいた。このように、私がクロウ・ウェニックという称号をもらってからも、私に対して「名誉を認める」やり方は行く先々でさまざまに異なっていたが、私は彼らの「仕事」のなかで自らが受け入れられているという感覚を強くしていった。

＊

さまざまな人物評価を可視化するという礼節の技法は、島民同士で互いの多様な人物評価に「名誉を認める」のみならず、私のような外国人に対しても「名誉を認める」ことにより、たとえ一時的であるにせよ他者との共存を可能にする礼節の技法である。それゆえに、ポスト植民地時代において社会的地位が多元化し、外国人などの他者との接触が増える今日において、今日的な地位や人物評価、さらには他者の存在をも取り込みながら祭宴を実施することが可能となっている。

他方において、本書の課題に取り組むうえで、個別的な礼節行為が示す人格的な承認の可能性のみならず、首長制の実践がきわめて集団的な営為であるという点にも注目する必要がある。ポーンペイ島社会では、今日においても首長制が再分配という経済過程と分かちがたく結びついているからだ。主に二者関係の累積として理解される互酬や交換とは異なり、物財を集めて配り直すという再分配の過程においては、首長を中心に据える社会集団の想像や実現をめぐってさまざまなやり取りが展開する。とくに物財を集める過程では島民たちの協働も見られるが、そこでの関係性の展開はアメリカ統治時代以降における現金経済の浸透とも相俟って、複雑な様相を呈している。

第Ⅱ部（第四～七章）ではこうした集団的な営為としての再分配という側面に着目して、村首長や最高首長を中心として島民たちが協働する局面に焦点を当てる。続く諸章では、今日の島民たちが首長の権威をめぐって、あるいは自らの帰属やアイデンティティをめぐってさまざまな形で儀礼経済にかかわり、互いに関係性を構築する様相を描く。

注

（1）「間奏」での記述は主として、フィールドワーカーと研究対象の出会いと相互理解に関するエッセイ［河野　二〇一九］のなかで紹介したエピソードを、「名誉を認める」行為としての礼節という第Ⅰ部の視点から描き直したものである。

●第Ⅱ部　首長の権威と祭宴のポリティクス

第四章　親族の協力と葛藤——村首長の一家を焦点として

一　村首長の権威をめぐる二つの語り

本章では、村首長の権威が発揮される場面の一つである親族間の協働を取り上げ、村首長に対する住民の見方やまなざしが、親族を単位とする物質的なやり取りのなかでいかにつくられるのかを検討する。本章の狙いは、村首長の役職に就く人物の権威にかかわるフレームがどのような関係性を通じて生み出されるのかを、親族単位でなされる相互行為に焦点を当てて明らかにすることである。

まず、家族や親族にかかわるポーンペイ語の用語について簡潔に説明する。家族に当たる言葉は、「ペネイネイ」（*peneinei*）である。英語版のポーンペイ語辞書では、訳語として家族（family）や親戚（relative）が当てられる［Rehg and Sohl 1979: 77］。ただし、この言葉は実際には多義的に使用され、指し示す人びとの範囲はコンテクストにより異なる。

一世帯の家族は、「小さなペネイネイ」（*peneinei tikitik*）と呼ばれる。「家長」（*kaun en ihmw*）とその妻およびその息子夫婦と未婚の娘を基本とする世帯である。夫方居住が優勢なので、これらの世帯から既婚の娘は婚出するのが一般的である。これに加えて、ポーンペイ島社会には養取慣行（*pwek seri*）があり、養子を受け入れる世帯もある[1]。養子は、養親によってその実子と同様に養育される［須藤　一九七七：二五二―二五三、Fischer 1970: 298］。

ドイツ政庁主導の土地改革において島民による土地所有の単位として規定された「区画」は、アメリカ統治時代における人口増加と均分相続制の施行（第一章第五節を参照）も相俟って、分割相続される傾向が高まった。現代の居住状況として、各世帯の周辺には父から土地を分割相続した兄弟姉妹が同様に世帯として居住する傾向にある。隣接する世帯間において、食物の贈与や物財の貸借、建築の手伝いなどの相互扶助的な活動が行われる。

より広い親族のカテゴリーは、「大きなペネイネイ」（*peneinei laud*）である。すなわち、母方のみならず父方も含む親戚である。ピーターセンの民族誌に登場する一九七九年の記録では、本来的に同一の対象であったはずの「大きなペネイネイ」と母系リネージが分裂してしまったことを嘆く男性の姿が描かれている［Petersen 1982a: 67］。このように、「大きなペネイネイ」が示す親族の範囲は、ドイツ政庁による土地改革を経て母系親族集団が形骸化するなかで歴史的に変化してきたものと考えられる。「大きなペネイネイ」にあたる親族は、日常的なやり取りがさしてなくとも、親族集団として意識されており、葬式の弔問などには訪れるのがつねである。

以下では、「センベーン」で展開される親族間の協働を主な事例として提示する。本章に登場する人物の親族関係は図4―1のとおりである。

ベニートのもとに滞在していた私は、行く先々で周囲の住民から彼の様子や動向について尋ねられ、彼に対する住民の態度や見解を知ることとなった。ベニートはアワクポウエ村の首長であり、少なくとも彼の周囲の「親族の長」（*kaun en peneinei*）であったが、彼の権威をめぐって二つの異なる見解があった。一つは、ベニートを「尊敬している［＝名誉を認める］」（*wahuniki*）という声である。ベニートが尊敬を集める様子は、敬語や挨拶を交えた、「センベーンの人びと」の日常的なコミュニケーションからも窺えた。そのような尊敬はベニートへの贈与や協力と

図 4-1　登場人物の親族関係

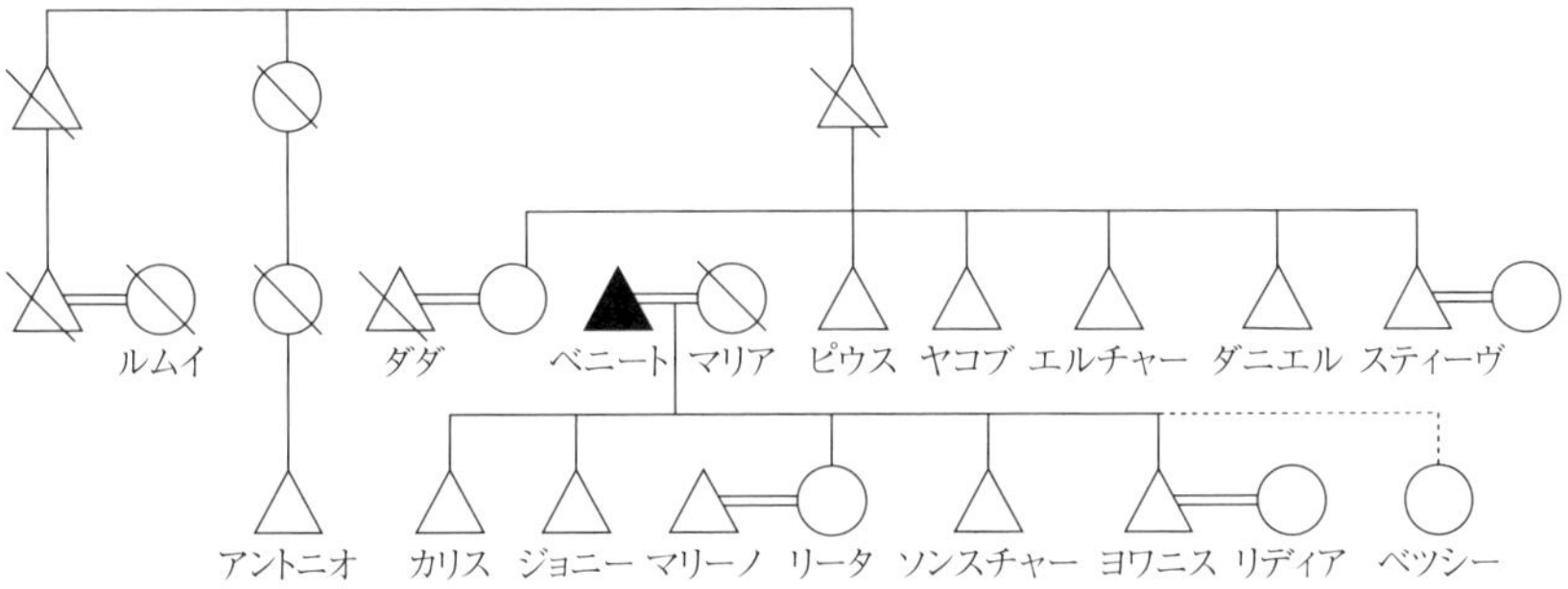

いう形でもたびたび観察され、物財を提供してベニートを「助ける（*sawas*）べきだ」という語りを聞くこともよくあった。私はこれらの声から、村首長かつ親族の長としてのベニートの権威が根強く保たれていることを実感した。

他方、もう一つの声として、私はベニートを「ケチ」（*lehk*）や「不誠実」（*mwersuwed*）などと非難する噂や陰口を聞き、ベニートが権威を保っているという一面的な理解に疑問を持った。ベニート自身でさえも、「昔、村首長は強かった。村首長がカヴァを掘り出すように言ったら、村人は何も言わずにカヴァを掘り出したものだ。〔でも〕今は難しい」と私に漏らしたことがある。

このようにベニートの権威をめぐる語りは二つの異なる方向をもち、彼の地位に伴う権威が保持されているとも、その権威が失墜しているとも断定できない、両義的な状況が見られる。

同じくかつてのアワク首長国から分裂したポーンアワク村の首長クリアンは、彼の屋敷に定期的に近隣に住む親族が集まるなど交流が盛んであり、少なくとも私の知る限りでは、クリアンに対する不満や陰口はほとんど聞かれなかった。しかし、そのようなクリアンであっても、二〇一一年九月には「村の祭宴」をめぐる意見の対立からクリアンの弟がクリアンに対して不満を持ち、村称号を返還するという事件が起きていた。このように、村首長ごとに非難や陰口の程度や範囲は異なるにせよ、親族の水準における村首長の権威の両義性は往々に見られるものである。

ドイツ政庁による土地改革をとおして土地保有という物質的な基盤を失った村において、村首長は村称号の授与によって住民に対する自身の権威を確立した。しかし、二〇世紀をとおして、アワク地域の村々では人口増加や親族間の対立を背景として、村首長に対する住民の離反がたびたび生じ、村々の分裂を促してきた［Petersen 1982a］。このように物質的な裏づけを持たない村は共同体として不安定であったため、村首長は称号授与をとおして権威を確立しながらも、住民の不満や離反によって権威を侵害される危険性をつねに抱えてきた。ベニートやクリアンにおける村首長の両義性（村首長として敬意の対象になりながらも、時に不満や陰口の対象となる）は、単に彼らの個人的な問題に帰される問題ではなく、土地という物質的な基盤を喪失した後の村の歴史において醸成されてきたといえる。

本章では、個々の行為者の立場や関係性に着目しながら、親族の水準における具体的なやり取りのなかで、村首長としてのベニートの権威がどのように構成されているのかを明らかにする。親族間の協働は、祭宴のプロセスの一部であるために村首長の権威が強く現れる場面の一つである一方、物財の供出を伴うために、現代ポーンペイ島社会に特有の政治経済的条件と密接にかかわる。

二　世帯のなかの村首長

1　村首長の世帯

ベニートの子どもは、カリス（男性、二〇一一年当時三八歳、第二章も参照）、ジョニー（男性、三七歳）、リータ（女性、三五歳、序章も参照）、ソンスチャー（男性、三三歳）、ヨワニス（男性、三一歳、序章も参照）、ベッシー（女性、二一歳）の六人である。ベッシーはベニートの養子である。

これらの子どもたちのうち、現在ベニートの世帯で暮らしているのは、ソンスチャーとヨワニスである。ヨワニスは妻と三人の子どもとともにこの世帯で暮らしている。ソンスチャーは日本の宮城県の石巻に一〇年以上も出稼ぎに行っていたが、マリアの死を契機に帰郷した。その後、コスラエ州出身の女性と結婚し、彼女が前夫とのあいだにもうけた三人の子どもとともにベニートの世帯で暮らすようになった。

他方、カリスはアメリカ合衆国のカンザスシティに移住し、そこで賃金労働をし、妻と子どもたちと長く暮らしている。二〇一〇年にはカリスの勧めでベッシーも渡米し、現在ではカリスとともに生活する。ジョニーは、妻の土地があるソケース首長国内に屋敷を構えて住む。リータはマリーノ（男性、四三歳、序章も参照）と結婚したが、婚出せずに、マリーノとともに長らくベニートの世帯にとどまり続けていた。二〇一〇年、マリーノはベニートから土地の一部の使用を許され、独立した家屋を建てた。その後、二〇一二年にはリータと四人の子どもを連れて、アワク地域内にある自らの土地に転居した。頻繁に行き来のあったベニートの世帯とマリーノの世帯は、二〇一〇年まで同じ家屋で暮らしていたこともあり、周囲から一つの世帯とみなされることもあった。周囲の世帯の成員も、日常的に互いの家屋を訪問しあい、日常的に会話を交わし、情報を交換していた。

2　世帯内における地位

世帯内の成員間の関係は、対等ではない。世帯を束ねるリーダーは、「家長」（*kaun en peneinei*）である。家長になるのは、最年長世代の男性である。また、家長の妻は、世帯内で「二番目」（*kerian*）の位置を占めるとされる。次は、その息子や娘である。兄弟や姉妹の関係は、性別に関係なく、年長者が年少者に優先するとされる。

ベニートの世帯における地位の認識を示す一つの事例をあげる。二〇〇九年七月一三日にマリアがポーンペイ州立病院に入院した。私は彼女の見舞いに行くため、マリーノが運転する車の助手席に座り、彼と会話を交わした。

彼は「たぶんケディンリック（Kedinlik）（マリアの称号）は死ぬだろう。もうすぐリータが〔世帯内における〕ナンバー2になる。私はナンバー3だ」と言った。

当時、マリーノは、アワクポウエ村の副村首長系統の第二〇位の称号である「ナーリック」（Nahlik）を保持していた。一方のヨワニスは、同じ副村首長系統の第一六位である「コウス」（Kous）の称号を持っていた。リータの称号は、夫の称号に準じた「ナーリキエイ」（Nahlikiei）であった。称号の順位という観点からすれば、第二〇位のマリーノの妻であるリータよりも、第一六位のヨワニスの方が上位となる。そこで私は、「ヨワニスの方が〔リータの夫であるマリーノより〕位階の高い称号を保持しているから、ナンバー2じゃないのか」と尋ねた。それに対するマリーノの回答は、「称号？・リータが〔ヨワニスよりも〕年上（laud）だ」であった。

マリーノは、私に「リータは最初に生まれた娘だから、ソウリック（ベニートのこと）からとても大事にされている」と語ったことがある。世帯においては、称号の順位よりも系譜的な序列が優先される。(2)

だが、世帯の生活は、称号と無関係というわけではない。呼びかけに称号が用いられるためである。(3) 父や母の場合、その接頭辞に、「パパ」（pahpa）や「ノーノ」（nohno）が用いられることもある。たとえば、マリーノは、その四人の子どもたちから「パパ・ナーリック」（pahpa Nahlik）と呼ばれる。(4) 祖父（pahpa kahlap）や祖母（nohno kahlap）に対しても同様に、「パパ」や「ノーノ」を冠した呼びかけが用いられる。ベニートは「パパ・ソウリック」（pahpa Soulik）、マリアは「ノーノ・ケディンリック」（nohno Kedinlik）と、孫たちから呼ばれていた。称号が省略され、「ソウ〔リック〕」や「〔ナー〕リック」という呼びかけが行われることもある。

3　世帯内における地位の学習

こうした世帯内の地位に関する感覚は、幼い子どもが成長する過程で、世帯内におけるしつけ（apwalih seri）をとおして徐々に覚えていくものである。あるインフォーマントの男性（六九歳）によれば、子どもが三歳か四歳になると、父は息子に対して、母は娘に対して、相手の地位にふさわしい行動規範を教え始める。世帯内のしつけにおいて重視されるのは、地位に対する感覚を身につけさせることに加え、「男の義務」（*pwukoa en ohl*）と「女の義務」（*pwukoa en lih*）を教えることである。子どもは、性的分業の義務をしつけられるなかで、そうした行動規範を学ぶ。

しつけにおいて、子どもは従順であることが求められる。もし子どもが言うことを聞かなければ、その子どもの父や母、兄や姉は、体罰（*kamakam*）をすることができる。それは、幼少時に限らず、成人していようとも、結婚していようとも同様である。体罰は、木の棒を使って、尻を叩くことが一般的である。その他の体罰として、ベニートの世帯において観察したのは、怒り狂ったリータが妹のベッシーの髪を引っ張り、木の棒で肩や腕を叩く姿や、ヨワニスが息子（当時八歳）や娘（当時六歳）の頭を素手で殴りつける姿であった。

子どもによる行動規範の学習は言葉による説明以上に、実際の作業のなかで学んでいくという側面が強く、子どもは両親の姿を見て行動規範を身につけるという。そのため、もし父や母が人びとの地位に対して適切な行動を取ることができなければ、その子どもも適切な行動を取れない。

このように、両親や年上の子どもからの時に体罰を伴うしつけをとおして、子どもは世帯内における地位を意識するとともに、相手の地位にふさわしい行動規範を学習するようになる。

4　世帯内における村首長の扱い

ここまでの記述では、ベニートの世帯内における地位の認識とその学習について概観してきた。次に、ベニートがどのように世帯内で扱われているのかという点を検討する。

それはまず、食事の作法に見ることができる。ポーンペイ島社会において日常生活における調理は「女の仕事」（*doadoahk en lih*）とされる。[5] 女性は、まず家長の食事を取り分ける。二〇〇九年における私の観察において、ベニートの世帯では、ヨワニスの妻のリディア、ベッシー、マリーノが調理の担当だった。[6] 彼女らは、まずベニートの食事を取り分けた。ベニートの食事には、皿（あるいはお椀）が二つ用意され、片方に米飯、片方におかずが盛られた。残りの者は、幾つかのグループになり、幾つかの皿を共有する形で食事をした。たとえば、夫妻とその子どもが皿を共有するという形式や、子ども同士で皿を共有するという形式である。

日常的な嗜好としてカヴァ飲料を飲む機会に際しても、飲む順番をめぐる行動規範が見られた。屋敷に隣接する祭宴堂において、男たちがカヴァの根を搗き、飲料となる樹液を抽出する場合もあった。また、カヴァ飲料が入った瓶をアワク地域内で購入してくる場合もあった。祭宴の場とは異なり、日常的なカヴァ飲みはリラックスした雰囲気のなかで行われる。座る場所はとくに決められていなかったが、カヴァを搗く石台を囲むように座り、あるいは円を描くような形で座り、男性同士、女性同士が隣あわせになることが多かった。この際、誰か一人が給仕役となり、ココヤシ殻容器（*ngarangar*）やグラス製のコップを使ってカヴァ飲料を回し飲む。最も重要であるとされる「一杯目」（*pwehl*）のカヴァ飲料は、必ずベニートに与えられた。左腕を下にして、右腕を差し出す伝統的な受け渡し方法で、[7] カヴァ飲料が提供された。

世帯内の地位をめぐる行動規範は、このような形式的な作法だけではなく、経済的な行為とも関係する。食料の購入をめぐる事例を取り上げる。ヨワニスは、自分の給料で米を買うことがあまりなかった。ヨワニスは、センベーンにある外国人向けのホテル作業員[8]として働き、時給にして一・七五ドルの収入があった。だが彼は、もらった給料を、瓶入りのカヴァ飲料や洋酒、タバコなどの嗜好品に費やしてしまうのであった。ベニートの世帯は、四〇ポンド（約一八・一四キログラム）もの米を一週間で消費する。それは、州都コロニアのスーパーマーケットで買うと、一二〇～一二五ドルになる。リータは自身の給料やベニートの年金で、毎週のように米を購入していた。リータとマリーノは「誰が米を買っていると思っているんだ」、「ソウリック（ベニート）が米を食べられなくてもいいのか」といった不満をたびたび口にした。マリーノは、ある時、「ヨワニスは、ソウリックを『助けない』（*sohte sawas*）。リータばかりがソウリックを『助け』ている。ソンスチャーは、良かった。ソンスチャーは日本（の石巻）にいる時、たくさんのおカネを送って[9]、ソウリックを『助けた』からだ」と話した。

ベニートは、米飯を好み、パン果やバナナでは満足しない。マリーノやリータにとって、ベニートが好物の米飯を食べられないことは問題であった。彼らの発言では、家長のベニートを金銭的な意味でも「助け」（*sawas*）なければならないということが強調された。そのため、おカネの支援をしないヨワニスは、低い評価を受けている。他方、多額の海外送金を通じて家長におカネの支援を行ったソンスチャーは、高い評価を受けていた。

一つの世帯において家長を「助ける」のは、家長の子どもだけではない。私がベニートの世帯に受け入れられて間もなく、マリーノはアメリカ本土に移住する計画を私に打ち明けた。その計画は、二〇〇九年八月に妻のリータと四人の子どもとともに渡米し、既に移住している彼の妹のもとに居住し、職を得て働くというものだった。彼は六月の段階で既に航空券を入手しており、アメリカでの新生活に向けて希望を持っていた。それから二ヶ月経った八月上旬、私はマリーノに、いつアメリカに行くのかと尋ねた。するとマリーノは、渡米を辞めたことを私に話した。その理由の一つは、七月下旬にマリアが亡くなったことである。マリアの死によって、ベニートの世話をする者がいなくなると彼は言う。マリーノは「私は、私の妻とソウリックを『助ける』」と言い、私に決意を語っていた。

語りにもとづく限り、マリーノは妻と家長を「助ける」ために渡米を断念した。ここでいう「助ける」という行為は、ソンスチャーとヨワニスの事例で見たような、食料の調達も含めたサーヴィスを指す。

マリーノがベニートを経済的に「助ける」理由として、彼の妻リータがベニートの娘であるということが考えられる。だが、マリーノが世帯内の序列を気にかけていたことに留意すると、マリーノは、ベニートが世帯内における第一位の人物であるがゆえに、誰がベニートの世話をするのかという点を気にかけていたともいえるのである。

三　世帯間の協働——村首長を「助ける」親族

次に、世帯間の関係性のなかで互いの地位がどのように認識されているのかを見ていこう。「センベーン」の家長はみなアワクポウエ村の村称号を保持している。彼らはラシアラップ・クラン、ソウリップエンチアーク・サブクランの出自である。ベニートの弟たちは、ベニートから村首長系統の称号を与えられていた(10)。各々の順位も高く、次男ピウスは三位、三男ヤコブは六位、四男エルチャーは七位、五男ダニエルは一二位、六男スティーヴは八位である。

ベニート一家の成員は彼らの家長が村首長であることを自慢にしていた。アワクポウエ村のソウリックという称号の歴史は長く、一九世紀以前のマタル首長国時代には最高首長の称号であった。ベニート一家の成員は、アワクポウエ村のソウリックが由緒ある起源を持つ格別な称号であり、さらに最高首長としてのソウリックの正統な後継であって、他の五つの村の村首長よりも高位であることを強調する。彼らはソウリックという称号について自慢することによって、自らの家長が村首長として突出しているという偉大さを確認していた。

他方、ベニートが村首長であることを他の世帯の成員が確認する機会には、祭宴の場のみならず、祭宴後における村首長からの分配がある。ベニートは祭宴に参加し、村首長の称号によって物財を再分配されると、彼の弟たちがたとえ祭宴に参加していなくても、それらの物財を弟たちへとさらに分配する。たとえば二〇一二年六月二二日、ある村人からベニートに対してヤムイモの初物献上がなされ、ベニートはヤムイモを獲得した。ベニートは、小さなヤムイモを切り分けなければさらに小さくなってしまうという彼の一家の成員の心配をよそに、ヤムイモを丁寧に切り分け、弟たちの世帯に分配した。このようにベニートはできる限りにおいて、村首長の称号ゆえに与えられる恩恵を独占せずに、弟たちの世帯に気前よく分配する姿勢を見せていた。

村首長による物財の分け与えは、村首長が祭宴で獲得した物財をさらに分配する場合であれ、カヴァ飲料の杯であれ、「お食事からの分け前」（*kepin sahk*）として他の食物表現のカテゴリーから区別され、その差異化は実感を伴う。たとえば二〇一二年九月一日、ある村の「村の祭宴」において、ベニートは村首長として物財の再分配に預かり、ブタ肉の物財などを世帯に持ち帰った。当時、ヤコブのもとに住んでいた私が同様に祭宴で物財の再分配に預かりブタ肉を持ち帰るのを見たベニート一家は、私のブタ肉だけで十分と考え、ヤコブにブタ肉を分配しなかった。これを知ったヤコブは「俺のブタ肉はこれ（私のブタ肉）じゃない。ソウリック（ベニート）から来るんだ。小さくたって構わない」と不満を口にした。祭宴後にベニートから分け与えられる物財は、当事者にとって単なる物以上の価値を帯びる。

日常的にもベニートは気前の良さを示す。カヴァが手に入れば周囲の世帯を招待してカヴァ飲みを行い、そうでない時にも現金収入があれば一瓶（約七〇〇ミリリットルの容量）につき五ドルもする既製のカヴァ飲料を何瓶も購入しては「センベーンの人びと」に振る舞う。だが、ベニート一家は、既製のカヴァ飲料の瓶の購入に現金を費やし過ぎるため、現金を貯蓄しておらず、米や缶詰などの購入費に困ることもあった。加えて、ヨワニスやソンスチャーといった息子たちが農作業を怠るために一家の所有する農作物も少なく、祭宴において供出物を用意できないことも頻繁にあった。ベニートの弟たちの世帯からベニートは浪費癖があると思われ、ヨワニスやソンスチャーは「怠け者」（*pohnkahke*）と陰口を叩かれていた。

ところが、一度「センベーン」の外に出れば、ベニートは村首長として、種々の祭宴に参加しなければならない。村人が死亡すれば葬式の祭宴に参加する義務があり、首長国内で催される数々の祭宴に加え、教会や学校の行事にも招待されることがある。こうして参加した祭宴において、ベニートは村首長の称号にふさわしい「名誉を認め」られる。

他方、祭宴への参加は必然的に物質的条件を伴う。村首長などの「高位者」には、多くの供出が期待されているからである。高位称号を保持するある男性（四六歳）は、「何も持参せずに（再分配で多くの）物財をもらえば、不誠実（*mwersuwed*）だ。それくらいなら参加しないほうがいい」と言う。祭宴の場に村首長の称号を持つ人物が村首長として参加するためには、村首長といえども、その経済的条件にかかわらず、物質的な供出が求められる。これを可能にするのが、物財の供出による世帯間の協力である。

彼らが協働する場面とは、「センベーン」の外部で行われる諸々の祭宴に参加する時である。個々の祭宴には、各人が個別に参加するのではなく、互いに物を持ち寄り、一つの集団を成して参加するのが通例である。この場合、個々人の供出の多寡に関係なく、高位者または親族の長が集団全体の供出を代表する。「センベーンの人びと」も例外ではなく、「一つのまとまり」（*ehupene*）となって祭宴に参加し、その協働の成果をベニートが代表して供出する。

世帯を超えた公的な期待として、村首長のために物財を供出して祭宴に同行し、村首長を「助ける」ことが親族に求められる。葬式の祭宴などに際して、「センベーンの人びと」やベニートの兄弟姉妹は、ベニートのもとに集まり、協力しながら供出物を用意し、「一つのまとまり」となって会場へと向かう。他の世帯の家長らが賃金労働に出ている際には、その早めの帰宅を待ってから会場へと向かう。とりわけ葬式の祭宴には、「一つのま

表 4-1 「センベーンの人びと」の世帯別の生計と財産（2011 年 12 月時点）

家長	人数	職業／収入源	推定月収（ドル）	自動車	カヴァ	ブタ
ベニート（61 歳）	12	社会保障による収入（家長） 貨物船船員（息子） ホテル従業員（息子）	400 280＋残業代 400	なし	屋敷地に数本	2 頭
ピウス（58 歳）	7	ホテル食堂の料理人（家長） ホテル従業員（娘の夫） 大使館警備員（息子）	800 440 480	なし	なし	1 頭
ヤコブ（53 歳）	6	短大食堂の料理人（家長） タクシー運転手（息子） ホテル従業員（娘）	800 不明 400	3 台	屋敷地に数本	12 頭（繁殖に成功）
エルチャー（51 歳）	5	大使館職員（家長） 小学校教員（娘）	1400 600	1 台	妻の土地で栽培	2 頭
ダニエル（48 歳）	8	貨物船船員（家長）	700＋残業代	1 台	なし	5 頭前後（安価な離島調達）
スティーヴ（43 歳）	7	カヴァの売買（家長） 通信会社社員（家長の妻）	不明 500 以上	2 台	妻の土地で栽培（カヴァ持ちで有名）	3 ～ 4 頭
マリーノ（43 歳）	6	清掃員（家長）	640	1 台	なし	0 頭

とまり」としての参加が望ましく、「一つのまとまり」をつくれないことは親族としての団結がないことを意味してしまう。

経済的な理由からも、ベニートは弟たちに頼る必要があった。表 4－1 に示すように、弟たちには財力がある一方で、ベニート一家はカヴァも自動車も持たない。儀礼的価値の高いカヴァは、ポーンペイ島の他の場所よりも降雨量の少ないセンベーンでは育ちにくい。さらに、外国人経営のホテルに土地をリースしているため、作付け可能な土地は狭い。そのため、センベーン外の妻の所有する土地でカヴァを豊富に栽培するエルチャーやスティーヴの協力は不可欠であった。

ベニートへの協力は、センベーンにおける居住や土地所有とも関連がある。次男ピウス、四男エルチャー、ベニートの娘の夫マリーノという三つの世帯は、ベニートの土地に居住し、ベニート一家との行き来も頻繁にあり、物財の供出でベニートをよく「助け」ていた。

だが、ヤコブやダニエルの世帯はエルチャーとは異なり、つねに惜しみなく協力をするわけではなかった。

図 4-2　「あちらの家族」と「こちらの家族」の概略図

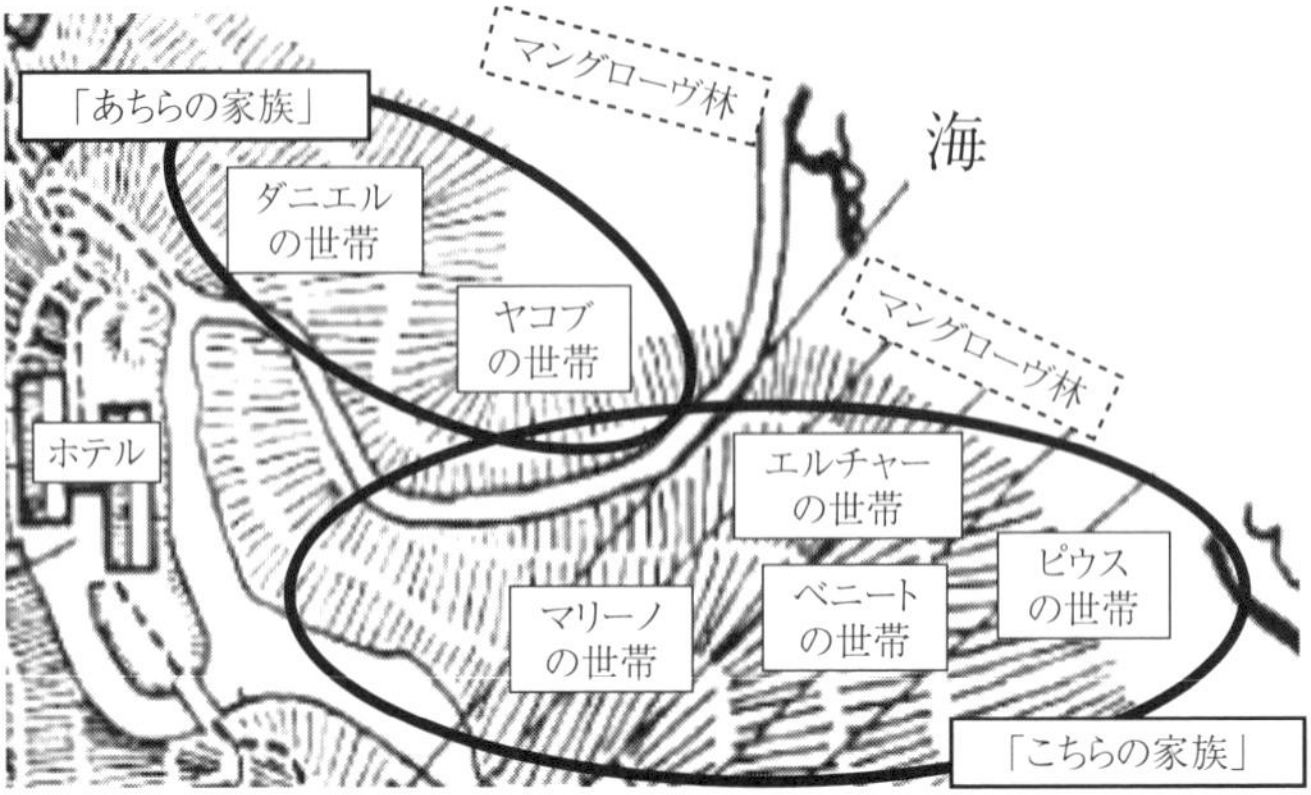

出所：センベーンに隣接するホテルの旧ホームページに掲載されていた周辺地図をもとに筆者作成（http://www.thevillagehotel.com/、2013 年 7 月 26 日に閲覧）。

「センベーンの人びと」のすべての人物がベニートを一様に「助ける」とは限らない。エルチャーは、ヤコブやダニエルの世帯が協力しないことへの批判を込めて、彼らを「あちらの家族」（*peneinei palio*）、ベニートの土地に住む四つの世帯（ベニート、エルチャー、マリーノ、ピウスの世帯）を「こちらの家族」（*peneinei palie*）と呼んでいた（図4―2）。他方、ヤコブやダニエルは、農作業における努力もせず浪費癖もあるベニート一家に不満を持ち、惜しみなく協力することに疑問を感じていた。加えて、ヤコブは、村首長が優先的に物財を受け取る「慣習」にも懐疑的であった。

エルチャーの表現を便宜的に用いると、ベニートを「助ける」度あいには差があり、「こちらの家族」がつねに協力を惜しまないのに対し、「あちらの家族」はベニートを「助け」ない時もある。

ここからは、「周囲の親族は村首長を『助ける』べきだ」という公的な期待のもとに、祭宴に向かう準備に際して、「センベーンの人びと」が物財を供出してベニートのもとに集まり「一つのまとまり」を形成する場面を、村首長としてのベニートの権威が発揮される場面と捉える。そのうえで、「あちらの家族」にしばしば見られるような、ベニートを「助け」なくてもよいという方針が生じる過程を主に記述する。以下では、そのような過程に注目し、祭宴に際してベニートを「助ける」べきだという周囲の親族の認識を支えるフレームがいかに変わるのかを検討することによって、親族を単位とする相互行為において、村首長の権威をめぐる認識が揺れ動く様相を考察する。

四　ブタを買わされた村首長の一家

本節では、「あちらの家族」のなかでも、「慣習」への疑問を理由に最も協力を怠りがちなヤコブの事例を取り上げる。以下は、ベニートらの姉の夫にあたるダダの死に際し、二〇一一年一二月八日に行われた葬式の祭宴における親族間の協働の事例である。葬式の二ヶ月前の九月二七日から一二月二二日まで、ベニートは、アメリカ本土のカンザスシティに住む長男のカリスを訪ねて渡米していた。ベニート不在の期間に、ベニートの息子や娘たちが彼の代わりに物財を投じて祭宴に参加することはなく、ダダの葬式に至るまで親族間の協働は見られなかった。

葬式の祭宴当日、ベニートの息子二人と次男ピウスは供出できるサイズのブタを持っていなかった。そこで彼らは、三男ヤコブにブタの供出を依頼した。ところが、ヤコブは「ブタは高いんだ。タダではやれない。〔一人〕五〇ドルずつ、〔三人で〕一五〇ドルだ。払えないんだったら、〔五男の〕ダニエルのところへ行け」と言い、無償の供出を拒んだ。結局、ベニートの息子とピウスは一人二五ドルずつ計七五ドルを支払い、ダニエルにブタを供出してもらった。

ヤコブは後日談のなかで「〔ベニートの息子たちは〕七五ドル払うことになった。それでも全然安いほうだ。本当だ。俺が〔ブタを〕寄付して（*meilongkihda*）、あいつら（ベニート一家）が物財の再分配を受ける（*pwekipwek*）っていうのか」

と不満を口にした。コロニアの市場における当時のブタの値段は一ポンドあたり二・五ドルであった。祭宴一般に供出可能なブタの重さが少なくとも八〇ポンド（二〇〇ドル以上）であることを考えると、七五ドルはたしかに安価であったのかもしれない。

だが、亡くなったダダはヤコブにとっても義理の兄であり、ヤコブにもブタを供出する義務があったはずである。それでも、ヤコブがベニート一家より大きな供出をすることを拒んだ背景には、供出と再分配をめぐる物質的不均衡がある。親族間の協働の成果は、その内訳がどのようであってもベニートが代表する。他方、祭宴における再分配は称号の順位にもとづいて行われるため、ベニートのような村首長は再分配を受けても、首長国称号を持たない他の世帯の家長が再分配を受ける可能性は低い。ヤコブはこのような物質的不均衡を理由に、「ポーンペイの慣習（*tiahk en Pohnpei*）は良くない」と語る。

親族間の協働はキリスト教会の活動などでも見られる。アワク地域の住民の大半はカトリック教徒であり、セント・ジョセフ（St. Joseph）教会に通っている。二〇一一年八月二八日、セント・ジョセフ教会の寄付金集めのため、資金調達（fundraising）の集まりが開かれた。アワク地域の住民がほぼカトリック教徒であることから、この教会では以前より村を単位として教会運営を行っており、各村には「七人」（*isimen*）と呼ばれる役員が一名ずつ いる。[11]「七人」の役職に就く者は各村を取りまとめ、既定の時期に寄付金を教会に納めなければならない。その最も簡単な方法が資金調達の集まりを開くことであり、景品を用意してチケットを売ることであった。アワクポウエ村における「七人」はエルチャーだった。エルチャーの指示のもと、村は五つのグループに分けられ、そのうちベニートを代表とする「センベーンの人びと」は、鶏肉、米袋、魚、缶ジュース、インスタントラーメン、参加者に振る舞うカヴァを供出する義務を負った。

ところが、「村」として供出するのだから協力すべきだというベニート一家の考えに反し、ヤコブ一家は、キリスト教の宗派（*souleng*）が違うと言って供出しなかった。ヤコブ自身はカトリック信徒であるが、彼の妻と四人の子どもは、州都コロニアにあるプロテスタントのペンテコステ派教会のアッセンブリーズ・オブ・ゴッドの教会に属する。とくにヤコブの妻はアッセンブリーズ・オブ・ゴッドの熱心な信徒として知られており、週に何度も州都コロニアの教会に通って礼拝をするほどであった。ヤコブの妻はカトリック教会に否定的ではなく、しばしばヤコブに対して熱心に教会に行くように説いていた。だが、ヤコブの妻は信仰上の理由から、カヴァ飲みや祭宴を含むポーンペイ島社会の「慣習」には否定的であり、キリスト教会の活動が、首長制の「慣習」にもとづく「村」という単位で行われることに対して理解を示していなかった。

このようにヤコブが協力しない背景には、供出と再分配をめぐる物質的不均衡の問題に加え、彼の妻の宗教的信条という問題もあった。しかしながら、ヤコブは近親の葬式の祭宴や「村の祭宴」に際して、「こちらの家族」とともにベニートを「助ける」ことも少なくない。とくに「村の祭宴」では、ヤコブが「こちらの家族」と団結してベニートに貢献する姿が見られる。

二〇一二年八月四日、ベニートの屋敷地で、アワクポウエ村の「村の祭宴」が開催された（「村の祭宴」については第五章も参照）。ヤコブは参加者のなかで最大サイズのブタとカヴァを供出した。彼は演説（*kapahrek*）を行い、「ソウリック（ベニートの称号名）のための祭宴（*kamadipw ohng Soulik*）は一年に一回だけだ。今年はそれが今日だ」と述べ、村称号を持つ「村人」（*tohn kousapw*）の一人として村首長への尊敬を表明した。この日、貨物船の仕事でポーンペイ島を離れていたダニエルを除き、「センベーンの人びと」は各々に物財を供出した。ピウスはコロニアの市場で二〇〇ドルのブタを購入し、スティーヴやマリーノもカヴァを提供した。エルチャーはカヴァに加え、参加者のなかでも巨大なヤムイモを掘り出した。

私の観察と聞き取りの限りでは、「センベーンの人びと」は毎年のように、称号を持つ「村人」として「村首長」

のために物財を供出し、「村の祭宴」に貢献する。ヤコブもこの時ばかりは物質的不均衡への不満を口にせず、他の「センベーンの人びと」と同じように、村首長への恩義を強調して協力的な態度を示す。とはいえ、ヤコブは「ポーンペイの慣習では、いつでもソウリック（ベニートの首長位称号）を意識（*doke*）しなきゃいけない。俺にはそんなことはできない。一年に一回（の『村の祭宴』）だけで十分だ」と述べる。ヤコブの事例からわかるのは、ベニートへの供出に際した親族の態度がつねに一貫しているわけではなく、その時々の条件によって態度が変わるということである。すなわち、ヤコブはベニートのことを、つねに権威ある首長として見るわけではないし、つねにベニートの権威を認めないというわけでもない。

「村の祭宴」では、毎年表明される村首長への尊敬に加えて、その年に応じた個別的な意味を参加者が祭宴に付与することもある。たとえば上記の祭宴は、エルチャーの孫ジェイソンが同年一月に生まれてはじめての祭宴だった。エルチャーは自らが掘り出して供出したカヴァを指して、「ジェイソンが掘り出したカヴァだ」と自慢げに語った。エルチャーは、自身が掘り出したカヴァを「ジェイソンのカヴァ」と意味づけることによって、この年の「村の祭宴」を「孫と参加する祭宴」と読み替えたのである。最もベニートに協力的なエルチャーであるが、この時はベニートへの尊敬だけでなく、自身の孫への愛着を示すためにも供出をした。

実のところ、ヤコブの供出も、この年に関しては村首長としてのベニートへの尊敬だけが動機ではない。この年の「村の祭宴」は例年と異なり「センベーン」で開催されたが、供出されたブタは六頭、カヴァは一七本、ヤムイモは一七組にとどまった[12]。ヤコブは「センベーンで『村の祭宴』を催して、小さい祭宴だと恥ずかしい」と語り、この祭宴の規模と「センベーンの人びと」の威信を関連づける一方で、自らが最大のブタを供出したことを誇らしげに語った。表4―2はヤコブが二〇一一年一二月二五日から二〇一二年一二月二四日の一年間に、処分・獲得したブタの頭数と用途である。これを見ると、彼がブタを供出する範囲は、「センベーンの人びと」や

表 4-2　ヤコブが 1 年間に処分・獲得したブタの頭数と用途

	年	月	日	対象	用途	範囲
獲得 3 頭	2012	9	16	弟から	譲渡	センベーン内部
	2012	9	—	他人から（170 ドル）	購入	その他外部
	2012	11	5	兄の息子から	譲渡	センベーン内部
処分 13 頭	2011	12	25	クリスマス	供出	センベーン内部
	2011	12	28	クリスマス	供出	姻族
	2012	1	23	誕生日（息子）	屠殺	世帯内
	2012	4	11	誕生日（妻）	屠殺	世帯内
	2012	7	15	2 頭（資金調達）	景品	その他外部
	2012	7	27	息子渡米	屠殺	センベーン内部
	2012	7	27	兄の息子（400 ドル）	売却	センベーン内部
	2012	8	4	村の祭宴	供出	アワクポウエ村
	2012	8	—	他人へ（200 ドル）	売却	その他外部
	2012	9	23	誕生日（筆者）	屠殺	世帯内
	2012	11	18	誕生日（息子・娘）	屠殺	世帯内
	2012	12	2	娘の婚出先	屠殺	姻族

その姻族が大半を占め、それを超える機会は「村の祭宴」だけであるとわかる[13]。ヤコブは、主に親族の威信と関係する場面で彼にとって貴重な財であるブタを供出し（第二章も参照）、その他の場面ではヤムイモやパン果を供出していた。

ヤコブの例や「村の祭宴」の例から明らかになるのは、ベニートを「助ける」という活動が称号の恩義を背景に成立する場面が見られつつも、協力の有無や度あい、協力の意味づけは、参加者の個別的な関係性や利害関心に左右されるということである。

五　供出しても、顔は出さない

続いて、ベニート一家に不満を持ちつつも協力を怠らないスティーヴの事例を取り上げる。ここでは、アワクポウエ村の寡婦称号を持つルムイという女性の死に際して行われた葬式の祭宴において、いかに「センベーンの人びと」が協働したかを示す。

死の十数日前から、当時八〇歳前後であったルムイの具合が悪いという話がアワク地域に広まっていた。同時期、ベニートの娘の夫であるマリーノは、彼の父の属するポーンアワク村の首長クリアンから称号を授与された（クリアンについては第五章・第六章・第七章も参照)。その「称号確認式」(*kapasmwar*)は二〇一二年一〇月一四日に行われ、ベニート一家は一頭しかないブタを供出した。それを見た「あちらの家族」は、陰で不満を口にし始めた。とくにヤコブは「一頭もブタがなくなってしまうぞ。もし〔アワクポウエ村の〕村人が死んだら〔ベニート一家は〕どうするんだ」と憤った。一般にポーンペイ島社会では、称号確認式や他の祭宴よりも葬式の祭宴における供出を重要視する。加えて、ルムイはアワクポウエ村の成員であり、彼女が死ぬとベニートには村首長の義務として葬式の祭宴に参加する義務があった。また、ルムイの亡夫はベニートと父方第一平行イトコの関係にあり、ベニートには大規模な供出が期待されるはずであった。

そのため、彼女の死期が近づくなかで、一頭限りのブタを葬式の祭宴に備えて残しておかず、マリーノのためにブタを供出するというベニート一家の姿勢に「あちらの家族」は懐疑的であった。ヤコブからの電話でその事実を知ったスティーヴも、「〔ベニート一家は『センベーンの人びと』を〕大切にしていない(*sohte katepe*)」と言って、ベニート一家に怒っていた。「あちらの家族」は、マリーノの称号確認式に対するベニート一家の協力は小規模な供出物で十分であり、ブタ一頭のような大規模な供出物はマリーノの親族(マリーノの父や弟)が用意すべきだと考えていた。こうした発想の背景には、現在のポーンペイ島社会では夫方居住が規範であるため、そもそもマリーノが婚入するのではなく、マリーノの妻のリータが婚出すべきであったという彼らの考えがある。

ルムイが死亡したのはその四日後であった。四日間の葬式の最終日の一〇月二一日、スティーヴはカヴァを持ってきたが、ベニートらの待つ「センベーン」までは行かず、葬式の祭宴の会場近くの道路で待っていた。そこにダニエル夫妻も合流した。その様子を見た次男ピウスは、「お前らはよくない。まずはソウリック(ベニート)のところに行って、それからソウリックと一緒に葬式に行くべきだ」と弟たちを叱った。しかし、ダニエル夫妻とスティーヴ夫妻は陰でピウスを笑った。そして、スティーヴの妻は「〔ピウスは〕何も持ってきていないわ(*kahipw*)。〔ピウスやベニートの息子たちは農作業もせず、供出のために商品を購入するわけでもなく〕座ってばかりなのに、私たちがカヴァを持っていくの？」と言った。さらに彼女は「ソウリックがフィリピンに行く航空券を買ったのは私たちよ。なのに、まだお礼もしてもらってないわ（saik kalahngan）。だから、私たちから〔ベニートのところまで〕行くことなんてできないわ」と強い口調で言った。

この航空券は、二年前の二〇一〇年一二月にスティーヴ夫妻がベニートのために買ったものである。その年の一一月、ベニートは自動車事故で足を負傷した。国内では手術が難しく、医者はフィリピンの病院を勧めた。一〇〇〇ドル近くになる渡航費をベニートは捻出できず、一二月にスティーヴが代わりに航空券を買って付き添い、彼の身の回りの世話をした。

スティーヴは、カヴァの供出によって物質的にベニートを「助け」たが、「センベーンの人びと」を「大切にしない」ベニートのもとに集まらなかった。そのほかにも、ベニートのもとに集まらない例がある。たとえば親族間の協働が「センベーンの人びと」という範囲を超えると、ベニートを含む兄弟はアントニオ（男性、五五歳）のもとに集まる傾向にある。彼はベニートらの父方オバの孫であり、かつてはミクロネシア連邦議会の副議長（Vice Speaker）を務めた元政治家である。村や親族の活動において政治家が果たす役割は大きい。一例として、二〇一二年六月になされたアワクポウエ村から最高首長への現金貢納において、合計四三五ドルのうち実に一〇〇ドルをアントニオが供出した（この事例については第六章も参照）。村や親族の活動はしばしばアントニオの財力なしに立ち行かず、供出や祭宴の日程と会場を彼の都合にあわせることも少なくない。他方、アントニオ自身は大規模な供出や演説をとおして活動に貢献し、ベニートを満足させてきた。

さて、ベニート一家は、スティーヴの協働をどのようにみなしていたのだろうか。ベニートの息子の妻リディアは、「スティーヴとダニエルの学費はソウリック（ベニート）が払ったの。なのに、彼らはカネ持ちになったら、ソウリックを忘れているみたい」と述べた。昔のセンベーンでは、祭宴堂（現在のピウスの居住地）と一続きになっていたベニートらの父の家に兄弟がみな住んでいた。当時、警察官であったベニートだけが安定した現金収入を得ていたという。ベニートはスティーヴとダニエルがミクロネシア短期大学に通った際、学費の一部を負担した。リディアは、ベニートが世帯員として弟の面倒を見た過去を語り、現在では弟たちが必ずしもベニートに協力しないことを嘆いた。

スティーヴの妻は、航空券代の支払いという過去の貸借関係を理由に、ベニートの前に顔を出さない自らの立場を正当化した。他方、ベニート一家のリディアは、過去における世帯員としての学費の支払いを理由に、弟たちがベニートに協力すべきという語りを正当化していた。(14)

六　状況に置かれた村首長の権威――揺れ動く協働の条件

村首長かつ親族の長であるベニートは一見すると、ウェーバーの定義に倣って、伝統にもとづく日常的信念によって正当性を付与される存在としての伝統的権威［ウェーバー　二〇一二］という位置づけを与えて差し支えないように思える。しかし、上記の事例からは、親族間の協働において、村首長の称号や親族の長であるという立場によって、ベニートが必ずしも自動的に他の親族に対して権威を持つわけではないことがわかる。むしろ、ベニートが権威を発揮するか否か、そして親族間で協働が成立するか否かは、個別的な関係性や利害関心によって左右されていた。

以下では、親族間の協働においてベニートと他の親族との関係が推移した過程に焦点を当てる。そして、「〔村首長を〕助ける」という表現など、ベニートに対する周囲の親族の態度やまなざしにかかわる幾つかの言葉遣いを手がかりに、村首長としてのベニートに対する周囲の親族の認識にかかわるフレームの変容を検討する。

まずは「センベーン」において親族間の協働が十分に成り立つ場面を検討する。この場面では、本章第五節におけるピウスの発言に見られたように、物財の供出のみならず、ベニートのもとに集まること自体が望ましい。祭宴において、村首長の親族は村首長を中心にする「一つのまとまり」として団結し、首長位称号に見あう大規模な供出をすることがその他の参加者から期待されている。この際、世帯間の財力の差を背景にして、ベニートのために物財を供出することが他の世帯に求められる。ベニートへの協力として物財を供出することに対する周囲の親族の認識はしばしば、「〔ベニートを〕助ける」という言葉によってフレームを設定される。

ポスト植民地時代のポーンペイ島社会の経済条件のもとで村首長以上に財力を持つ人物は、祭宴の場において再分配をとおして主に物財を受け取るのが村首長であるにもかかわらず、村首長より多くの物財を供出するよう求められる。だが、祭宴において親族による協力の一致が見られる場面では、このような供出の物質的不均衡という異種の要素は「括弧入れ」される。それによって、「ベニートは親族が率先して『助ける』べき権威ある人物である」という理解を導くフレームが設定されることになる。

しかし、スティーヴの妻やヤコブの不満からは、親族間の協働という機会において、ベニートを「助ける」という行為とは矛盾する諸要素が「あふれ出し」ていることがわかる。そうした要素の例として、第四節におけるヤコブの憤りからわかるように、供出をめぐる物質的不均衡や、彼の妻の宗教的信条の問題がある。また、第五節でスティーヴの妻が言及した過去の貸借関係のように、世帯間の財力の差異を背景に日常的なプロセスのなかで築かれた負債の関係もある。財力の差異は政治家との関係において顕著であり、村や親族の活動はしばしば政治家なくして成立しえない。

このように、親族間の協働において「あふれ出す」要素の種類が状況ごとに異なるために、固定的な規範とは違い、協力の仕方は絶えず同じようには組織されない。第五節では、ピウスとスティーヴの妻の言い分の齟齬という形で、ベニートを「助ける」という選択をめぐる親族間の葛藤が表面化した。この時、スティーヴらは、物質的な側面に限定してベニートを「助け」、彼の前に顔を出さないままに葬式の祭宴に参加した。

彼らの語りから明らかなように、ベニート一家が一頭しかないブタを「センベーン」における世帯間協働以外の機会（称号確認式）に使ってしまったという出来事の生起によって、フレームの変容が生じた。すなわち、未だ返礼されない航空券代という過去の貸借関係という要素――「センベーンの人びと」を「大切にしない」ベニートというイメージを導く要素――が「括弧入れ」されずに「あふれ出し」たことから、「ベニートは親族が率先して『助ける』べき権威ある人物である」という理解にかかわるフレームが改変されたのである。結果として、スティーヴらの「助ける」活動においてベニートの権威は一時的に低まり、物質的な供出をすれば十分であるという程度の「助ける」活動にとどまった。

それゆえ、惜しみない協力ではなく、「供出しても、顔は出さない」という、彼らの立場や視点に応じた協力が行われたといえる。このように、公的な期待にもとづいてベニートを「助ける」という活動はつねに一定の条件でなされるとは限らない。「あふれ出す」要素次第では、「センベーンの人びと」は、親族間の協働においてベニートに権威を認める既存のフレームを見直し、ベニートを「助ける」に値するのかを問い直すこともある。したがって、親族間の協働において、ベニートに対する「センベーンの人びと」の態度や振る舞いは、ベニートを「助ける」／「助けない」という選択のあいだを揺れ動くことになる。

その一方、リディアの嘆きも同様に、過去における学費の支払いという負債の関係について触れていた。これも、スティーヴやダニエルの非協力という出来事の発生によって、現在における両者の財力の差異や、過去における金銭的な援助という要素が「あふれ出し」、ベニートの権威をめぐる既存のフレームを緊張させた結果であるといえる。とはいえ、リディアの語りがベニートを「助ける」という行為を肯定し、ベニートの権威を一時的にでも回復させようとした点に着目する必要がある。

このように、ある種の要素が「括弧入れ」されずに「あふれ出し」、ベニートの権威をめぐるフレーム構築に影響を与えるという場合、その影響は正と負の両方の方向性を持ち、ベニートに対する協力を肯定することも、ベニートに対する協力を否定することもある。ベニートがある親族に対して善行をした過去（この場合であれば学費を払った過去）があれば、その親族はいつも以上にベニートを「助け」たくなるだろう。逆に、ベニートがその親族に対して悪行をした過去（この場合であればセンベーンにおける世帯間協働よりも義理の息子の称号確認式を優先した過去）があれば、その親族はベニートを「助ける」という行為を見直そうとするだろう。親族間の協働が物財の供出にかかわるため、さまざまな要素のなかでもとくに、当事者間における貸借関係などの日常的な負債の関係が、「ベニートは親族が『助ける』べき権威ある人物である」という理解を支えるフレームの緊張を強く左右すると考えられる。

これらの「助ける」という方針は正と負のいずれにしても、規則や信念とは異なり、ベニートと周囲の親族との関係構築のなかで生じたものである。ここから、村首長や親族の長などの役職を持つ人物に関しても、その人物の権威を高める方向性とそれを低める方向性はともに周囲の親族との相互行為のなかで導かれる可能性があるといえる。

最後に、親族間の協働に対する個々人の意味づけは、必ずしもベニートとの関係性だけを焦点にするとは限らない。ヤコブに注目して考えよう。彼は自身の所有するブタを自慢にしているが、表4―2で示したようにブタを供出した機会は主に親族の活動に限定されていた。それに対し、ベニートを「助ける」という活動が親族の範囲を超える場合、ヤコブはブタではなく他の物財を供出した。ここにおいて、ヤコブは、自慢のブタを惜しみなく供出するという自らの行為の価値を、親族内で完結する分配を基準に捉えている。これに対して、一年に一度の「村の祭宴」では、ヤコブは積極的にブタを供出し、村首長としてのベニートに対する尊敬を表明する。

とはいえ、前者が親族というコンテクストに、後者が「村の祭宴」というコンテクストに対応するわけでは必ずしもない。二〇一二年にはアワクポウエ村の「村の祭宴」が「センベーン」で開催されたことから、ヤコブは「センベーンで村の祭宴を催して、小さい祭宴だと恥ずかしい」と語り、「村の祭宴」を親族の威信と関係づけた。同様に、ベニートに協力的なエルチャーは、この年の祭宴を孫が生まれてはじめての「村の祭宴」と位置づけ、村首長としてのベニートへの恩義に加えて孫への愛着を示した。このような親族間の協働に対するヤコブやエルチャーの個別的な価値づけは、他の当事者との共通の現状認識としてのフレームをつくるわけではない。むしろ、「センベーン」という開催地や、「孫の誕生」という出来事などの「外部」の要素が「あふれ出」し、ヤコブやエルチャーの個別的な価値づけを促すことによって、一年に一度の「村の祭宴」においてベニートに対する尊敬を示すという理解を導くはずのフレームを緊張させていることがわかる。このように、村首長に対して周囲の親族が協力や贈与をするという活動は、固定的で不変的な伝統的権威の効果に還元することはできず、実践を通じた諸要素間の関係性の変化とともに変わりうる。

こうした検討から、現代ポーンペイ島社会における村首長や親族の長の権威は、いわゆる伝統的権威が過去から持続した結果とも、伝統的権威が近代化によって衰退とした結果とも言えない。さらに、彼らが権威を十全に発揮できるか否かは、彼らの役職や地位によって自動的に規定されるわけではない。

本章の事例で見たように、村首長の周囲の親族は、物財を供出して村首長を「助け」ることで「一つのまとまり」を形成して祭宴に参加するという規範に沿って行動することを期待される。しかし、親族間の協働の条件は、村首長や親族の長の役職や地位とは異質な諸要素（当事者間の財力の差異を背景とした諸関係）との動的な結びつきと切り離しを通じて状況ごとに変化する。村首長や親族の長の周囲の親族は、互いの日常的な関係構築をとおして状況ごとに変わる協働の条件のなかで、村首長を「助ける」という方針を再考し、「助ける」度あいや有無をその度ごとに修正する。この意味で、首長を取り巻く親族は、村首長を「助ける」という慣習的な規範に従うだけではなく、自己の行為を問い直すことのできる反省的な主体であるといえる。その帰結として、親族レベルの相互行為における伝統的権威の存立にかかわるフレーム、すなわち村首長を「助ける」という周囲の親族の行為を導くフレームは、必ずしも固定的な規範とはならず、周囲の親族の立場や利害や関係性に応じて状況ごとに現れるのである。

注

（1）ポーンペイ島社会の養取慣行では、養親のみならず、実親も養子に対して重要な権限を持つ。養子は、養母のクランの出自ではなく、実母のクランの出自にあるとみなされる。また、「養親は養子の養育に対して initiative を握っているが、実親も子供に関心を持っており、相続をさせることも許される」［須藤　一九七七：二五三］という。なお、フィッシャーによれば、養親との良好な関係を築くためには、養取の時期は、授乳開始直後が望ましいとされる［Fischer 1970: 299］。

（2）ただし、ここでの記述には、リータの兄弟の視点が欠落していることを断わっておかなければならない。たとえば、ソンスチャーやヨワニスの視点からすれば、リータが世帯のナンバー2だとするマリーノの語りを直ちに認めることはできない。なぜなら、夫方居住が優勢な現在のポーンペイでリータが婚後も世帯に居住し続けることを、ヨワニスは快く思っていない。私は、リータのいないカヴァ飲みの場で、ソンスチャーやヨワニスから、そのような愚痴を何度か聞いた。

（3）逆に、称号が用いられない場合もある。とりわけ女性は、高位称号を保持していない限り、ほとんど称号で呼びかけられない。称号を用いない場合は、名前やニックネームで呼ばれることもあれば、「パパ」や「ノーノ」と呼ばれることもある。より親しみを込めた言い方として、父を「イップ」（*ip*）、母を「イン」（*in*）と呼ぶこともある。祖父や祖母には「イップ」や「イン」は用いられない。たとえば、ヨワニスは、三人の子どもたちから「パパ」、「イップ」あるいはニックネームで呼ばれていた。また、リータは、「ノーノ」、「イン」あるいは、名前で「リータ」と呼ばれていた。

（4）二〇〇九年八月二九日の称号授与によって、マリーノは、「ナーニード」（*Nahnid*）というアワクポウエ村の称号を得た。しかし、それに慣れない子どもたちは、「ナーリック」の称号で呼んでしまうこともあった。また、リータは「ナーニード」よりも「ナーリック」の方が語感が良いという個人的な好みゆえに、「ナーリック」という称号を使い続けていた。そのため、世帯内におけるマリーノへの呼びかけに際して、しばらくは「ナーニード」と「ナーリック」という二つの称号が使用されていた。

（5）食事の準備に関して、男性と女性の仕事は、明確に分けられている。ブタやヤムイモ等の石焼き（*uhmw*）以外の調理は、女性の仕事とされる。他方、男性の仕事は、食料調達と石焼きである。しかし、近年では、女性が賃金労働を通じて稼いだ現金で買い物をすることや、女性が近海での漁撈をすることなどもあり、性的分業の区別は曖昧になりつつある。こうした例外がありながらも、食事の準備についての男女の区別は割に厳格である。ある島民の話によれば、男性が女性の仕事をするなら、男性は糞を食べているようなものであり、恥の極み（*kanamenek*）とされる。そうした発言の背景には、男性が上（*powe*）、女性が下（*pah*）という発想がある。

（6）マリーノは、職に就いていた時期もあったが、失業中の時期もあり、妻のリータが働きに出ているあいだ、料理や洗濯、子どもの世話をした。私の調査中も、彼は、そのような状態であった。彼は、女性の仕事をしていたことで、ベニートの妻のマリアなどから、最初は低い評価を受けていたという。しかし、彼の話によれば、それも続けていくうちに、良い評価に変わっていったのだという。

（7）物の受け渡しの際にも、相手に「名誉を認める」べきだと言われる。たとえば、子どもが父や母に物を渡す時には、上記のような伝統的な受け渡し方法を取らなければならない。しかし、実際によく私が見かけたのは、子どもが立ったままで、物を座っている親の前に差し出し、「取って」と言う様子であった。さらには、親から物のありかを尋ねられた時、大抵の場合において、子どもは「知らない」と言って、それを探そうともしなかった。マリーノの話によれば、それは良くないという。

（8）ホテルの経営者はアメリカ人の夫婦とその息子夫婦である。彼らは一九七二年に「センベーンの人びと」と土地のリース契約を交わし、一九八〇年頃から創業した。一九九一年にはアメリカ合衆国政府から第一回「エコツーリズム賞」を受賞するなど、名実ともにポーンペイ島の観光業のなかで最も有名なホテルであった。ただし、このホテルは二〇一三年に契約上の問題で廃業している。

（9）私がソンスチャー本人から聞いた話では、多い時には、一回で二〇〇〇ドル以上の大金を送金したという。ベニートの世帯には、DVDデッキやMDプレーヤーがあったが、それらを買ったのは自分だと、ソンスチャーは自慢していた。

（10）アワクポウエ村の村称号には、首長系統の称号、副首長系統の称号、名誉称号という三つの種類があり、その総数は二〇一二年一二月の時点で八四個であった。

（11）「七人」は字義どおりに七人の役職者がいることを表すのではない。セント・ジョセフ教会の「七人」は一五人のメンバーから成る。

（12）同年のアワク地域で最大規模の「村の祭宴」になったティプエンケーペイ（*Tipwenkehpei*）村主催の祭宴において、ブタ三一頭、カヴァ六四本、ヤムイモ一四四組の供出があったのと比べると、この祭宴の小ささがわかる。

（13）たとえば葬式の祭宴などは、首長国（二日目）や村（初日、三日目、四日目）を単位として実施されるために、親族の範囲を超えてしまう。

（14）リディアの夫やスティーヴは、その妻たちと異なり、ベニートと血縁関係にある。それゆえ、ベニートへの協力をめぐって、夫婦間で意見が食い違うこともあるだろう。ただし、本章で提示した事例において、意見の食い違いはほとんど観察されなかった。

第五章　祭宴を通じた共同体の維持と創出

一　ポーンペイ島社会の村とは何か——共同体論からの接近

本章では、村首長を中心かつ頂点とする共同体としての村に注目し、村の水準において首長制特有の相互行為秩序がいかに生み出されるのかについて論じる。

首長を中心かつ頂点とする社会集団は、サーリンズによる「〔構造〕機能〔主義〕的な再分配理論」〔サーリンズ一九八四：二二八〕に典型的に見られる集団のイメージである。つまり、首長を中心とする共同体の統合が、物財の再分配によって経済的かつ社会的に支えられているというイメージである。だが、序論でも言及したように、類型論が「民族学的」な前提を疑われるのと同時に、村落のような人類学者の対象フィールドを閉じた均質な全体とみなすという、かつての構造機能主義的な想定は通用しなくなってきた。社会集団に関するこのような批判的考察は、共同体〔community〕に関する文化人類学的研究のなかで盛んに取り上げられてきた。小田亮や田辺繁治が指摘するように、人びとの日常的実践をとおした諸関係は、一見、共同体のようなまとまりに閉じられているように見えながらも、その外部の諸々の場とつながっている。それゆえ、人びとのまとまりは、閉じた同質的なものではなく、異質な諸関係や偶発的な接触による微細な変動を孕みながら、歴史的かつ状況的に構成されていると考えられる［小田　二〇〇四、田辺　二〇〇五］。

他方、ポストコロニアル人類学に対する批判的な考察のなかで吉岡政徳や安成浩が述べるように、本質主義批判により構築性や異種混淆性が強調されるなかで見失われるものは、名もなき人びとがその場その場で考える正しさの感覚であり、研究者も含めた外部者による本質化ではなく、彼ら自身による差異化の実践である(1)［安二〇一六、吉岡　二〇〇五：一八七―二三九、吉岡　二〇一六：三五〇―三五四］。

こうした考察を踏まえれば、首長制を背景とした社会集団を外部に開かれたものとして考える必要がある一方で、首長を中心に構成される集団の成員が自らの帰属集団を差異化する契機にも着目しなければならないことがわかる。本章ではそのような島民自身による集団の差異化という契機に注目して、村首長を中心かつ頂点にする共同体がいかに外部とつながり、島民たち自身がそのような村をどのような社会集団として認識するのかを検討する。本章の狙いは、村首長を中心かつ頂点とする共同体にかかわるフレームがどのような諸要素の関係性を通じて生み出されるのかを、村という共同体に対する島民の帰属意識に焦点を当てて明らかにすることである。

ポーンペイ島社会では、冠婚葬祭など、さまざまな機会に催される祭宴において、参加者が持参した物財を再分配する過程が見られる。ベニート一家では、家長のベニートが村首長の役職に就いているため、一年に一度催される「村の祭宴」の際に行われる再分配は、とりわけ重要視される。この一家から見れば「村の祭宴」の主役は紛れもなくベニートである。「村の祭宴」は村人が自ら育てた大きなヤムイモやブタを競うようにして持ち寄ることによって、村首長であるベニートへの礼節を示す機会である。集められた農作物や家畜は、祭宴の進行のなかで「（村首長の）お食事」へと変換され、その所有が村首長へと移転された後、再び「お食事からの分け前」として参加者の村人たちに配り直される。この再分配において、「村」は、村首長を中心かつ頂点として統合された社会集団として立ち現れるように見えるため、サーリンズの「〔構造〕機能〔主義〕的な再分配理論」が繰り返されているかのようである〔サーリンズ　一九八四：二二八〕。以下では、このような村をめぐって、住民たちがどのような差異化の実践をしているのかを検討する。

行政的な位置づけを持たないポーンペイ島社会の村は、地理的な境界すらやや曖昧である。たとえば、アワクポウエ村はアワク地域にある六つの村のうちの一つである。だが実際には、ベニートがアワクポウエ村の成員とみなす者の多くがアワク地域内に住む一方で、州都コロニアや別の行政区など、アワクポウエ村の地名とは関係のない遠い土地に住む者もいる。さらに、グアムやアメリカ本土で暮らすポーンペイ島民のなかにも、ベニートがアワクポウエ村の成員とみなす者がいる。彼らの住居が地理的に分散しているのみならず、一つの村として住民がまとまって活動する機会も一年に一度の「村の祭宴」以外にはほぼ見られない。反対に、ベニート一家の屋敷から近い距離に住みながらも、別の村や別の首長国の成員を名乗る住民がいる。

ピーターセンは、これらの村の境界が地理的な基礎を持つように見えるにもかかわらず、村という集団の輪郭が必ずしも居住や土地所有によって決定されるわけではないと述べる。彼はそのうえで、ポーンペイ島社会における「村とは何よりもまず、一人の〔村〕首長のもとで協働する人びとの集団である」〔Petersen 1982a: 23〕と指摘した。この観点からは、村人としての帰属を理解するうえで、村首長から村人に与えられる村称号に注目するのがよいと考えられる。個々の村称号は、「アワクポウエ村のオントル」（*Oundol en Awak Powe*）のように村の名前とセットであるため、住民の帰属を示すものである。

村首長や最高首長は一般に、紙やノートへの記載あるいは首長自身や近い親族の記憶力を頼りに、称号を管理する。前章で取り上げたアワクポウエ村の首長ベニートは、一冊のファイルに挟まれた紙に、村称号をその保持者の名前とともに位階順に記載していた（写真5―1）。首長や高位称号保持称号のなかには、パーソナルコン

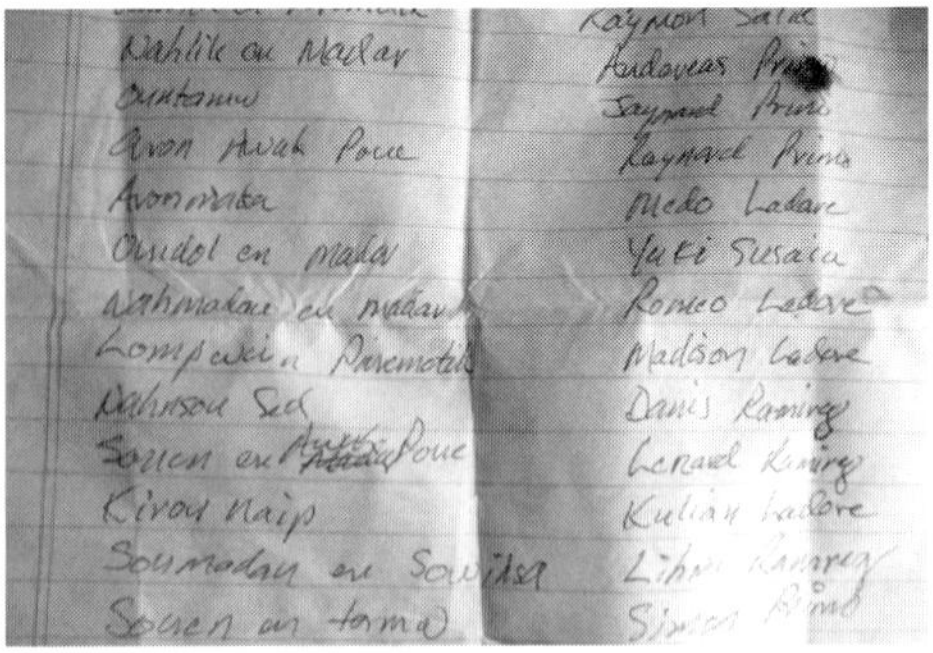

写真 5-1　ベニートのノートに記載された称号保持者のリスト

ピューターを用いて、称号とその保持者に関するデータを管理する者も少なくない。

しかし、村首長の管理する称号のリストは、村の成員を把握するうえで不十分であった。たとえば、アワクポウエ村の高位称号を持つある男性は、ティプエンケーペイ村からも称号を授与されており、彼自身はティプエンケーペイ村の成員と自己認識していた。複数の村の称号を同時に保持するという事態は珍しいことではなく、ベニート自身も他村の称号保持者にアワクポウエ村の称号を与えることがあった(2)。

反対に、人数は少ないが、どの村の称号も保持していない者がいる。ベニート一家の屋敷地のそばには、かつてアワクポウエ村の称号を保持していたが、数年前にベニートから称号を剥奪されたアルウィースという男性がその家族とともに住んでいた（第二章第三節を参照）。ベニートは彼をアワクポウエ村の成員であるとは考えておらず、先の称号リストにも彼の名前はなかった。だが、アルウィースは自身のことをアワクポウエ村の成員であると述べていた。いずれの場合も、村への帰属をめぐる認識が村首長と住民とのあいだで異なる。

村は行政的にも地理的にも確固たる境界を持たず、日常的な活動や集住の単位でもない。その条件下では、村首長が村人に与える称号こそが村の境界を徴づけているものと思われた。しかし、村首長とその他の住民とのあいだで認識が異なっていたように、個々の住民の帰属は、村首長による称号授与という一つの事実だけでは決定しえない。そのため、村首長が管理する称号リストを前提にした調査によっては、どこからどこまでが一つの村であるのかを正確には把握できない。ポーンペイ島社会における村には、成員権を示すように見える称号リストがありながらも、実際の成員権は一義的に確定できるものではなく、社会集団としての村の境界は不鮮明である。

このような今日の村における境界の不鮮明さは、成員権だけの問題ではなく、日常的な活動の問題でもある。ドイツ行政による土地改革以降に、幾つかの母系親族集団から構成されていた村が地理的なまとまりを失ったことを大きな要因として、現在では、村称号によって村人であることが示される一方で、村単位での島民の日常的な活動は滅多に見られなくなった。だが、島民たちはなお、村というカテゴリーを用いて自分たちの帰属を語ろうとする。

日常的には滅多に見られない村という集団が明確に立ち現れる機会として主要なものは、一年に一度開かれる「村の祭宴」である。現在では、「村の祭宴」が、村人同士が帰属とつながりを再認識する数少ない機会となっており、この機会を楽しみにする島民も少なくない。たとえば、二〇一一年にベニートが長男を訪ねて渡米した際[3]、尊敬を示すべき首長が不在であることを理由として、この年のアワクポウエ村における「村の祭宴」は開催されなかった。これを残念がった一部の村人は、「村首長がいなくても『私たちの祭宴』（*atail kamadipw*）だから開催すべきだ」、と私に語った。「村の祭宴」が開催されないことは、表明すべき村首長への尊敬が示されないことを意味するだけではなく、それと同時に「私たち」と村人たちが表現するような帰属意識が満たされないことも意味する。

このように、今日において、一年に一度の「村の祭宴」は二つの側面を持つ。「村の祭宴」は村首長への礼節の表明を目的としながらも、島民からは「私たちの祭宴」と呼ばれ、称号を通じた村への帰属を再認識する機会でもある。本章では、このような「村の祭宴」が開催される場面を、村首長を中心かつ頂点とする共同体が顕在化する場面と捉える。以下では、そのような場面に着目し、村の水準の相互行為において首長制にもとづく社会集団の性質が住民の帰属意識との関係のなかで立ち現れる様相を検討する。その検討によって、村首長を中心かつ頂点とする村という共同体に対する島民の帰属意識にかかわるフレームが「村の祭宴」という出来事を通じていかに生み出されるのかを考察する。

二　首長国と同型の共同体——位階称号にもとづく村

ここからは、二〇一二年にアワク地域で開催された「村の祭宴」を事例として、個々の島民の村への帰属が具体的に展開した様子を描く。

第一章で触れたように、一九二〇年代にマタル首長国はアワク村へと降格した。そのアワク村も、一九九〇年代までには、アワクポウエ村を起点として、いずれもソウリックを首長位称号とする六つの村へ徐々に分裂した。ピーターセンによると、人口増加とともに数少ない高位の村称号をめぐる争いが生じたことがその原因にあるという［Petersen 1982a］。六つの村の各々は基本的に対等とされているが、その成立年代順に応じて、祭宴における物財の再分配の際などに参照される緩やかな格づけがある。本章の記述ではその格づけが重要な要素となるため、便宜上、以下のように成立年代の古い順にA村からF村とする。

A村：アワクポウエ村
B村：アワクパー（*Awak Pah*）村
C村：ケピンアワク（*Kepin Awak*）村
D村：アワク村
E村：ポーンアワク（*Pohn Awak*）村
F村：ティプエンケーペイ村

二〇一二年にはA村からF村の祭宴が互いに関係しあった相乗効果によって、アワク地域における「村の祭宴」は総体として、この年のウー首長国で最大規模のものとなった。同年の一一月一一日に行われたある祭宴において、ウー首長国の副最高首長が「今年のアワクは成功した」と演説したほどである。

「村の祭宴」において、物財の供出は、村称号にもとづく村人の「義務」(*pwekoa*)である。アワク地域のいずれの「村の祭宴」でも、村称号の順位が高ければ高いほど、より「大きな」(*lapala*)物財――島民によって立派に育てられたヤムイモやブタ、カヴァ――の供出が期待される。そして、村首長に礼節を尽くすために島民が持ち寄った物財は、村称号の順位に応じて参加者へと再分配される。

「村の祭宴」における物財の再分配は、他の祭宴とほぼ同様に、次のような手続きを踏んで行われる。祭宴の参加者たちが、カヴァやヤムイモ等の農作物、ブタなどの家畜、調理済みの食事といった物財を持参して会場を訪れる。この際、参加者は各々の世帯や親族などを基礎に一つのまとまりをつくり、列をなして物財を持ってくる。次に、祭宴の進行に従って、会場に持ち込まれた物財が祭宴堂のなかに運ばれ、参加者のうち最高位の称号保持者の前に並べられる。そして最後に、分配役(*sounehne*)が受領者の称号を呼び上げる形式で、最高位者の前に集められた物財が再分配される。この際、物財はすべて最高位者の所有物とされ、最高位者からの分け前として残りの参加者に配り直される。

再分配に際した称号の呼び上げは、村人の地位と帰属を最も明示的に表す手続きである。称号には明確な順位があり、その順位に従って称号が呼び上げられるが、たとえば「チャモロイ〔村〕のコローム」(*Koaroahmw en Tamworohi*)という呼び上げのように、しばしば村の名前もセットにされる。さらに、第二章で論じたように、称号の呼び上げられる順番が早ければ早いほど、「大きな」物ないしは価値の高いとされる物が分配される。村首

写真 5-2　調理済みの食事の再分配における差異化

長などの「高位者」への分配物はココヤシ葉製バスケットで包装され、たとえば「〔村首長の〕お食事からの分け前」（*kepin sahk*）という言葉を添えて呼び上げられる。そのため、物財を再分配する順番のみならず、再分配物のサイズや授与の形式によっても、居あわせた参加者の地位配列が可視化される。

写真５―２は、再分配を通じた位階序列の可視化の一例である。二〇一一年一〇月一日に行われたある祭宴において調理済みの食事が再分配された時のものである。左は最高首長への再分配物、中央は高位称号保持者や村首長への再分配物、右二つはその他の参加者への再分配物であり、各々の位階に応じて再分配される食事の内容が変わっている。

アワク地域の「村の祭宴」でも、農作物や家畜や食事の再分配において同様の光景が見られた。表５―１は、一〇月六日に開催されたE村の祭宴におけるブタ肉の再分配の順序と形式を最初の二五名に限って示したものである。これを見るとまず、E村の村首長が最も早くブタの脚肉を受け取り、それはココヤシ葉製バスケットで包装されていた。この祭宴にはアワク地域の他村の村首長も出席した。彼らがブタ肉に加えカヴァ一本を受け取っている点については後述するが、村首長に限らず、他村からの参加者についても村称号の順位が再分配の基準とされた。

各村の位階称号のシステムは互いに等しい地位体系から成っている。たとえば、E村の首長系統・第二位の称号とA村の首長系統・第二位の称号は、同じ位階だとみなされる。同じ位階の称号の場合、開催村であるE村が最優先され、残りの村の

表 5-1　E 村の祭宴におけるブタ肉の再分配

再分配の順序	受領者の位階	帰属	受領物の内容
1	村首長	E 村	ココヤシ葉製バスケットに包まれたブタの脚肉
2	村首長	A 村	ココヤシ葉製バスケットに包まれたブタの脚肉 カヴァ 1 本
3	村首長	B 村	ココヤシ葉製バスケットに包まれたブタの脚肉 カヴァ 1 本
4	村首長	C 村	ココヤシ葉製バスケットに包まれたブタの脚肉 カヴァ 1 本
5	村首長	D 村	ココヤシ葉製バスケットに包まれたブタの脚肉 カヴァ 1 本
6	村首長	F 村	ココヤシ葉製バスケットに包まれたブタの脚肉 カヴァ 1 本
7	副村首長	E 村	ココヤシ葉製バスケットに包まれたブタの脚肉
8	副村首長	B 村	ココヤシ葉製バスケットに包まれたブタの脚肉
9	副村首長	C 村	ココヤシ葉製バスケットに包まれたブタの脚肉
10	副村首長	他村	ココヤシ葉製バスケットに包まれたブタの脚肉
11	副村首長	他村	パンノキの葉に包まれたブタの脚肉
12	村首長夫人	E 村	パンノキの葉に包まれたブタの脚肉
13	村首長夫人	F 村	パンノキの葉に包まれたブタの脚肉
14	副村首長夫人	E 村	パンノキの葉に包まれたブタの脚肉
15	副村首長夫人	他村	パンノキの葉に包まれたブタの脚肉
16	村首長系統・第 2 位	E 村	包装なしのブタの脚肉
17	村首長系統・第 2 位	C 村	包装なしのブタの脚肉
18	村首長系統・第 2 位	D 村	包装なしのブタの脚肉
19	村首長系統・第 2 位	F 村	包装なしのブタの脚肉
20	首長国称号の保持者	ウー首長国	包装なしのブタの脚肉
21	首長国称号の保持者	ウー首長国	包装なしのブタの脚肉
22	首長国称号の保持者	他の首長国	包装なしのブタの脚肉
23	首長国称号の保持者	他の首長国	包装なしのブタの脚肉
24	村首長系統・第 3 位	C 村	包装なしのブタの脚肉
25	村首長系統・第 3 位	B 村	包装なしのブタの脚肉

順番は成立年代にもとづく格づけに従って再分配が行われた。村首長に続いて、副村首長、村首長夫人、副村首長夫人、首長系統・第二位の村称号の保持者、首長国称号の保持者、首長系統・第三位の村称号の保持者へと再分配が行われた。表5—1に示した最初の二五名がブタ肉を受け取った後も再分配は続き、位階の高いものから順に村称号が呼び上げられ、ブタ肉が再分配されていった。

この事例からは、首長国称号の保持者への再分配をあいだに挟みつつも、ほぼ村称号の順位に則って再分

写真 5-3　ココヤシ葉製バスケットに包まれたブタ肉とパン果

配されたことが確認できる。つまり、村首長に始まり、称号の順位が高ければ高いほど、より早い順番でブタ肉が再分配される。他村の村称号は、その位階に応じてE村の称号に準じて扱われた。さらに、受領物の内容を見ると、位階称号と再分配の順番に応じて、ココヤシ葉製バスケットによる包装、パンノキの葉による包装、包装なしといった、授与の形式の差異化がなされた。このような手続きは、称号の呼び上げとブタ肉の包装の形式によって村称号の序列を可視化する（写真5—3）。

その結果、少なくともE村は、村称号の位階序列が遵守された上記の再分配を通じて、村首長の管理する村称号のリストと同様に、村首長を中心かつ頂点とする身分階層的な共同体（以下、「位階称号にもとづく村」とする）として、その形態を現したといえる。

しかしながら、この祭宴がE村の祭宴であるのにもかかわらず、E村以外の称号（他村の称号や首長国の称号）に対しても再分配されている点が、「位階称号にもとづく村」という閉じた集団を想定する観点から見た再分配を不完全にしている。さらに、E村以外の他村の村首長へのブタ肉の再分配に際して、カヴァがつけ加えられている点もこの再分配の特殊な点である。E村の称号を持たない「他村からの参加者」がいかに「村の祭宴」に参加するのか、なぜ他村の村首長へのブタ肉の再分配にカヴァがつけ加えられたのか。これらの点に注目することにより、「村の祭宴」における物財の再分配を通じて現れる、「位階称号にもとづく村」とは異なる村の形態について記述する。

三　格づけされる共同体――「強い」村

「村の祭宴」はどの村でも基本的には外部者に開かれており、他村の称号保持者や外国人なども自由に参加することができる。以下の事例では、「村の祭宴」において、住民たちがどのように自村を他村から差異化するのかという点に焦点を当てる。

二〇一二年八月、村首長の体調を理由に例年と比べてかなり早い時期でありながらも、A村とC村が「村の祭宴」を催した。いずれの祭宴も、集められた家畜と農作物の数とサイズから見ると小規模な祭宴であった（表5―2）。様相が変わる契機はD村が催した大規模な祭宴にあった。D村の称号保持者たちは協力して六六組ものヤムイモを掘り出して展示し、祭宴の「大きさ」(4)（*lapala*）を示した。D村の村首長は、アワク地域の他の五人の村首長を招待（*luk*）した。再分配のために集められたヤムイモやカヴァやブタのサイズと数に加えて、招待された首長の人数も、その祭宴の「大きさ」を測る一つの基準である。数多くの農作物や家畜を集めるのに十分なほどに村称号の保持者たちを動員して「大きな」祭宴を催し、他の首長を招待することができる村は「強い」（*kehlail*）とみなされる。

D村の祭宴以降に催された「村の祭宴」は、こうした村の「強さ」を競って展開した。まずD村の祭宴において、レペニエン（*Lepenien*：副村首長系統の第二位）の称号を持つシーモンがD村を代表して演説をし、他村を嘲笑うような発言をした。シーモンは「A村の祭宴は小さかった（*tikitik*）」という表現や、「D村はA村に糞をしてやった（*pakedi*）」という表現で、D村のヤムイモの数がA村よりも圧倒的に多かったことを誇った。そして、まだ「村の祭宴」を催していない村に対しては「［D村の祭宴に］便乗（*iangahki*）すればよい」、と挑発的に語った。

表 5-2　各々の「村の祭宴」における再分配の規模

月日	村名	ヤムイモ	カヴァ	ブタ	現金	招待された首長の人数
8 月 4 日	A 村	17 組	17 本	6 頭	なし	0 人
8 月 25 日	C 村	なし	16 本	なし	1500 ドル（推定）	0 人
9 月 1 日	D 村	66 組	27 本	10 頭（前後）	なし	6 人
9 月 15 日	B 村	115 組	53 本	18 頭	なし	5 人
10 月 6 日	E 村	93 組	48 本	11 頭	なし	5 人
11 月 3 日	F 村	151 組	71 本	38 頭	なし	7 人

こうした挑発も相俟って、住民同士の対抗意識が刺激され、その他の「村の祭宴」でも、村の「強さ」を示す取り組みが行われた。写真5―4はその一例であり、E村の祭宴において参加者たちが大きく見栄えのするヤムイモを展示した光景である。さらに、前節で紹介したE村の祭宴において他村の村首長が参加していたのは、まさに村首長をはじめとするE村の住民たちが自らの村の「強さ」を示すために、彼らを招待したゆえであった。

B村とF村にとっては、村首長が前年に交替してからはじめての「村の祭宴」であり、村首長の威信が試される機会でもあった。D村以降の「村の祭宴」ではあとになればなるほど、「大きい」祭宴が期待された。とくにB村とF村の祭宴では、集められたヤムイモが一〇〇組を超えるほどであった（表5―2）。B村の祭宴においてA村を代表して演説したアントニオは、D村との対比においてB村の祭宴の「大きさ」を褒め称え、さらにD村の祭宴よりも前年度におけるA村の祭宴が「大き」かったと語った。

このような規模の大きい物財の再分配は、必ずしも開催村の称号保持者ではない島民を動員することによって可能となっていた。たとえばF村の祭宴において、最大サイズのヤムイモを持ってきたのは、ウー首長国とは異なる首長国に属する村の副首長であり、彼はF村の首長と親族関係にあった。彼の持ってきたヤムイモをはじめとして、F村には巨大で見栄えのするヤムイモが展示された（写真5―5）。

村首長と親族関係にある政治家も資金的に協力していた。さらに、招待された側も何も持たずに祭宴に臨むわけではなく、農作物や家畜を持参するため、結果的に村の「強さ」に貢献してしまう。F村などの祭宴は、開催村の称号保持者という枠を越えた親族ネットワークを活用することによって、村の「強さ」を表現しえたのである。

　対照的に、「強さ」を示せなかったA村では、一時は入院するほどに体調を崩した村首長のベニートを慮って、「村の祭宴」が急遽決行された（祭宴の詳細については第四章も参照）。そのため、一部の島民からは「（A村のための祭宴ではなく）ソウリック（A村の首長）の親族のための祭宴だ」といった不満も聞かれ、他村どころか、A村の称号保持者さえもそれほど動員できなかった。結果として、A村の祭宴において、再分配されるヤムイモやブタの数は他村に比べて少ないものにとどまった。だが、いくら「小さい」祭宴とはいえ、再分配に足るほどの物財を集めるためには住民の動員が必要である。じつは、A村の祭宴がこの時期に催された理由は、もう一つある。七月二六日から八月九日まで、アメリカのカンザスシティで暮らすベニートの長男カリス（副村首長系統・第一〇位の称号を持つ）が妻子とともに、ベニート一家を訪ねて故郷に帰ってきていた[5]。A村の祭宴の日程を計画した元政治家のアントニオ（ベニートの父方オバの孫、副村首長系統・第二位の村称号保持者）とエルチャー（ベニートの弟、村首長系統・第七位の村称号保持者）は、アメリカ本土で働くカリスの財力を祭宴に動員できることも当てにして、彼の滞在期間中である八月四

写真 5-4　E 村の祭宴で展示されたヤムイモ

写真 5-5　F 村の祭宴で展示された立派なヤムイモ

表 5-3　各々の「村の祭宴」における特典的な再分配

月日	村名	特典的な再分配の内容
9月1日	D村	商品やバスケットの配布：村の女性から首長へ
9月15日	B村	ヤムイモ：首長に対してのみ3組ずつ再分配 商品やバスケットの配布：村の女性から首長へ
10月6日	E村	ブタ肉の再分配時に、首長に対してはカヴァ1本も追加で分配 商品やバスケットの配布：村の女性から首長へ 祭宴堂に吊るしてあった野菜：参加者の自由に
11月3日	F村	歓迎の贈与：ヤムイモ1組、カヴァ1本、生きたブタ1頭 商品やバスケットの配布：村の女性から首長へ

日に「村の祭宴」を開くことを決めたのであった。

さらに、村の「強さ」を示す取り組みは、島民を動員して、立派な農作物や家畜を大量に集めることだけにとどまらなかった。彼らは、招待した首長たちに対する再分配にさまざまな特典をつけた（表5―3）。たとえばB村では三組ものヤムイモを村首長に再分配し、E村では前節で取り上げたように、ブタ肉の再分配時にカヴァを追加で再分配するなどの工夫があった。また、F村の祭宴では、「歓迎の贈与」（*kohwou*）として、集められた物財のなかからヤムイモ一組、カヴァ一本、生きたブタ一頭がそれぞれの首長へと贈られた。このように、招待した村首長を再分配によっていかに歓待できるのかという点も、村の「強さ」をめぐる評判とかかわっていた。

以上のように、「村の祭宴」において集められる物財の数量や、それらの物財を配り直す方法は、村の「強さ」を示すものであった。このような「強さ」は、「称号にもとづく村」という理解に反して、開催村の称号保持者ではない島民も含め、より多くの参加者を動員し物財を集めることによって達成されていた。さらに、招待した首長の人数や、彼らへの歓待方法が村の「強さ」をめぐる評価にかかわっていた。このように、基本的には対等とされる村同士の関係性のなかにおいて、その年に固有の村の「強さ」は、物財の再分配を通じてつくり出されていた。

とはいえ、「位階称号にもとづく村」に現れる村人と「村の祭宴」の参加者とが必ずしも一致しないことは、村の境界や住民の帰属をめぐって時に問題となる。次節では、そのような問題が露わにする村の形態について記述する。

四　再び閉じられた共同体――「私たち」の村

前節で見たように、村の「強さ」を示すうえで必ずしも「位階称号にもとづく村」に現れない参加者を積極的に動員する必要がある一方で、「村の祭宴」は、「私たち」と表現されるような、個々の住民の村への帰属を再認識する貴重な機会になっている。ただし、参加者のなかには複数の村首長から称号を得ている者もおり、村への帰属は必ずしも一義的に決まるものではない。このように、「村の祭宴」は「私たち」という帰属意識が満たされる場でありながらも、「村の祭宴」の参加者は他村の称号保持者も含む雑多な集団によって構成されており、潜在的な葛藤や対立の可能性がある。

たとえば、二〇一一年のF村の祭宴では、A村とF村の称号を同時に保持する男性（本章第一節で紹介した男性）が、「A（村）のカニキ（*Kaniki*）」ではなく「F（村）のクロウン・エン・マタル（*Kiroun en Madar*）」という呼び上げとともに物財を再分配された。その話を私から聞いて、ベニート一家の住人は憤っていた。このように、複数の村から称号を得ている住民が祭宴に参加する場合、特定の村の称号を用いて物財を配り直すという行為は、本来複数あるはずの彼らの帰属を一つのものとして提示し、時に村の帰属をめぐる対立や葛藤を生んでしまう。

物財の再分配をめぐる対立や葛藤は、参加者に複数の帰属がない場合にも生じうる。たとえばD村の祭宴において、C村を代表して演説をしたコスタンは「（せっかくD村の祭宴に）やって来たのに、笑っている者や、しかめっ面（*kounsup*）をしている者がいる。他村からの来訪を喜べないなら、祭宴の意味などない」と述べた。コスタンのいう「他村からの来訪を喜べない」者の一人が、調理済みの食事の再分配の際に苛立ちを見せたD村の称号保持者のイキニオであった。この再分配ではD村の村首長や招待された村首長から順に称号が呼び上げられていったが、分配役が「A〔村〕のクロウン・エン・マタル（*Kiroun en Madar*：副村首長系統の第四位）、父（*pahpa*）だから〔優先的に再分配する〕」と大声で言ってカミーロという男性に再分配をした時、イキニオは苛立ちを露わにした。カミーロは七六歳という年長の男性であり、この祭宴の参加者の多くにとって「父」——系譜的に上位にある男性親族を指す——であったため、その系譜上の地位に配慮して優先的に物財が再分配されたのである。

これに対して、イキニオは「ここは村だ。『父』などというものはない」と反論し、D村の村称号の位階を尊重した再分配を求めた。イキニオは、D村首長系統の第三位のソウマタウ（*Soumadau*）という村称号の保持者よりもA村首長系統の第四位のカミーロの方が早く再分配を受けたことに苛立っていた。他村の称号保持者に優先的に再分配してしまうと、D村の称号保持者への再分配が相対的に遅れてしまう。イキニオが危惧していたことは、そのような再分配の遅れによって、一年に一度の「村の祭宴」にもかかわらず、D村の称号保持者が村称号に見あうだけの「名誉を認め」られず、十分な物財を再分配されないという事態であった。このように、称号を用いて物財を配り直すという行為は、位階にもとづく物財の受領の権利を意識させ、村という共同体の境界をめぐる軋轢や葛藤を生むこともある。

別の事例を紹介しよう。二〇一一年九月、新しい副村首長の就任をむかえたE村では、副村首長の称号である「クロウン」を取って、「クロウンの祭宴」（*kamadipw en Kiroun*）が計画された。ちょうどその頃、ウー首長国の副最高首長がアワク地域の各村を訪問する予定があり、各村は副最高首長のために祭宴を催す必要があった。E村の村首長であるクリアンは、二度も祭宴を催し物財を供出させるのはE村の称号保持者たちの負担になると考えた。クリアンはその考えのもとに、ウー首長国の副最高首長を「クロウンの祭宴」に招待し、祭宴を一度限りにとどめようとした。だが、それに対して、クリアンの弟のサピオは、この祭宴が「私たちの祭宴」であることを主張して反発した。サピオはこうした反発から、クリアンにE村の村称号を返上し、結果としてE村の活動から離れてしまった。

なぜサピオは怒ったのか。副最高首長が祭宴に参加すると、最高首長と副最高首長を最優先にした物財の再分配が行われる。そのため、村首長と副村首長は彼ら自身のための村の祭宴にもかかわらず、これらの「高位者」の後にようやく物財を再分配されることになり、村首長はもはや再分配の中心ではなくなってしまう。これにより、その祭宴は副村首長への尊敬を意図する「クロウンの祭宴」というE村主体の祭宴ではなく、副最高首長への接待をするための「首長国の祭宴」(*kamadipw en wehi*)になってしまう。せっかく島民たちが供出した物財もその多くを最高首長や副最高首長、その他の「高位者」に再分配しなければならず、E村の称号保持者に再分配される物財が相対的に少なくなってしまう。そのため、「私たち」の育てたヤムイモやブタを集め、再分配を通じて「私たち」に配り直すことによって「私たち」の村への帰属を再確認するという「村の祭宴」の意義の一つは損なわれてしまう。

サピオはこのように「私たちの祭宴」という祭宴の意義が失われてしまうことへの反発から、村称号を返上し、E村への帰属をやめたのである。このように、最高首長や副最高首長などの首長国の「高位者」の参加は、再分配の単位を村から首長国へと変更し、祭宴がなされる場の意味づけをも変えてしまう。それは、物財の再分配をとおして帰属を再確認するという島民の期待と対立することがあり、島民たちの帰属意識を揺さぶるものであった。

本章第二節で見たように、「村の祭宴」における物財の再分配は、村の名前とセットになった村称号の使用という手続きを取ることによって、個々の島民の帰属を可視化するものであった。他方で、本節の一つ目の事例と二つ目の事例が示すように、「村の祭宴」では、開催村以外の村からも独自に村称号を得ている村人や、開催村の住民と個別的に関係を構築している他村の住民にも物財が再分配されていることがわかる。そのため、開催村の称号保持者以外の参加者に物財を配るという行為(ないしはその見通し)は、一年に一度の「村の祭宴」の機会以外には顕在化することの少ない、「私たち」の村という住民の帰属意識を十分に満たしえないという危険を伴う。本節の二つ目の事例と三つ目の事例においてイキニオとサピオが主張した村とはまさに、こうした危険に直面するなかで発露した「私たち」の村であり、「村の祭宴」における雑多な集団のなかから開催村を差異化しようとする帰属意識の表出であった。とりわけ三つ目の事例では、物財の再分配に対する悲観的な見通しによって発露した「私たち」の村という帰属意識が、島民による村称号の返上を促し、E村の称号リスト自体を書き換え、「位階称号にもとづく村」の境界をつくり直すという効果を生んだのである。

これらの「村の祭宴」では、物財を集める過程と配り直す過程において、「位階称号にもとづく村」とは異なる性質を帯びた村――「強い」村と「私たちの」村――が現れた。それらの村の出現は、村首長の管理する称号リストと実際の「村の祭宴」の参加者とのギャップを軸に展開している。他方、再分配はそれ自体で物財の移動と占有を含む経済過程であるゆえ、村首長の立場からは何らかの経済的利益を喚起する。次節では、最後の事例として、再分配物の経済的利益をめぐって村という共同体がいかに扱われているのかを記述する。

五　財源としての共同体――「給料日」になった「村の祭宴」

再び表5―2を見るなら（本章第三節）、この年のアワク地域では、C村以外のすべての「村の祭宴」が家畜と農作物の再分配を中心としていたのに対して、C村の祭宴においては「現金」（*sent*）の再分配が主要な手続きとなっていたことがわかる。ウー首長国において、祭宴における現金の使用は、今から四代前の最高首長であるパウスの時代（在位一九六〇～一九九一年）からである。この点に関して、ウー首長国の現在の副最高首長であるピーターは「現金は大事な物になった。農作物を助けるからだ。年寄りはいつまでも（農作業ができるほど）元気じゃない」

と私に説明した。しかし、ある島民は「おカネの祭宴（*kamadipw en sent*）は、物の祭宴よりも安く収まるのよ。だけど、おカネの祭宴は良くないわ」と私に語った。「村の祭宴」では、現金よりも農作物と家畜を再分配する方が島民たちには好まれる傾向にあるという。

主に農作物と家畜を中心に物財が集められた他村の祭宴とは対照的に、C村の祭宴において主に現金が集められた理由は、この祭宴がA村の祭宴と同じく、他村や例年と比べてかなり早い時期に実施されたことに関係する。じつは当時、C村の村首長は体調が芳しくなく、検査入院のためにフィリピンに渡航する必要があった。渡航費用はおそらく往復で一〇〇〇ドル近い金額になったと推測されるが、C村では病気の村首長が渡航するために必要な現金を集める機会として、「村の祭宴」が利用された(7)。

この年のC村の祭宴ではあらかじめ、現金を集めることによって村首長を「助ける」よう、村首長自身やその親族からC村の称号保持者たちに伝えられていた。なかでもとくに、C村の村首長の弟たちは一人一〇〇ドルを持ってくるように指示されていたという。祭宴当日、現金は集められたが、村首長に献上されただけで配り直されることはなかった。さらに、ブタを持参する参加者もおらず、カヴァと調理済みの食事が再分配されるのみであった。前節の事例に登場したカミーロ（A村の称号を持つ年長の男性）もこの祭宴に参加したが、彼はA村を代表して演説した際、この祭宴の再分配を非難した。カミーロは、石焼き後に小さく切り分けられたブタ肉が参加者全員に配り直されることこそが「村の祭宴」の醍醐味だと話し、この祭宴に参加してブタ肉を持ち帰れないことを嘆いた。カミーロのように物財の再分配を楽しみにする参加者はいたものの、この時のC村の祭宴はあくまでも村首長のために現金を集めるという意図のもとで進行した。

C村の祭宴において集められた現金は、村首長に対する一年一度の尊敬の表明でもなく、C村の「強さ」を誇示するものでもなく、「私たち」の帰属意識を再認識させるものでもなかった。むしろそれは、苦境に陥った村首長を参加者たちが「助け」たことの結果であった。この場合の村は、村首長やその親族にとって、村首長を頂点とする身分階層的な共同体ではなく、緊急な支出のための財源確保の手段として活用されている。

「村の祭宴」が村首長のために活用されること自体はさほど珍しいことではない。たとえば、二〇一一年におけるE村の事例がそのことを示している。E村の村首長のクリアンは村首長の称号以外にも、高位の首長国称号を保持している。二〇一一年八月、クリアンは、彼よりも上位の首長国称号の保持者が亡くなったことによって、首長国称号における昇進を果たした。クリアンが新たに手にした首長国称号は、「ナーンクロウン・ポーン・タケ」（*Nahnkiroun Pohn Dake*：最高首長系統の第七位）であった。その称号確認式では、高位称号授与の見返りとして最高首長に献上するために、五〇〇ドルもの大金を集めなくてはならなかった。そのために、クリアンの親族は財源として「村の祭宴」を活用することに決め、九月二日にE村の祭宴を催した。この祭宴を通じて現金を集めたクリアンは、翌日の称号確認式で最高首長に五〇〇ドルを献上することができた（クリアンの称号確認式については第七章も参照）。

これらの事例における村は、村首長にとって自らの支出のための財源として活用されていた。財源としての村の活用という発想は、村首長自身に限らず、その家族や親族にも顕著に見られる。たとえば、A村の祭宴や称号確認式などの機会がある度に、現金が集められ参加者に配り直されるという過程の後で、ベニート一家の面々は、時に「［今日はベニートの］給料日（*payday*）だ」と陰で言いつつ、ベニートの財布が潤うのを期待の目で見ていた。彼らはたとえベニートとともに祭宴に参加していなくても、彼からその現金がさらに自らに分配されるのを心待ちにしていた。現金だけではない。彼らは、分配できるほどに「大きな」ブタ肉やカヴァをベニートが祭宴から持ち帰ることにも等しく期待を寄せていた。実際、ベニートの帰宅後、ブタ肉は一家のみならず近隣の世帯にも分配され、ベニート一家の屋敷地内では近隣の住民も交えたカヴァ飲みがなされるのが通例であった（第二章および第四章も参照)。

第二章でも触れたように、祭宴後のさらなる分配は、清水によって、祭宴の過程で行われる再分配と区別して、「第二次再分配」と定義されている[Shimizu 1987: 158]。第二次再分配は、集める先と配り直す先が一致しないため、明確な中心と境界を持つ共同体を前提とするサーリンズの再分配理論には合致しない(8)。ベニート一家の事例に見られるように、祭宴における物財の再分配の効果や期待は、第二次再分配を通じて、祭宴に参加しなかった者たちにまで波及するのである。

六　再分配を通じた村人のつながりと差異化

本章では、アワク地域の「村の祭宴」における具体的な物財のやり取りを事例として、各々に立場の異なる住民たちがどのようにして村に関与し、村を対象化し、境界づけ、意味づけているのかを明らかにしてきた。以下では、村という共同体をめぐる境界づけや意味づけを手がかりに、「村の祭宴」において住民たちが物財のやり取りを介して相互行為をする過程のなかで、村首長を中心かつ頂点とする共同体の性質にかかわる認識のフレームがいかに変わったのかを検討する。

ポーンペイ島社会における村は、各々の住民の貢献度に応じて村首長から村称号を与えられることによって成員権が配分される。そのため、村首長の管理するリストに示されるように、あらかじめ集団の輪郭が規定されているように見える。しかし、本章における民族誌記述が示すように、毎年の「村の祭宴」では、物財を集めて配り直すという行為を通じて、その村の祭宴に誰がどのように動員されるのかが決まり、雑多な参加者のあいだで村の境界が交渉された。

本章ではとりわけ、こうした「村の祭宴」の過程において島民たちが「村」という共同体を語る言葉遣いに焦点を当てて記述してきた。参加者たちは自らの帰属を示すために「村」という同じ言葉を用いるが、そこで用いられる「村」という言葉には参加者の立場と状況に応じて少しずつ異なる境界づけや意味づけがなされる。少なくとも本章の事例においては、「位階称号にもとづく村」、「強い村」、「私たちの村」、「財源としての村」という四つの形態が「村の祭宴」における参加者間のやり取りのなかで表現された。以下では、これらの形態にかかわるフレームがいかに変容したのかを、村という共同体をめぐる島民たちによる表現に焦点を当てて検討する。

まずは、「位階称号にもとづく村」がいかにして「村の祭宴」の参加者たちに対して目に見える形で提示されたのかを検討することによって、位階称号にもとづく村という認識を支えるフレームがいかにつくられているのかを明らかにする。「位階称号にもとづく村」とは、物財の再分配という相互行為で、村の名前とセットになった村称号の呼び上げという手続きを通じて明らかになる集団理解の表現である。この集団理解を支えるフレームは、個人のアイデンティティにかかわる認識（称号を呼ばれた個人がその村ではなく、同じく称号を得ている別の村に帰属意識があるかもしれないことや、逆に称号を呼ばれていない個人がその村に帰属意識を抱いているかもしれないこと）を「括弧入れ」することによって、「村首長を中心かつ頂点として構成される一つの閉じた身分階層的な共同体」という集団理解を導くよう働く。このようなフレームにもとづく手続きをとおして、「村の祭宴」における各々の参加者は特定の村の成員として可視化されることになる。

次に、「強い」村が「村の祭宴」においてどのように提示されたのかを検討することによって、「強い」村を支えるフレームがいかにつくられているのかを明らかにする。本章で示したアワク地域の「村の祭宴」の事例のように、島民たちが村という共同体を対象化するためのフレームは、村同士の対抗という要素が「あふれ出す」結果として、島民たちによる他村から自村の差異化が促されることによって変更される。その差異化において、島民たちは自らの帰属集団の競争力を示すために、再分配のために集められる農作物や家畜の数量やサイズ、さらには招待した首長の人数を村の競争力を測定するための材料とした。住民たちはそうした数量化の道具立てを通じて「個々の村は、農作物や家畜や招待者の数量によってその競争力を明らかにする」という理解を導くフレームをつくり出していた。

実際の「強い」村は、主に親族関係をとおして別の村の住民の手を介し、大量の農作物や家畜を動員することによって実現される。そのため、村に対する住民の成員権や帰属意識を必ずしも踏まえた集団理解とはなっていない。したがって、「強い」村を支えるフレームは村同士の対抗にかかわる諸要素をフレーム内部に含みこむ一方で、個々の住民の成員権にかかわる要素や、さらには（位階称号にもとづく村を支えるフレームと同様に）村に対する個々の住民の帰属意識にかかわる要素を「括弧入れ」することで成立しているといえる。

このフレーム変容は、位階称号を基準に理解されるものから、物財の数量を基準に理解されるものへと、フレームの中身（内部）自体が全く違うものに変わっている点に特徴がある。その意味において、「強い」村を支えるフレームは、村同士の対抗意識という要素の「あふれ出し」によって既存のフレームが修正された結果というよりは、「あふれ出し」によって新たに生み出されたものと捉える方が適当である。

ただし、本章の記述が同じ「村の祭宴」を対象にしていることからも明らかなように、「強い」村を支えるフレームの登場によって「位階称号にもとづく村」を支えるフレームが消失したわけではなかった。むしろ、両者は「村の祭宴」という同じ出来事のなかで、複数の相互行為を支えるために相互補完的に用いられていた。後者のフレームは、前者のフレームをとおして動員される雑多な参加者のなかから、各々の参加者の帰属（帰属意識とは必ずしも一致しない）を集団内の序列とともに可視化することに役立った。他方、前者のフレームは、物財や人物の動員の場面や演説の場面といった村同士の対抗にかかわる諸要素が「あふれ出す」場面で用いられ、その場面では参加者の帰属や帰属意識は「括弧入れ」された。前者のフレームはこれらの場面において、集められた物財の数量や動員された首長の人数を基準として、それぞれの村で開催された「村の祭宴」を序列化することによって、自村を他村から差異化することに役立った。

ここまでの検討から、「村の祭宴」の諸場面における相互行為のなかで用いられる二つのフレームは、個々の住民の帰属意識を「括弧入れ」するよう働いていたといえる。しかし、「強い」村を支えるフレームが個々の村の競争力にかかわる物財や人物の動員を促すよう作用する結果として、「位階称号にもとづく村」を支えるフレームによって理解される村人の構成は、実際にその場に居あわせる参加者の構成とのズレを余儀なくされる。そのズレにかかわる出来事（たとえば開催村以外の村に帰属する人物に対する物財の過剰な再分配）は、上記の二つのフレームが「括弧入れ」していた「個々の住民が有する複数の帰属」という要素を「あふれ出」させてしまう。こうした複数の帰属の「あふれ出し」によって、一部の島民のあいだでは、一年に一度の「村の祭宴」における村の成員としての権利とアイデンティティが意識化される。それにより、彼らのあいだで「私たち」の村という帰属意識が表出するのである。

だが、こうした帰属意識の表出は、「村の祭宴」における参加者間の共通の現状認識としてのフレームを成立させるには至らなかった。「私たち」の村という帰属意識を導いた複数の帰属の「あふれ出し」は、むしろ既存の二つのフレームを緊張させ、集められた物財を位階称号に沿って配り直すという相互行為の秩序を乱すことによって、参加者間の葛藤や対立を導いたのである。

第四の村、すなわち「財源としての村」を支えるフレームは、「村の祭宴」の価値に関係する「村同士の対抗」という要素が「あふれ出す」ことによって生じた「強い」村のフレームとは異なり、「村の祭宴」とは無関係な「村首長による物財や現金の必要性」という要素が「あふれ出」したことによって生まれたものである。このフレームは、「強い」村のフレームと同様に「村の祭宴」において集められる物財や現金の数量によって村という集団を把握するが、その数量を村首長の財源とみなす点で「強い」村のフレームとは異なる（村を財源とみなす認識については第六章と第七章も参照）。

とはいえ、「村の祭宴」のすべての参加者が、「財源としての村」を支えるフレームを用いて行動するわけではない。財源としての村という集団理解を支えるフレームは、あらかじめ村首長やその親族から事情を伝えられた開催村の称号保持者に共有される現状認識のフレームであり、「村の祭宴」の参加者に外部の人間がいるという事実を考慮に入れていない。そのため、「財源としての村」という集団理解のフレームはあらかじめ指示を伝えられていない外部からの参加者には共有されにくく、C村の祭宴でA村の称号保持者が祭宴のあり方を非難したように、外部との参加者とのやり取りのなかでフレームの緊張が生じうるのである。

本章では、村首長を中心かつ頂点とする共同体というべき村について、村の成員権に関して既に管理された知識を検討するのではなく、「村の祭宴」という出来事における諸実践のなかで島民たちと物財がともに移動するにつれて、村をめぐる島民たちの認識のフレームがいかに変容するのかを描いた。

行政組織にも日常的活動にも裏づけを持たない村という共同体は、主に一年に一度の「村の祭宴」において顕在化する。それは「村の祭宴」を特徴づける物財の再分配の過程のなかで実行されるがゆえに、称号の呼び上げを伴う物財の再分配および物財や人物の動員と不可分である。こうした再分配の過程において、島民たちが自らの帰属にかかわる集団の価値や境界を理解するための相互行為のフレームは、村同士の対抗や村首長による財源の確保といった異質な諸要素の「あふれ出し」を通じて、村という共同体をめぐる新たな境界づけや意味づけを導くものへと再構成される。一年に一度の「村の祭宴」において、参加者は村という共同体を前提とした相互行為をするが、村という集団理解にかかわるフレームが複数あるために、参加者同士の対立や葛藤も起こりうる。

このような複数のフレームにもとづく多重的な集団の現れは、「村の祭宴」という出来事を通じて個々の島民の帰属の可視化と村の価値づけとが同時に実行される過程の帰結として捉えられるのである。

注

（1）吉岡や安は、構築主義的な立場からの本質主義に対する批判のなかで問題視された真正性（authenticity）と区別して、「ホンモノ性」という概念で、名もなき人びとによる差異化の実践を捉えている［安　二〇一六、吉岡　二〇〇五：二五一―二五六、吉岡　二〇一六：三五〇―三五四］。

（2）なかには、アワクポウエ村の首長やその親族の前ではアワクポウエ村の成員を名乗り、他村に帰属する島民に会えばその村の成員を名乗るような者さえもいた。複数の村の称号を持つようになるきっかけとして、最も多いのが親族関係を理由としたものである。たとえば、母親の出身村から称号を与えられる者、妻の出身村から称号を与えられる者などである。

（3）ベニートは前年に自動車事故で足を負傷しており、渡米の第一の目的はアメリカ本土の病院で足を検査することにあった（この過程については第四章も参照）。

（4）個々のヤムイモやブタの「大きさ」がそのサイズによって評価されるのに対して、祭宴の「大きさ」は物財の数量にかかわり、立派に育った農作物や家畜がどれくらい多く供出されたのかという点によって評価される。

（5）カリスがこの時期を選んだ理由の一つは、彼の母親の命日と彼の娘の誕生日が重なる七月二七日に、ブタの屠殺と共食を中心にした家族規模の祭宴を開くためであった（カリスが催した祭宴については第二章参照）。

（6）首長国によっても方針が異なるが、ウー首長国内で催される「首長国の祭宴」では、最高首長はたとえその祭宴に出席していなくても、祭宴の場に集められた物財を再分配されることになっている（第七章も参照）。

（7）多額の現金を集める方法として、「村の祭宴」を利用する以外には、親族からの援助に頼るのが一般的である。それでも賄いきれない場合によく用いられるのは資金調達であり、島民は景品を用意しチケットを売ることで現金を集める（第四章も参照）。

（8）分配された物財を受領者がその他の人びとに再び分配するという経済過程は狩猟採集民社会にも見られる。岸上伸啓はこれを「再・分配」と表現するが［岸上　二〇〇三：一四九―一五〇］、岸上の表現に従えば、清水のいう第二次再分配は「再・再分配」となるだろう。

第六章　初物献上の時間性

一　初物献上とタイミング——「遅い」と言われた「早い」献上

本章と次章では、最高首長を中心かつ頂点とする社会集団であるところの首長国に焦点を当て、最高首長に礼節を尽くす行為としての儀礼的貢納が、いかに首長国をめぐる関係性を生み出すのかを明らかにする。

写真6—1は、アワクポウエ村から最高首長に対して行われたヤムイモの初物献上の際に、献上用に準備されたココヤシ葉製バスケットである。バスケットには、掘り出したばかりのヤムイモと、石焼きにしたパン果が包まれている。本章では、このように最高首長に対して毎年行われる初物献上（*nohpwei*）と「礼の祭宴」（以下、両者をあわせて儀礼的貢納と呼ぶ）を取り上げる。

そして、季節ごとに行われる儀礼的貢納をめぐる最高首長と島民たちとのやり取りの過程に焦点をあわせて、最高首長の権威にかかわるフレームがどのような諸要素の関係性から構成されているのかを明らかにする。

写真6-1　初物献上されたバスケット

1　調査当時のウー首長国

ウー首長国は、ポーンペイ島の北東に位置する。二〇〇〇年の国勢調査によれば、四五二世帯、二六八五人が住み、そのうち男性は一三六六人、女性は一三一九人である。ウー首長国の北部にあたるアワク地域内には、カトリック教会のセント・ジョセフ教会がある。プロテスタント教会には、中部のチキレイソ（*Tikileiso*）教会と南部のドロイソ（*Doloiso*）教会がある。ウー首長国ではカトリック教会が二〇〇八人（七四・八パーセント）、プロテスタント教会が六三八人（二三・八パーセント）の信徒を擁する［Division of Statistics, Department of Economic Affairs 2002: 1, 3, 5, 36, 54］。

私の調査当時（二〇〇九年〜二〇一一年）、ウー首長国の最高首長は、ラシアラップ・クランのメルソール（男性、七八歳）であった（ウー首長国における最高首長系統の出自クランについては、第一章参照）。彼は、前最高首長エルマスの父方オジである。一九九九年一一月にエルマスが亡くなった後、メルソールは最高首長に就任した。メルソールは、プロテスタントのユナイテッド・チャーチ・オブ・クライスト教会の信徒であり、元牧師でもある。定年退職の以前は初等学校の校長を務めていた。

副最高首長は、ソンカワッド（*Sounkawad*）・クランのピーター（男性、五九歳）であった。ピーターは、一九九一年に四一歳の若さで副最高首長に就任した。ピーターは、ユナイテッド・チャーチ・オブ・クライスト教会の牧師であり、政府の要職にも就く人物である。最高首長と副最高首長は、ウー首長国の南部にあるナヌー（*Nan Uh*）と呼ばれる地域に別々に屋敷を構えている。

メルソールは彼の治世に特徴的な事業として、名誉称号を他の首長国の成員にも与えることを企図した。この称号を「サーンゴロ（ナーンマルキの称号）・マルケス直々の称号」（*sapwellime en Sangoro Marquez lengileng*）という。マルケスはメルソールのラストネームである。なかでも、ルーク・ドル・エン・ウェニック（*Luhk Dol en Wenik*）とルーク・エン・サコン（*Luhk en Sakon*）という名誉称号は、ルーク（*Luhk*）という在来の神の名前にもとづいてメルソールが創った称号であり、ウー首長国の名誉称号系統の最高位者に匹敵する称号とみなされた（これらの称号については第七章も参照）。二〇〇九年一一月時点の調査データによれば、メルソールが独自に創った首長国称号を保持する者は一五名いた。それとは別に、最高首長系統の称号保持者は六六名、副最高首長系統の称号保持者は六三名、名誉称号系統の称号保持者は四一名であった。

メルソールが最高首長に就任した当初、ウー首長国には二六の村があった。だが、分裂や統合の結果として、私のフィールドワークの時点である一〇年後には村の数は二三になっていた[1]。ウー首長国の場合、村首長の称号名はソウリック（*Soulik*）が多く、二三の村首長のうち一二人がソウリックの称号を保持していた。ウー首長国では、村首長のあいだにも潜在的な序列があり、最も古いとされるチャモロイ村から順に格づけがある（なお、最高首長間の序列については第三章を参照）。各村の首長の出自クランは最高首長と同じクランとは限らず、ラシアラップ・クランの村首長は八名にとどまっている。

2　クリアンの矛盾した語り

山本によると、初物献上は、再分配において物財が中心に集まってくるプロセスの典型であり、多くの首長制ないし初期王制社会に見られる。初物献上はその字義どおりに、その年にはじめて収穫された農作物を神に捧げるという慣習であり、稲の場合には初穂儀礼と呼ばれる。日本の新嘗祭なども初物献上に相当する。山本はこうした初物献上に焦点を当てることによって、土地の所有者と収穫物の排他的関係とは異なる関係性、すなわち土地の収穫物に対する重層的な社会関係を明らかにできると指摘した［山本　二〇一二：一三五―一三九］。

ポーンペイ島社会における初物献上に関する過去の民族誌も、土地の収穫物をめぐる社会関係の重層性を明らかにすることに貢献してきた。ピーターセンや清水の報告にもとづくと、土地の耕作者はその季節にはじめて収穫された農作物を最高首長に献上し、この初物は最高首長を介して神へと贈られ、土地に対する最高首長の権威を再認するとともに、新しい季節の開始を告げるとされる［清水　一九八九：一三二、Petersen 2009: 196］。実際、私もほぼ同じ説明を島民から何度も聞いた。この意味において、「慣習」の暦に従って行われる初物献上は、農作物の成長と収穫に対する神の権威を明示し、神の代理人としての最高首長による土地の支配を具現するものである。

ところが、ポーンアワク村の首長クリアンが私に向けた語りは、土地と人間についてのこうした関係性を私に再考させるものであった。クリアンは村首長であることに加え、かつては土地審査委員会の委員長を務めた人物である。彼は「慣習」に関する知識が豊富で、神話や伝承にも詳しい「郷土史家」（*soupoad*）と皆からみなされていた（クリアンについては第四章・第五章・第七章も参照）。二〇一一年八月、クリアンは「あんたの村はまだ『礼の祭宴』をしてないのか。遅いなあ」と私に言った。しかし、私がそれまでの聞き取り調査で得た情報において、一連の初物献上儀礼が済まされた後にクライマックスとして盛大に行われる「礼の祭宴」の時期は、一〇月から一二月のあいだとされており、決して遅れてはいない。何よりも、彼こそが私に初物献上と「礼の祭宴」を支える「慣習」の暦を教えてくれた人物であり、彼の教えと「遅い」という発言は私にとって一つの矛盾であった。さらに、後述するように各村が毎年異なる時期に初物献上や「礼の祭宴」を行っていることも、フィールドワークの過程のなかで明らかになった。

農作物の成長と収穫のリズムにもとづく「慣習」の暦とは異なるリズムで儀礼的貢納が実施されているとすれば、最高首長の権威にかかわる儀礼的貢納の時間性のフレームは、いかなる諸要素の関係性を通じて生み出されているのであろうか。最高首長に対する儀礼的貢納が「慣習」の暦に照らして不規則な間隔（interval）で行われているとすれば、それはどのような含意を持っているのだろうか。以下では、「慣習」の暦と儀礼的貢納の時期との乖離という事象に注目し、ポスト植民地時代のポーンペイ島社会において儀礼的貢納の実践がいかなる諸要素の関係性を通じて可能になっているのかを明らかにする。

本節においてはまず、時間の集合表象をめぐる人類学的研究を検討し、最高首長の権威と不可分な儀礼的貢納のタイミングを支えるフレームについて考えるための分析軸を設定する。

3　本章の枠組み——時間の集合表象をめぐる人類学的研究から

ポーンペイ島社会における儀礼的貢納の時間性は、第一に集合表象モデルで理解することができる。集合表象（collective representation）としての時間を論じたエミール・デュルケーム（Emile Durkheim）は、次のように述べる。

あらゆる事物を時間的に配列する欠きえない標準点は社会生活から借りてきたものである。日、週、月、年などの分割は公的儀礼、祝祭、祭儀の周期律に相応じている。暦（calendar）は集合的活動の規則性を確かにする働きを持つと同時に、そのリズムを表現するものである［デュルケーム　一九七五：三二、英語版に従って訳出を一部変更］。

そのような理解からデュルケームは、暦（時間のカテゴリー）が時間の流れを分節化し、それは自然ではなく、社会生活に起源を持つと主張した。[2] こうした集合表象モデルは地域ごとに異なる思考体系を想定する点において文化相対主義と軌を一にし、長らく影響力を保持した［Bloch 1989b: 3; Gell 1992: 14］。このモデルにおいて人類学者が提示してきた各地域の時間にかかわる集合表象〔周期的な時間や円環的な時間〕は概して、未来志向で直線的で数量的な時間という近代社会の集合表象とは対極にあると理解された［西井　二〇一一：三—六、真木　二〇〇三］。デュルケーム的な集合表象のモデルにもとづけば、ポーンペイ島社会において初物献上の基礎になる「慣習」の暦は、最高首長の所有する土地における重要な農作物〔ポーンペイではヤムイモとパン果〕の生産と収穫のサイクルにかかわる集合表象を反映していると考えられる(3)。

しかしながら、一九八〇年頃からの人類学的な時間論の潮流は、行為者の経験する時間を集合表象に還元してしまう点を問題とし、このモデルが社会変化や近代化を説明できないと批判した。ブロックによると、儀礼や神話にもとづく地域固有の時間認知が集合表象モデルによって提示され、その周期性や循環性が指摘されてきた一方で、生産活動に代表されるような実践的活動〔practical activity〕を組織化する時間の認知がある。そしてブロックは、前者が社会秩序の正当化に関係しているとしたうえで、前者が後者によって挑戦されることに社会変化の可能性があると述べた［Bloch 1989b］。

ブロック以後の人類学者が時間に対して持つ関心は、二つの時間の関係をいかに考えるのかという点にある。アルフレッド・ジェル〔Alfred Gell〕の表現にもとづくと、「時間の人類学の真の問題は、抽象的に表現された時間と『生きられている』時間がどのように相互関連しているかを理解することである」［ジェル　一九九九：二六］。このように近年の議論では、時間意識にかかわる集合表象がいかなるものであるのかという問いから、実践的活動のなかで時間がいかに経験されているのかという問いへの転換を強調する傾向が見られる［ジェル　一九九九、西井　二〇一一、Gell 1992; James and Mills 2005; Munn 1992 など］。

ブロックらの議論を受けて、ソロモン諸島・シンボ島の暦を調査したリッキー・バーマン〔Rickie Burman〕は、動きのない時間の集合表象モデルを批判し、近代化の過程を通じて在地の人びとによる時間経過の解釈が変化することを議論に組み込むべきだと主張した。そして、暦を管理する有力者を中心とした伝統的秩序が、現金経済やキリスト教会、グレゴリオ暦の導入を契機に再編成され、伝統的な暦に加えて、キリスト教の行事や政府主催の祭典が時間の流れを形づくっていることを明らかにした［Burman 1981］。バーマンが明らかにしたのは、上記のような伝統的な統治から近代統治への移行のなかで、人びとが社会活動を組織化するために、実践的な時間のなかで暦を調整しているということであった。同様に、グレゴリオ暦とローカルな暦の関係を論じたケヴィン・バース（Kevin Birth）によると、印刷メディアの発達を伴うグレゴリオ暦のグローバルな普及は、ローカルな時間を均質化するのではなく、ローカルな暦とグレゴリオ暦のズレから生じる不均質性を表示するテンプレートをもたらす［Birth 2013］。

これらの研究から示唆されるように、社会変化や近代化の只中にあるポーンペイ島における儀礼的貢納の時間性（temporality）も、集合表象モデルにもとづく地域固有の単一の時間ではなく、グレゴリオ暦の導入と社会秩序の再編を背景にした実践的活動のなかでつくられるものと理解されなくてはならない。

加えて、本章で扱う儀礼的貢納のように、実践的活動が複数の行為者の交換活動から構成される場合、ピエール・ブルデュー（Pierre Bourdieu）のように、交換のタイミングをとおして時間の間隔を戦略的に操作する行為者のモデル［ブルデュー　一九八八、Munn 1992: 107］を念頭に置く必要がある。(4) したがって本章では、行為者の戦略にかかわる潜在的な利益を考慮に入れて民族誌的記述を展開する。

以下の記述では、現代的な社会関係のもとで首長制の実践的活動を組織するために、いかに行為者が暦を調整しているのかを検討する。本章では、そのような検討をもとに実践的活動の過程における儀礼的貢納の時間性を分析し、最高首長への儀礼的貢納を支えるフレームがいかに生み出されているのかを明らかにする。

二　首長国と土地制度

ポーンペイ島社会において、農作物の成長とそれを収穫する島民との関係は、社会生活に一定のリズムをつくり出している。一年の儀礼サイクルは、パン果とヤムイモの成長と収穫のリズムにもとづく。ポーンペイ島社会では、パン果の季節である「ラーク」（*rahk*）と、ヤムイモの季節である「イソル」（*isol*）が交互に訪れる。字義どおりには、前者は物の豊かな状態を意味し、後者は物の欠乏した状態を意味する。その始まりは、それぞれ五月頃と九月頃である。前者は雨期に、後者は乾期にほぼ重なる。パン果については、その欠乏期においても、四つの季節が認識されており、その各々を「アディーセウ」（*adihseu*）、「ソウパル」（*soupar*）、「カチン・ゲン・アンガック」（*kating en angak*）、「ディリン・ラーク」（*dilin rahk*）という。[5] こうした収穫期にあわせ、首長国と村の双方において、初物献上が実施される。初物を献上することは、男性の義務（*pwukoa*）であり、女性には許されていない。最初に、各村の首長がその村を代表して、最高首長にパン果やヤムイモの初物を献上する。[6] その後に、村の水準において、各村の住民がその村の首長に初物を献上する。

他方、実際の農耕において島民たちは、グレゴリオ暦との結びつきのなかに参照点を持っている。たとえば一週間のサイクルにおいて、土曜日（*rahnkaonop*）は字義どおりには「準備の日」を意味し、農作業や石焼きをし、次の一週間の食事に備える日とされている。日曜日（*rahnsarawi*）は「聖なる日」を意味し、この日は、キリスト教的な意味でも安息日であり、農作業をしてはならないとされている。

第一章で見たように、こうした収穫の季節と慣習的な土地制度との関係は二度の土地改革によって再編された。一九一二年のドイツ土地改革によって、一年に一度ヤムイモとブタを最高首長に貢納することを義務づける「礼の祭宴」が始まった。そして村の水準でも一年に一度の「村の祭宴」が慣例化された。そして、「礼の祭宴」と「村の祭宴」は、パン果とヤムイモの初物献上のサイクルに組み込まれる形で実施されるようになった。

このように、首長制がドイツ土地改革以後に物質的な土台を失ったとはいえ、首長に対する儀礼的貢納は、初物献上に加えて「礼の祭宴」と「村の祭宴」を包含し、現在も実践されている。そして島民はこれらの実践を「慣習の側」にあるものと理解している。清水と対話した島民が一九七〇年代に行った説明では、島民たちが最高首長に初物献上の形で礼節を尽くすことが次の収穫の保障になるとされ、そのような儀礼体系の中心が「礼の祭宴」であったという［清水　一九九九：四一八］。

ポーンペイ島民は、最高首長に礼節を尽くす「礼の祭宴」と村首長に礼節を尽くす「村の祭宴」という二つの祭宴をまとめて、「薪の顔」（*meseng tuwi*）と呼ぶ。それは、これらの特別な祭宴において、薪を燃やして大規模な石焼きを行い、首長に表敬するという意味を持つ。こうして、「礼の祭宴」と「村の祭宴」を組み込んだ初物献上のサイクルは、首長の土地権を欠いたまま「慣習の側」で持続してきた。

他方、現代ポーンペイ島社会における公的領域は、島民たちにとって「慣習の側」に還元されるものではなく、「政府の側」と「教会の側」からも構成されている。後者二つの領域はグレゴリオ暦にもとづきながら、政治家の就任式といった政府行事や、イースターやクリスマスといった教会行事の実施によって、時間の流れを形づくっている。先のバーマンの指摘に従うなら、儀礼的貢納の時間性を考えるうえで、これらの「側」の活動も視野に入れておく必要がある。さらに、ウー首長国において、私の調査当時の最高首長であったメルソールは、プロテスタント教会の元牧師であり、調査当時も教会に対して強い影響力を有していた。副最高首長であったピーターもプロテスタント教会の現役の牧師であり、政府の要職に就いていた。このように最高首長と副最高首長は「慣習の側」だけではなく、他の「側」でも有力な地位にあった。それゆえ、彼らの活動は、これらの「側」の活動と

図 6-1 「慣習」の暦にもとづく初物献上と「礼の祭宴」

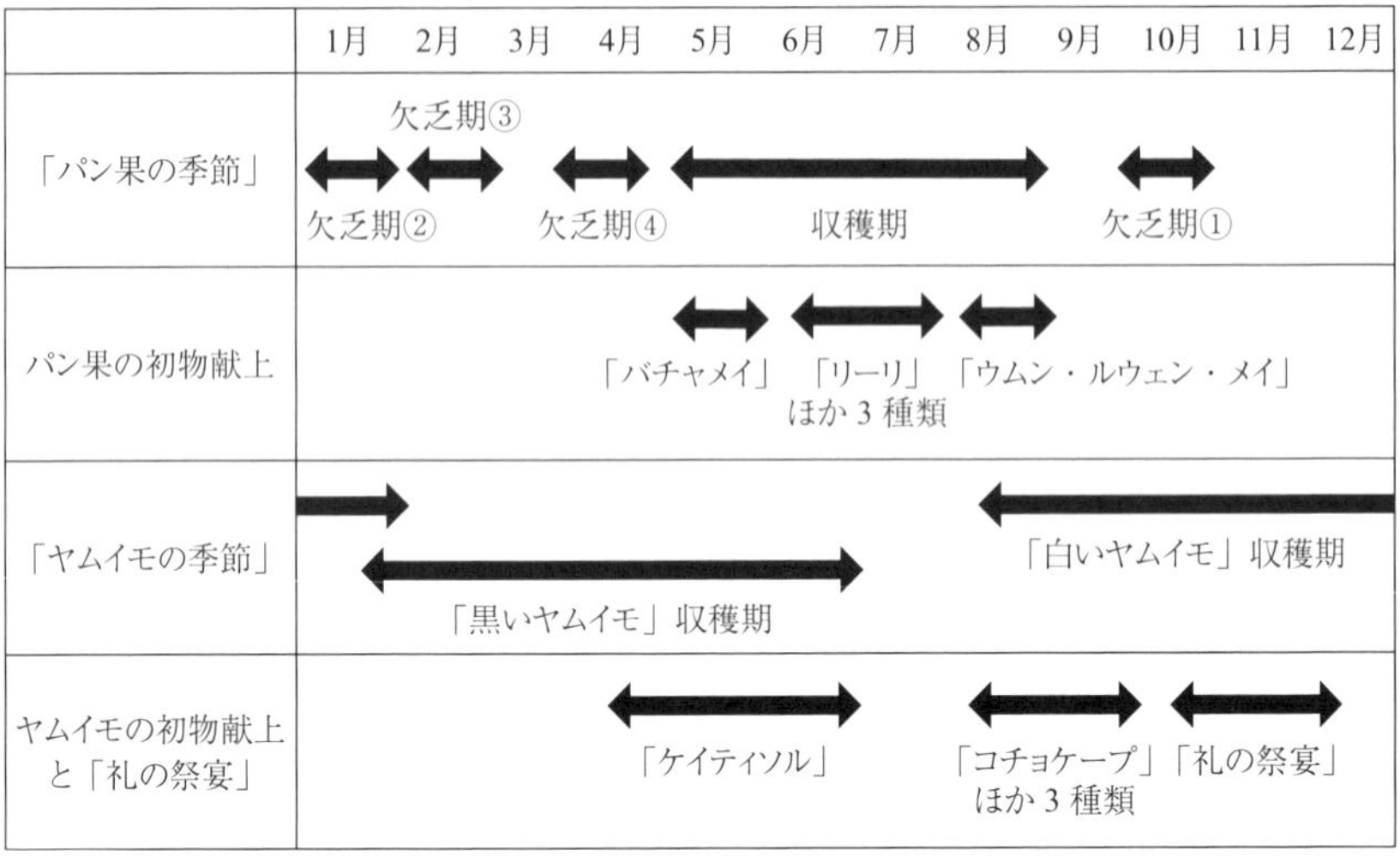

の関係のなかで捉えなくてはならないのである。

三　初物献上が区切る季節性

1　祭宴におけるヤムイモの使用

次に、「礼の祭宴」を組み込んだ初物献上のサイクルについて述べる。パン果の初物献上は、毎年五月頃に行われる「バチャメイ」（*patemei*）に始まり、「ウムン・ルーウェン・メイ」（*umwen luwen mei*）に終わる六つの初物献上があり、それは発酵パン果（*mar*）の献上を含む。パン果には、滑らかな皮を持つ「メイヌエ」（*meinuwe*）と、荒い皮を持つ「メインサーレック」（*mein sahrek*）がある。「パン果の季節」の終わりを告げる「ウムン・ルーウェン・メイ」には、「メインサーレック」が使用され、残り五つのパン果の初物献上には「メイヌエ」が使用される。この初物献上が終わると、それまでは禁止されていたパン果が日常的にも儀礼的にも使用可能となる。

「パン果の季節」が終わると「ヤムイモの季節」となる。九月頃に行われる「コチョケープ」（*kotekehp*）に始まり「ケイティソル」（*keitisol*）に終わる五つの初物献上があり、その儀礼サイクルに「礼の祭宴」も組み込まれている。つまり、「ケイティソル」を除くすべてのヤムイモの初物献上が首長国と村の双方において実施された後に、はじめて「礼の祭宴」が行われる。ヤムイモには、九月から一二月頃にかけての早い時期に収穫される種類の「白いヤムイモ」（*kehp pwetepwet*）と、翌年の一月以降に収穫される種類の「黒いヤムイモ」（*kehp toantoal*）がある。[7]「ヤムイモの季節」の終わりを告げる「ケイティソル」には「黒いヤムイモ」が使用され、残り四つのヤムイモの初物献上には「白いヤムイモ」が使用される。「礼の祭宴」に使用されるヤムイモも、「白いヤムイモ」である。そして、初物が献上されるまでのあいだ、島人はその日常的・儀礼的な消費を許されないとされている。

このように、最高首長と土地の豊饒性との結びつきを背景として、農作物の成長と収穫のリズムにもとづく儀礼的貢納の実践が、「慣習」の暦における季節の移行を際立たせている（図6—1）。

写真 6-2　「ケーイ」（2 人がかりで担ぐヤムイモ）

諸々の祭宴に関して、木（*tuhke*）を用いたヤムイモの展示は、「礼の祭宴」を待ってはじめて可能となる。「礼の祭宴」以降、ヤムイモの使用を再び禁じる「ケイティソル」までの時期は、木を用いて「大きな」（*lapala*）ヤムイモを展示することが祭宴を成功させる要件となる。木を用いて展示するヤムイモを祭宴の場に運びこむやり方は主に二種類あり、一本の木を用いて二人で担ぐものを「ケーイ」（*kehi*）と呼び（写真6—2）、幾つかの木を組みあわせて四人がかりで担ぐものを「パース」（*pahs*）と呼ぶ（写真6—3）。これに用いられる木は、概してオオハマボウ（*keleu*）の木である。逆に「礼の祭宴」以前に実施される祭宴では、ココヤシ葉製バスケットに入れてヤムイモを運ぶ（写真6—4）。それほど「大きく」ないヤムイモの場合には、葉に包んで手で運ぶが、これを「クチョール」（*kutohr*）と呼ぶ（写真6—5）。

写真 6-3　「パース」（4 人がかりで担ぐヤムイモ）

写真 6-4　ココヤシ葉製バスケットに包まれたヤムイモ

写真 6-5　「クチョール」（1 人で持参するヤムイモ）

2　貢納物の儀礼的価値

「礼の祭宴」以後は、諸々の祭宴でヤムイモが展示されるが、その数や大きさは祭宴自体の規模を測る指標となる。実際に、他の村の祭宴や他の祭宴と比べられることもあり、ある村の祭宴では、他の村の祭宴で展示されたヤムイモの少なさを嘲笑するような演説がなされた。このようにヤムイモの展示は村の威信と関係する。一方、ヤムイモの展示は個々の村人の威信にもつながる。「ヤムイモの季節」の祭宴において「大きな」ヤムイモが展示されることは「男」（*ohl*）であることの証明であり、集まった島民も「誰が大きなヤムイモを持ってきたんだ?」ということをしきりに話題にする。加えて、祭宴で展示されたヤムイモは、最高首長を頂点とする位階称号の序列に従って「大きい」物から順に再分配される。そうなると、「パース」や「ケーイ」は最高首長に再分配される可能性が高くなる。ポーンペイ島民の男たちは自分の育てたヤムイモが最高首長に再分配されることに誇りを感じている。すなわち、ヤムイモの展示にかかわる個人的な名声は、単にヤムイモの大きさだけではなく、祭宴における交換において現れる。

このように、儀礼的貢納には消費の禁止と結びついた幾つかの段階があり、初物献上の実施によって、それぞれの貢納物の使用が解禁される。この諸段階と貢納物の価値は密接に結びついており、とくに「礼の祭宴」以後は、ヤムイモの展示が可能になり、一年をとおして最も規模の大きな祭宴が催される時期になる。

四　不規則な献上に隠された利益——初物献上から広がる関係性

1　儀礼的貢納の実施時期

本節では儀礼的貢納のタイミングと「慣習」の暦との乖離に着目し、なぜ「慣習」とは異なる時期に儀礼的貢納が行われるのかについて、民族誌的な事例をとおして検討する。

表6―1は、二〇〇九年のウー首長国における儀礼的貢納の実施時期を記したものである。「バチャメイ」（パン果の初物献上の始まり）はリーゼンバーグによると五月上旬［Riesenberg 1968］、ディアネ・ラゴネ（Diane Ragone）とビル・レイノール（Bill Raynor）によると四月［Ragone and Raynor 2009］、私の聞き取りによると五月が適切な時期とされる。だが、表6―1に示したように、私の調査によって確認が取れた二四村のうち、実に九村が一足早い三

	ヤムイモの初物献上					「礼の祭宴」
ウムン・ルウェン・メイ	コチョケープ	ウムン・ケープ・ポン	イティート	ウムン・ベリエン・ケープ		
×	8月22日	×	×	×		11月3日
×	7月4日	×	×	×		8月29日
×	7月12日	×	×	×		7月11日
×	×	×	×	×		10月23日
×	8月26日	8月26日	8月26日	8月26日		10月4日
×	8月26日	×	×	×		12月6日
○	7月3日	7月3日	7月3日	7月3日		10月3日
6月29日	6月29日	6月29日	6月29日	6月29日		6月29日
8月29日	8月29日	8月29日	8月29日	8月29日		8月29日
×	×	×	8月22日	8月22日		11月4日
6月28日	6月29日	9月7日	9月7日	9月7日		9月7日
×	×	8月22日	8月22日	8月22日		11月28日
7月28日	○	○	○	○		10月13日
6月4日	6月4日	6月13日	6月13日	6月13日		6月13日
5月30日	8月29日	8月11日	8月11日	8月11日		8月11日
8月11日	8月11日	8月11日	8月11日	8月11日		12月？日
○	○	○	○	○		10月24日
×	×	×	×	×		10月27日
7月22日	7月22日	7月22日	7月22日	7月22日		10月27日
8月29日	8月29日	9月3日	9月3日	8月29日		10月31日
7月7日	9月10日	×	×	×		10月？日
×	×	×	×	×		×
×	9月5日	9月5日	9月5日	9月5日		10月9日
3月21日	6月13日	×	×	6月13日		6月13日

月に「バチャメイ」を行っていた。

他方、「コチョケープ」（ヤムイモの初物献上の始まり）は、リーゼンバーグにおいても［Riesenberg 1968］、レーグとソール（Damian Sohl）においても［Rehg and Sohl 1979］、そして私自身の聞き取りにおいても、一〇月が通例とされた。レイノールらは八～九月を適切な時期としている［Raynor, Lorens and Phillip 2009］。だが、確認のとれた一七村のうち八村が六月や七月に「コチョケープ」を行っていた[8]。

また、「バチャメイ」と「コチョケープ」以外の初物献上を省略する村も、少なからずあった。私の聞き取りによると、アワク地域は、かつて首長国であった時代の名残

表 6-1　ウー首長国における儀礼的貢納の実施時期

村名	パン果の初物献上				
	バチャメイ	トカパーイニ	リーリ	サカラップ	ソンマール（発酵パン果）
アワクポウエ	7 月 23 日	×	×	×	×
アワクパー	3 月 18 日	×	×	×	×
ケピンアワク	3 月 13 日	×	×	×	×
アワク	5 月 9 日	7 月 4 日	7 月 4 日	7 月 4 日	×
ポーンアワク	5 月 8 日	×	×	×	×
ティプエンケーペイ	5 月 12 日	×	×	×	×
チャモローイ	3 月 12 日	○	○	○	7 月 3 日
ティエン	3 月 7 日	3 月 21 日	3 月 21 日	3 月 21 日	6 月 29 日
ポーンウー	4 月 3 日	8 月 29 日	8 月 29 日	8 月 29 日	8 月 29 日
ナンサローイ	5 月 23 日	×	×	×	×
パーラップ	5 月 14 日	6 月 28 日	6 月 28 日	6 月 28 日	6 月 29 日
ソウナ	4 月 3 日	×	×	×	×
メチップ	3 月 18 日	7 月 28 日	7 月 28 日	×	○
サラタック	5 月 26 日	5 月 30 日	5 月 30 日	5 月 30 日	6 月 4 日
ローイ	3 月 2 日	5 月 30 日	5 月 30 日	5 月 30 日	8 月 29 日
ティアティ	5 月 8 日	8 月 16 日	8 月 16 日	8 月 16 日	8 月 11 日
ナンコポルメン	3 月 10 日	7 月 4 日	7 月 4 日	7 月 4 日	7 月 4 日
デーペック	5 月 2 日	×	×	×	×
デーペックポウエ	3 月 14 日	7 月 22 日	7 月 22 日	7 月 22 日	7 月 22 日
デーペックパー	4 月 4 日	8 月 29 日	8 月 29 日	8 月 29 日	×
チャカイユ	5 月 23 日	7 月 7 日	7 月 7 日	7 月 7 日	×
チャカイニヤップ	5 月 14 日	×	×	×	×
マントペイタック	5 月 15 日	×	×	×	×
マントペイディ	3 月 7 日	3 月 21 日	3 月 21 日	3 月 21 日	6 月 13 日

出所：このデータは、ウー首長国の最高首長夫人から提供された記録簿にもとづく。
注：表中の○は、実施されたが日付不明のものを、×は実施していないものを示す。

ゆえに「バチャメイ」と「コチョケープ」以外の初物献上をほとんど行わない。さらに、「ケイティソル」も近年は行われていない。

「礼の祭宴」については、私の調査では一〇～一二月、清水の調査ではクリスマス前後の時期〔清水 一九九九：四一八〕、レイノールらの調査では九～一一月〔Raynor, Lorens and Phillip 2009〕が適切な時期とされている。ところが、現在のウー首長国における「礼の祭宴」は、必ずしもそのタイミングでは実施されない。表6―2は、二〇〇八～二〇〇九年と二〇一一～二〇一二年を対象に、「礼の祭宴」を行った村の数を実施時期別に示したものである。

九～一二月に「礼の祭宴」

表 6-2　ウー首長国における「礼の祭宴」の実施時期

季節	「パン果の季節」					「白いヤムイモ」の収穫期			
月	4 月	5 月	6 月	7 月	8 月	9 月	10 月	11 月	12 月
2008 年	0	0	1 村	9 村	4 村	3 村	1 村	0	0
2009 年	0	0	3 村	1 村	3 村	1 村	10 村	3 村	2 村
2011 年	1 村	0	3 村	2 村	3 村	9 村	4 村	1 村	0
2012 年	0	0	13 村	1 村	0	0	0	0	0

注：正確な日付が判明しているものだけを表に掲載している。

を行った村の数が全体に占める度あいを見ていこう。二〇〇八年は一八村のうち四村、二〇〇九年は二三村のうち一六村、二〇一一年は二三村のうち一四村、そして二〇一二年に至ってはゼロである。不明な日付もあり、年によっても偏差はあるものの、初物献上と同様に、「礼の祭宴」を早い時期に行う村が毎年見られる。とくに目立つのは「パン果の季節」の只中であるはずの六月や七月に「礼の祭宴」を執り行っている村が少なくないことである。二〇一一年には、「パン果の季節」よりも早い四月に「礼の祭宴」を行っている村もある。とくに二〇一二年には、正確な日付がわかっていないものも含めると、私の聞き取りによれば二三村のうち二一村が六月以前に「礼の祭宴」を行ったという。

以上より、「慣習」の暦と儀礼的貢納の実施時期の乖離は、暦よりも早く貢納を行うという方向にあることが理解できる。次項以降では、初物献上が早い時期に行われる傾向にあるのはなぜかを読み解く。

2　現金収入源としての「礼の祭宴」

ポーンペイ島民による説明にもとづくと、「礼の祭宴」が「慣習」の暦にもとづく説明よりも早い時期に行われる一つの理由は、最高首長の「お考え」（*kupwur*）に求められる。そうした「お考え」を表明する場の一つが「礼の集会」である。

【事例六―二】「礼の集会」の演説における暦の操作

二〇〇九年一一月四日、ウー首長国の「礼の集会」で、最高首長のメルソールは演説をした[9]。メルソールはこの演説のなかで、カヴァ、サトウキビ、パイナップル、キャッサバ、ヤムイモなどの農作物を栽培する義務や、イヌやブタなどの家畜を繁殖させる義務を話した。さらに、農作物の栽培や家畜の繁殖を村人（*tohn kousapw*）に指導するのは村首長の義務であることをあらためて確認した。

メルソールは演説を続け、二〇一〇年六月に次年度の「礼の祭宴」を行うと告知し、各村の義務として八〇〇ドルを献上するよう説いた。さらに、最高首長に対して「礼節を尽くさ」（*wauuniki*）ない村は、「恥知らず」（*soumenek*）であると語気を強めた。その場で質問が求められ、クリアンとベニートが発言をした。彼らはともに村首長であるが、ほぼ同様のことを質問した。その趣旨は、ヤムイモを植える義務を話していながら、「ヤムイモの季節」ではなく、「パン果の季節」である六月に「礼の祭宴」を催すことへの疑問であった。メルソールはこの質問に驚いたようであったが、代わりに答えたメルソールの夫人は、同年にも六月に「礼の祭宴」を行っている村があるために問題はないと述べた。結局、彼らの訴えは聞き入れられなかった。

この事例における「礼の集会」について、クリアンは後日、次のような表現で私に不満を語った。

「礼の祭宴」は、「パン果の季節」にやるものじゃない。六月に「礼の祭宴」をしたら、初物献上がいつになるのか、「リーリ」がいつになるのか、「トカパーイニ」がいつになるのか、ヤムイモの初物献上がいつになるのか、人びとにはわからない。「パチャメイ」の時期だけがわかっていて、それは五月だ。これは間違った「慣習」だ。「おカネの無心」（*peki mwohni*）だ。「〔最高首長の〕お召し上がり物」（*koanoat*）もなくて、「礼の祭宴」ができるのか。「新しい慣習」（*tiahk kapw*）だ。変わってしまったのだ。

クリアンのいう「お召し上がり物」とは、最高首長に貢納されるヤムイモのことである。だが、現在の儀礼的貢納は必ずしも農作物を中心に展開しない。メルソールが八〇〇ドルを懇請するかのような演説を行い、クリアンが「おカネの無心だ」と述べたように、現在の「礼の祭宴」では、「お召し上がり物」と表現されながらも、ヤムイモではなく、現金が貢納される。

アワクポウエ村の首長ベニートも、クリアンと同様に、「礼の祭宴」が「おカネの無心」であるとの見方を示した。彼は、二〇一二年六月一六日に最高首長のメルソールに対する「コチョケープ」（ヤムイモの初物献上）を終えた後で、「昔は、こんな時期にヤムイモの『初物献上』をしたら、ナーンマルキはヤムイモをつき返しただろう。いまのナーンマルキはおカネが好きだ」と言った。各村には、「礼の祭宴」を六月に実施すること、その貢納物は現金三五〇ドルであることの二点がメルソールから事前に伝えられていた。アワクポウエ村の村人は、それから一週間のあいだに村の水準における初物献上を済ませ[10]、六月三〇日の「礼の祭宴」に臨んだ。結局、アワクポウエ村から最高首長のメルソールに対する貢納額はアワク村への対抗意識から三五〇ドルを上回る四三五ドルとなった。

「礼の祭宴」に対して供出義務があるとされたメンバーは、アワクポウエ村の全成員ではなく、村首長系統と副村首長系統のそれぞれの上位七位の称号にあたる「呼び上げられる称号」の保持者とされた。金額の内訳は、首長系統の称号では、村首長のベニートが一五〇ドル、彼の弟で第三位の男性が二〇ドル、第四～六位の男性がともに一五ドルずつ、第七位と第八位が一〇ドルずつであった。副首長系統の称号では、連絡をうまく取れなかった副首長は一ドルも供出することはなかったが、元国会議員のアントニオ（副首長系統・第二位）が一〇〇ドル、第三位の男性が四〇ドル、第四位の男性が二〇ドル、第二位の人物の弟で第七位の男性が二〇ドルであった。名

表 6-3 「礼の祭宴」における貢納物の内容

村名	2008 年	2009 年	2011 年
アワクポウエ	1,051 ドル	700 ドル	ヤムイモ、ブタ、カヴァ
アワクパー	820 ドル	300 ドル ヤムイモ、ブタ、カヴァ	600 ドル
ケピンアワク	1,060 ドル	1,100 ドル	2,000 ドル
アワク	1,050 ドル	1,230 ドル	不明
ポーンアワク	730 ドル 調理済みの食事	630 ドル	600 ドル
ティプエンケーペイ	500 ドル	500 ドル	600 ドル
チャモローイ	668 ドル コーヒー	760 ドル	715 ドル
ティエン	600 ドル 調理済みの食事	1,000 ドル	750 ドル
ポーヌー	700 ドル ヤムイモ	700 ドル	750 ドル
ナンサローイ	500 ドル 調理済みの食事	700 ドル	600 ドル
パーラップ	1,000 ドル ブタ、パン果	300 ドル ブタ、カヴァ、 調理済みの食事	600 ドル
ソウナ	600 ドル 調理した食事	1,025 ドル	600 ドル 農作物
メチップ	500 ドル	500 ドル	570 ドル
サラタック	農作物	710 ドル	600 ドル
ローイ	637 ドル ヤムイモ、ブタ、カヴァ	ヤムイモ・ブタ	1,000 ドル
ローイポウエ	実施せず		
ティアティ (旧ローイパー)	650 ドル 調理済みの食事	不明	725 ドル
ナンコポルメン	613 ドル 調理済みの食事	1,157 ドル	600 ドル
デーペック	550 ドル 調理済みの食事	666 ドル	農作物
デーペックポウエ	500 ドル 調理済みの食事	1,000 ドル ヤムイモ	1,040 ドル
デーペックパー	500 ドル ブタ、パン果	545 ドル	600 ドル
チャカイユ	545 ドル	965 ドル	1,090 ドル
チャカイニヤップ	500 ドル ブタ、パン果	実施せず	
マントペイタック	50 ドル 農作物	ヤムイモ・ブタ・カヴァ	農作物
マントペイディ	855 ドル	農作物	1,020 ドル
金額合計	15,179 ドル	14,488 ドル	15,060 ドル

出所：このデータは、ウー首長国の最高首長夫人から提供された記録簿にもとづく。

誉称号を持つ私も二〇ドルを供出した（この「礼の祭宴」における現金供出については第四章第五節も参照）。

表6―3は二〇〇八年、二〇〇九年、二〇一一年において各村が「礼の祭宴」において貢納した物の内容を示している。二〇〇八年には一万五一七九ドル、二〇〇九年には一万四四八八ドル、二〇一一年には一万五〇六〇ドルが「礼の祭宴」をとおして最高首長に貢納されていた。

最高首長のメルソールは「礼の祭宴」をとおして現金を獲得していた。しかし、メルソールが不適切な時期に現金を必要とするのは、なぜであろうか。次項では、メルソールによる現金貢納の要求と「パン果の季節」というタイミングとがいかに関係しているのかを明らかにする。

3　元牧師としての最高首長

「礼の祭宴」を早く行うことは、ヤムイモの展示にも関わる。「礼の祭宴」から「ケイティソル」の時期までは木を用いた展示が可能になるからである。しかし、ウー首長国では二〇〇八年に「ケイティソル」が消滅したという。先述のクリアンは「プロテスタントがケイティソルを殺した」と嘆く。彼は、最高首長が「ケイティソル」を廃止した理由について、ヤムイモの展示が七月に行われるプロテスタント教会の行事の成否にかかわるため、教会行事の前に「ヤムイモの季節」の終わりが告げられてはならないからではないかと推測した。

このプロテスタント教会の宗派は、第一章で述べたように、会衆派の流れを組むユナイテッド・チャーチ・オブ・クライストである。一九世紀以降におけるこの宗派の福音伝道を記念して毎年七月の二週目に開かれる「福音の周遊」（*pidek en rongamwahu*）は、ポスト植民地時代のポーンペイ島社会では「礼の祭宴」を凌ぐ最大規模の行事となっている。聖職者たちは各地域を順に訪れ、大量の食物と贈り物を用意し、祈り（*kaudek*）を捧げる[11]。

「福音の周遊」がウー首長国で催される際には、この宗派に属するチキレイソ教会とドロイソ教会がそれぞれ、各地を回る聖職者たちを受け入れてもてなし、ともに祈りを捧げるという役回りを一年交替で担当する。チキレイソ教会は副最高首長のピーターが牧師を務める教会であり、ドロイソ教会は最高首長のメルソールがかつて牧師を務めた教会である。メルソールは最高首長への就任を機に牧師を辞めた後も、教会活動に熱心に取り組んでいる。

二〇一二年にはチキレイソ教会が信徒を集め、聖職者たちを歓迎する役目を担当した。七月一三日当日、チキレイソ教会の聖職者は、各地を回る聖職者やその他の参加者をもてなすために五つの「ベイクニ」（*peikini*）を用意した（写真6―6）。「ベイクニ」とは、組み合わせた木をココヤシの葉で覆った贈答用の台のことである。五つの「ベイクニ」を用意したのは、四人の牧師に加え、元牧師で最高首長のメルソールであった。「ベイクニ」は大量のブタや農作物、さらには商品であふれ、その用意のために大量の資金を必要とする。元牧師のメルソールは多額の現金を用いて「ベイクニ」を準備することを通じて「福音の周遊」に貢献したが、その時期はまさにウー首長国における多くの村が「礼の祭宴」を実施した直後であった。

写真 6-6　大量の商品や農作物やブタであふれた「ベイクニ」

4　操作されるタイミング

「慣習の側」の時間における「パン果の季節」は、「教会の側」の時間における「福音の周遊」の時期でもあった。現金収入源としての「礼の祭宴」を「パン果の季節」に行えば、最高首長かつ元牧師のメルソールは、プロテスタント教会の行事における役目を成就させることができる。加えて、「礼の祭宴」を済ませているためにヤムイモの展示も可能になり、より大規模な行事を催すことができる[12]。そのため、メルソールは自身の最高首長という立場を利用して、元牧師として「教会の側」の活動を成功させるため、「礼の集会」における演説をとおして儀礼的貢納のタイミングを操作したのである。

五　死者の代理としてのヤムイモ——初物献上と葬式のつながり

1　ヤムイモの威信と偶発的な葬式

なぜ初物献上を早い時期に行うのかという私からの問いかけに対し、ベニートは最高首長の「お考え」とは異なる見解を示した。その答えは葬式に求められた。彼は、村で葬式が催される前に「礼の祭宴」を済ませていないことは良くない、と述べたのである。

四日間の葬式のうち、遺体が埋葬される葬式二日目の祭宴には、最高首長を「招待する」（*luk*）ことが「慣習」によって義務づけられており、大規模な祭宴が期待される。葬式の祭宴においては、遺族ではなく、故人の属する村が進行を引き受ける。しかし、「ヤムイモの季節」の場合、葬式の時点までに当の村が「礼の祭宴」を実施していないと、木を用いて「大きな」ヤムイモを展示することができない。葬式の祭宴において大規模な供出を行うことは、死者の威信を高めることにつながる。「パン果の季節」にはあくまでブタとカヴァを中心に、パン果や商品の詰めあわせなどを持参すればよいが、「ヤムイモの季節」には儀礼的価値の高い物財として、ブタとカヴァのみならず、ヤムイモの持参も求められる。そして、とくに遺族の手で「大きく」見栄えのするヤムイモが祭宴の会場に持ち込まれることが期待される。リーゼンバーグの言葉を借りると、葬式の祭宴で集められたヤムイモは、故人が「生前になした功績」［Riesenberg 1968: 88］を示すものである。そのため、「ヤムイモの季節」において立派なヤムイモを展示できないことは、死者の威信にかかわる問題となる。ところが、村人の死は偶発的な出来事でもあり、あらかじめその時期を予測できない。「パン果の季節」と「ヤムイモの季節」の端境期、あるいはヤムイモの初物献上と「礼の祭宴」の狭間には、ヤムイモの儀礼的使用をめぐって段階的に定められた禁忌と、葬式の祭宴において故人の威信を示すという論理とのあいだに葛藤が生じる。

それでは、「礼の祭宴」以前に死が発生する場合に、故人の威信をめぐるこうした問題に村首長はどのように対応しているのだろうか。冒頭の語りでクリアンによって「遅い」とされたアワクポウエ村では、二〇一一年八月頃から、村首長のベニート自身も「礼の祭宴」をまだ済ませていないことを気にかけていた。なぜなら、彼は、前年に自動車事故で怪我をした左足を診察するため、長男の住むアメリカ本土のカンザスシティへと向かう予定があったからである。渡航日は九月二七日であった。ベニートが悩んでいる最中、九月初旬にクララの死が突然に訪れた。彼女はこの村の成員で、ベニートとは父方交叉第一イトコの関係にあり、アントニオの母にあたる（アントニオはアワクポウエ村に属する元政治家の男性である。アントニオについては第四章と第五章も参照）。

【事例六―二】葬式の祭宴のなかの「礼の祭宴」（日付：二〇一一年九月五日、参加者：五〇〇名以上、貢納物：ブタ二七頭、カヴァ五一本、ヤムイモ、お盆セット）

この日、クララが住んでいた屋敷とそれに隣接する祭宴堂を会場として、葬式二日目の祭宴が執り行われた。一一時過ぎから弔問客が集まり始めた。アントニオの妻はソケース首長国の前最高首長の娘であり、ソケース首長国の現最高首長と前最高首長は第一母方平行イトコの関係にある。そうした親族関係もあり、ウー首長国とソケース首長国の両方の最高首長と副最高首長をはじめとして、多くの弔問客が訪れた。

一二時五〇分、ウー首長国の副最高首長であるピーターがアワクポウエ村を代表して演説を行った。ピーターは、アワクポウエ村が今から「礼の祭宴」を行い、「石焼きのお召し上がり物」（*umwen koanoat*）を献上すると述べた。「石焼きのお召し上がり物」とは定型表現であり、最高の贈り物とされるブタ、カヴァ、ヤムイモの三組を指すが、貢納物が現金であってもこの表現が使われる。ピーターの演説の後に、生きたブタ一頭とカヴァ一本とヤムイモ一組が分配役によって、最高首長であるメルソールへと献上された。その後、通常の葬式の祭宴と同様に、再分配をとおしてメルソールが生きたブタとカヴァ、ヤムイモを受領した。再分配をとおした受領物と「礼の祭宴」による貢納物をあわせて、メルソールは、この日だけでカヴァ二本、ブタ二頭、ヤムイモ二組を受け取った。

「慣習」の暦に照らせば、「礼の祭宴」の実施時期として、九月はむしろ早い時期であろう。しかし、「ヤムイモの季節」において「礼の祭宴」が村人の死以前に実施されていなかった場合、上記の事例のように、葬式の祭宴の最中に「礼の祭宴」として最高首長に対する献上がなされる。これによって、故人のためにヤムイモを展示することが可能になる。だが、ベニートがこうしたやり方を好まない理由は、弔問客が故人の威信のために供出した貢納物が、故人と親族関係をもたない最高首長に対して過剰に贈与され、親族に対する再分配が不十分になるという見方ゆえである。他方において、最高首長を務める人物にとっても「礼の祭宴」がこのようになされることはつねに許容できるとは限らない。次項では、タイミングを逸した「礼の祭宴」の事例を見てみよう。

2　儀礼的貢納の不規則性と最高首長の「お考え」

二〇一一年一〇月二四日、ソウナ（*Souna*）村の一人の村人が亡くなった。だが、この時までにソウナ村は「礼の祭宴」を済ませていなかった。ソウナ村の首長位称号リチン（*Riting*）を保持する男性は、当時のウー行政区長（chief minister）であった。そして、副首長位称号のソウリック（*Soulik*）を保持する男性はカトリックの助祭でもあった。

【事例六―三】ソウナ村による「礼の祭宴」と最高首長の「怒り」（日付：二〇一一年一〇月二五日、参加者：四〇〇人程度、貢納物：ブタ二〇頭、カヴァ三一本、ヤムイモ、お盆セット二二個）

翌日の葬式二日目の祭宴には、一二時半頃から弔問客が集まり始めた。最高首長のメルソールと副最高首長のピーターをはじめとする祭宴堂の列席者に、カヴァ飲料と簡単な食事が振る舞われた。一三時四〇分頃、事例六―二と同じように、ピーターがソウナ村を代表して、「礼の祭宴」の演説を行った。ピーターは、ソウナ村が、現金に加えブタ、カヴァ、ヤムイモを「石焼きのお召し上がり物」（*umwen kcamoat*）として献上すること、今日のポーンペイ島社会においては現金が重要な貢納物であることを説いた。ピーターの演説が終わり、ソウナ村の副首長は、バナナの葉に包んだ現金六〇〇ドルを献上した。

すると、メルソールは「今日からずっとこれと同じやり方をするのか。こんなのは望まない。こんな面倒なやり方は。埋葬儀礼は埋葬儀礼だ」と述べて怒りを露わにした。メルソールの「怒り」を見たピーターは即座に「そのとおりでございます。土地に先立つあなた様（*Mwohnsapw*：最高首長に対する敬称）、そのお考えは正しいです」と述べ、メルソールの「お考え」を肯定した。

そして、ピーターは、ジャクソンとフレッドという二人の男性を呼び、謝罪儀礼（*tohmw*）の用意をさせた。ジャクソンはオウ・ルルン（*Ou Ririn*：副最高首長系統・第九位の称号）、フレッドはレペ・ルルン（*Lepen Ririn*：副最高首長系統・第七位の称号）という高位称号を保持し、ともに「慣習」に精通していた（ジャクソンについては第二章と第七章も参照）。最高首長などの「高位者」が怒った場合、その怒りは「慣習」に従い、カヴァによって鎮められなければならない。謝罪儀礼の最後に、ピーターは「もう二度と今日のようなお気持ちにはいたしません」と演説し、「礼の祭宴」の貢納物については参加者に再分配しないことを告げた。結果的に、通常の再分配もあわせると、現金六〇〇ドル、カヴァ二本、ブタ二頭、ヤムイモ二組がメルソールの手に渡った。

この葬式の祭宴では、ピーターの演説をとおして、村人の死という出来事が生じる以前のタイミングで、「礼の祭宴」を行うことが確認された。「礼の祭宴」を済ませていない時期に村で死が生じた場合、アワクポウエ村やソウナ村の事例のように、葬式の祭宴の最中に緊急に「礼の祭宴」が実施される。その理由はベニートの説明にあったように、ヤムイモの展示によって死者の威信を保つためであると考えられる。このように、「慣習」の暦と儀礼的貢納の時期が乖離する理由の一つは、「ヤムイモの季節」において個人や村の威信がヤムイモの展示と関係するために、初物献上のクライマックスである「礼の祭宴」を早期に実施することが必要とされるからである。

村人の死期は必ずしも予想できるものではなく、前節で示した最高首長の「お考え」の事例とは異なり、最高首長といえども、「礼の祭宴」と葬式との時間的間隔を操作することはできないのである。本節の事例からは、前節で示した最高首長による「礼の祭宴」の実施時期の操作可能性とは異なり、「礼の祭宴」と葬式との時間的間隔の操作不可能性から生じる葛藤が浮き彫りになったといえる。

「礼の祭宴」を実施する村の立場から考えるならば、村単位で最高首長に対して実施する「礼の祭宴」とは異なり、葬式の祭宴が村を超えた関係性のなかで催されることにも注意を払う必要がある。実際、故人と帰属をともにする村人や、招待される最高首長のみならず、故人の親戚や友人などが葬式の祭宴に訪れる。一つの村の単位で考えれば、ヤムイモの初物献上を実施する以前の時期には、村人は葬式の祭宴にパン果を持参すればよく、「礼の祭宴」を実施する以前の時期には、ココヤシ葉製バスケットでの包装や、葉を用いた「クチョール」の形式でヤムイモを持参すればよい。そのため、ヤムイモの展示を通じて故人の威信を実現する必要があるのは、「礼の祭宴」

を実施した後の「季節」に限定されると考えられる。

ところが、葬式二日目の祭宴には、故人と異なる村に帰属する島民も数多く参加し、それらの村のなかには「礼の祭宴」を既に済ませている村もある。再び表6―2を見ると、事例六―三のソウナ村の葬式の祭宴が行われる以前、二〇一一年九月までに「礼の祭宴」を済ませた村は、二三村のうち一八村にも及んだ。これだけ他村が「礼の祭宴」を実施し、季節の移行が告げられるなか、祭宴において立派なヤムイモを展示できない村人は面目が立たない。すなわち、「礼の祭宴」によって可能になるヤムイモの展示は、故人の威信のみならず、他村との関係における村の威信にもかかわる。このことから、葬式の祭宴において「礼の祭宴」を緊急的に実施しなければならない時期は、単に九月以降という固定的な「季節」ではなく、首長国内の他村によるヤムイモの初物献上によって刻まれる段階的で流動的な「季節」であるといえる。

冒頭のクリアンの語りを矛盾と感じた私のみならず、過去のポーンペイ島研究者も、そのような段階的で流動的な「季節」をグレゴリオ暦によって理解しようとして、たとえばヤムイモの初物献上の時期は一〇月が適切である〔Riesenberg 1968〕などと指摘してきた。しかし、社会学者の真木悠介が「新しい年のはじまるもろこしの収穫祭が『十月』であるか『二月』であるかということは、グレゴリウス暦（グレゴリオ暦）という外部の尺度によってはじめていわれる」〔真木　二〇〇三：八六、（　）内筆者補足、強調は原文のまま〕と述べるように、このようなやり方は、具体的な事物や活動から切り離された、客観的な時間の尺度によって儀礼的貢納の時間性を切り取ることでしかない。

パン果やヤムイモの初物献上に暦上のばらつきが見られるなかで、他村による最高首長への初物献上や「礼の祭宴」という行為が一定のリズムをつくり出し、季節の移行を島民に意識させることは十分に考えられる。クリアンの語り自体は、彼自身の村が既に「礼の祭宴」を済ませているのに、私の村がまだ「礼の祭宴」を実施していないことを指して「遅いなあ」と述べたものであり、その限りにおいて矛盾ではない。そのような意味で、本章で描いてきた初物献上と「礼の祭宴」のタイミングとは、グレゴリオ暦によって客観的に把握できる時間ではなく、まさに具体的で有限な事物や活動と結びつく「具象の時間」［真木　二〇〇三：三六］である。儀礼的貢納の不規則なタイミングの背景にいかなる関係性があるのかを描いた本章の記述は、ポスト植民地時代のポーンペイ島社会における首長制の儀礼経済を流れる「具象の時間」が、どのような事物や活動と結びつくのかを追跡する試みであったといえるだろう。

六　再分配の時間性——ポスト植民地時代の初物献上を読み解く

1　儀礼的貢納の時間性——「慣習」の暦と複数の活動

本章では、「慣習」の暦があるにもかかわらず、最高首長に対する儀礼的貢納の実施時期が各村で毎年異なるという事実を検討してきた。最初に、貢納物が潜在的に持つ物質的な利益ゆえに、教会行事の時期が儀礼的貢納の時期を左右し、最高首長によって「慣習」の暦が操作されてしまう事例を検討した。そして、「礼の祭宴」以前にヤムイモの展示という儀礼的消費を禁じる「慣習」から、偶発的な村人の死を契機として、「礼の祭宴」が緊急に実施されなければならない事例を検討した。

ポーンペイ島社会の首長制に典型的な交換活動である儀礼的貢納の時期は、現金の流通や最高首長の「お考え」を媒介して、農作物の生産と収穫のリズム、「慣習」の暦、村人の死、「福音の周遊」、政治家の協力や海外からの送金の可否といった複数のタイミングがグレゴリオ暦の上で交渉されることで決定されている。このように見ると、「慣習」の暦が農作物の生産と収穫のリズムに規定され、「福音の周遊」がグレゴリオ暦にもとづく教会行事の実施に規定され、村人の死が生物体としてのヒトの時間に規定されるというように、異なる時間性を持つ複数のスケジュールや運動の重なりを通じて儀礼的貢納の時期が構成されている。

ただし、本章で示した複数の時間性の重なりは一時的なものである。たとえば、私が長期調査から離れた後、メルソールが亡くなり、ウー首長国の最高首長には、プロテスタント教徒ではなく、カトリック教徒の男性が就任したという。そのため、彼の死後、「慣習の側」と「教会の側」の区別とつながりの有り様は、私のフィールドワークの時点とは異なるものにならざるを得ない。さらに、村人の死はそもそも不確実なタイミングで生じるものであり、儀礼的貢納の時期につねに影響を及ぼすわけではない。儀礼的貢納の時期を左右する活動やスケジュールはつねに同一ではなく、その時々によって異なる諸活動や諸スケジュールとの結びつきをとおして、儀礼的貢納のタイミングは不規則に刻まれる。

儀礼的貢納の時間性は、農作物の生産と収穫のリズムに規定される単一の時間性、すなわち「慣習の側」の時間性からだけでは説明できない。この意味で、ポスト植民地時代のポーンペイ島社会における儀礼的貢納は、土地の豊饒性への感謝という説明に還元できるものではない。むしろ、首長制の実践的活動としての儀礼的貢納は、公的領域における三つの「側」という理念上の区別とは対照的に、「教会の側」や「政府の側」における諸活動と連関して、現金や物財の流れを円滑にすることによって可能になっていたといえる。ただし、最高首長の権威にかかわる儀礼的貢納は、三つの「側」にかかわる実践上の区別とつながりに還元されるわけではない。本章の事例が示すように、儀礼的貢納の実践は、必ずしも最高首長や村首長への尊敬を第一の目的としない「慣習」的な儀礼実践（たとえば葬式の祭宴に代表される、島民のライフサイクルにかかわる儀礼実践など）との調整や対抗のなかにも位置づけられる。グレゴリオ暦に照らした場合に不均質に見える儀礼的貢納のタイミングは、首長制の実践が「慣習」の暦に価値を置き続けながらも、ポスト植民地時代に多元化した実践的諸活動の時間性との調整や対抗の結果として再組織化されることを示しているのである。

2　最高首長の権威と儀礼的貢納

本章における最後の考察として、儀礼的貢納の時間性に関する以上の分析を、最高首長の権威との関連において検討する。

ドイツ行政による土地改革以後における最高首長と土地制度の関係について、清水は「土地の所有に関しては排他的な権利者であるが、土地の収穫に関しては最高首長の権威のもとにある」［清水　一九九九：四一七］と述べる。初物献上や「礼の祭宴」を行うタイミングが農作物の収穫サイクルにもとづく「慣習」の暦に基礎づけられていることからもわかるように、最高首長への儀礼的貢納の実施は、ドイツ行政による土地改革以降に最高首長の第一次土地権が否定されて以降も、最高首長を土地の収穫にかかわる権威とみなすという前提によって維持されていると考えられる。

したがって、儀礼的貢納を最高首長と住民のあいだで行われる相互行為として捉えるなら、農作物の収穫サイクルに沿って行われる初物献上や「礼の祭宴」という相互行為は、最高首長の権威と農作物の収穫サイクルを不可分なものとみなすフレームにもとづくはずである。

ところが、本章で見たように、儀礼的貢納を実施するタイミングは、必ずしも農作物の収穫サイクルと一致せず、キリスト教会の活動や政治家の活動など「慣習の側」以外の諸活動に応じて毎年変わるものであった。初物献上や「礼の祭宴」という相互行為がいつ行われるべきなのかという点にかかわる当事者間の認識は、最高首長の権威と土地の収穫との結びつきを基本としながらも、土地の収穫とは無関係なタイミング（教会活動において現金が必要になるタイミング、政治家が「礼の祭宴」に必要な現金を拠出できるタイミング、首長国内で葬式が催されるタイミング）によって乱されている。異質な諸活動によりタイミングが変わりうることを考慮に入れると、儀礼的貢納が農作物の収穫サイクルに沿って行われるという事象は、最高首長の権威と土地の収穫との結びつきが今なお固く遵守されるというよりもむしろ、そのタイミングにおいて他の社会的諸活動と関係しなかった結果であると考えられる。

これをフレーム概念にもとづいて整理すると、初物献上や「礼の祭宴」が農作物の収穫サイクルに沿って実施される場合、儀礼的貢納という相互行為を支えるフレームは、最高首長の権威が土地の収穫に基礎づけられるという理解を導く一方、「慣習の側」以外の最高首長や住民の諸活動にかかわる要素（キリスト教会の活動や葬式の実施）を「括弧入れ」することによって成り立っているといえる。他方、初物献上や「礼の祭宴」の実施時期が「慣習」の暦と一致しない場合は、「括弧入れ」していたはずの諸要素（「慣習の側」とは異なる活動にかかわる諸要素）が「あふれ出し」ているといえる。儀礼的貢納に対する当事者の現状認識はこうした「あふれ出し」を含み込むことにより、最高首長の権威と儀礼的貢納の結びつきを保ちつつも、その他の社会的諸活動との関係を踏まえたうえで、必ずしも農作物の収穫サイクルに沿わないという方針へと修正される。すなわち、最高首長の権威に土地の収穫以外の要素も結びつけるフレームへと一時的な変容を遂げるのである。

最後に、儀礼的貢納のタイミングがプロテスタント教会の活動のタイミングに左右される事例に関して、最高首長のメルソールが儀礼的貢納のタイミングを操作したという点について考えたい。この事例において、儀礼的貢納を支えるフレームは、プロテスタント教会の活動における現金の必要性という要素の「あふれ出し」が、元牧師としてプロテスタント教会の活動にも熱心なメルソール自身の演説をとおして変換されることによって、変容を遂げた。ただし、ここでのフレーム変容において、メルソールは儀礼的貢納の時期を「福音の周遊」の時期に近づけようとする意図を持っていたが、メルソールの演説のなかで二つの出来事の結びつきが語られることはなかった。そして、プロテスタント教会と最高首長の結びつきを嘆いたクリアン以外に、メルソールの意図を読み取った者がいたかどうかは定かではない。むしろ、この演説では、儀礼的貢納を支えるフレームが教会活動という要素を内包するよう変わったことを参加者に気づかせず、メルソールの意図するように儀礼的貢納のタイミングを変えることが試みられていた。

このように、ある行為者の介入が相互行為において他の行為者に異なる経験をさせるよう働いている点において、このフレーム変容はゴッフマンのいう偽装にあたると考えられる。儀礼的貢納を支えるフレームの変容は、首長制とは異質な社会的諸実践にかかわる諸要素がいかに関係するかという点のみならず、最高首長がそのような関係づけに対していかに介入するのかという点によっても左右される。ただし、最高首長による介入は自らの富を獲得しようという私利私欲というよりはむしろ、キリスト教会などの社会的活動に貢献するために必要な物財のやり繰りから生じる。

以上のように、首長国レベルの伝統的権威の存立に不可欠な儀礼的貢納は、「慣習」の暦にもとづいてあたり前のように実施される機械的な実践ではない。むしろ、儀礼的貢納の実践は、それが物財の交換とかかわるがゆえに不可避的に連関してしまう社会諸活動との矛盾を調整するために、最高首長と住民の相互行為を支えるフレームが状況ごとに再作成されることを通じて成立しているのである。

注

（1）　たとえば、チャカイニヤップ（*Takainiap*）村は、二〇一〇年初頭に消滅した。その理由としては、村の人口減少に加えて、村首長を務めていたクリオーン（男性、七〇歳代）が老齢になり村人をまとめきれなくなったこと、それに伴って初物献上などの最高首長に対する儀礼的義務を実行することが困難になったことがあげられる。

（2）　たとえば、エヴァンズ＝プリチャードは「季節の概念は、社会的な諸活動を決定する気候的な変化よりも、社会的諸活動そのものに基盤をもっている」［エヴァンズ＝プリチャード　一九七八：一五六］と述べ、環境との関係を反映して繰り返しの周期を持つ「生態学的な時間」をヌアー族の時間概念に見出している。彼によれば、ヌアー族の一年の「顕著なリズムは、村とキャンプ地のあいだの往復運動に見られ、それは雨季と乾季という気候的な二分に対するヌアー族の対処の仕方でもある」[エヴァンズ＝プリチャード　一九七八：一五五]。他方、社会構造上の相互関係を反映した「構造的な時間」も見い出され、過去の出来事の時期を理解する尺度とされた[エヴァンズ＝プリチャード　一九七八：一五三―一七二]。

(3)　このような季節の分節化と農作物のサイクルとの象徴的な関係は、ブロニスワウ・マリノフスキー（Bronisław Malinowski）によって先鞭をつけられた主題である[Malinowski 1927]。

(4)　交換のタイミングにかかわる行為者の戦略にブルデューが言及する時、贈与と返礼のあいだに遅れをつくり出すことによって、過去と未来の利益を隠蔽するという点が強調される。だが、ナンシー・マン（Nancy Munn）が指摘するように、実際には未来への認識を意図的に喚起するような交換活動の事例もあり、交換のタイミングにかかわる行為者の戦略が必ずしも過去や未来（その時点での利益）を隠すとは限らない[Munn 1992: 108]。

(5)　ポーンペイ島民で考古学者のマウリシオによると、かつての「パン果の季節」には宗教的な儀礼が実施されていた。そこでは、太陰暦と関係して、天体の運動と地上の関係についての知識があったという。こうした知識にもとづき、当時の司祭は、「パン果の季節」に対応した時期に実施されるような儀式の予定を立てていた。しかし、そのような知識は、一九世紀中頃のキリスト教伝来以前に早くも廃れていた[Mauricio 1993: 117]。

(6)　パン果の初物献上は「天の実り」（*rekenleng*）、ヤムイモの初物献上は「土の実り」（*rekenpwel*）、今では行われていない魚の初物献上は「海の実り」（*rekensed*）とそれぞれ呼ばれている。

(7)　民族植物学（ethnobotany）の成果によると、ポーンペイ島社会におけるヤムイモの現地語分類は一七九種類あると報告されている[Raynor, Lorens and Phillip 2009: 43]。より上位のカテゴリーが「白いヤムイモ」と「黒いヤムイモ」である。ウー首長国の住民（男性、四六歳）によると、「白いヤムイモ」は「黒いヤムイモ」よりも儀礼的価値が高い。「白いヤムイモ」を使用できる時期に「黒いヤムイモ」を使用することは良くないとされる。だが、最適な時期に「白いヤムイモ」を貢納し続けるためには、最低三〇種類のヤムイモを植えなければならないという。

(8)　ピーターセンは、一九七九年七月二八日にアワクポウエ村の住民が当時の村首長に「コチョケープ」を実施した様子を記述している。彼は、この時に貢納されたヤムイモがかなり小さかったと指摘している[Petersen 1982a: 99]。

(9)　この日はちょうど、当時の最高首長が就任して一〇年目にあたる日であった。

(10)　ヤムイモの初物献上が行われたといっても、この時は村首長ベニートのもとに住民が一堂に会したわけではなく、村の住民がバラバラにヤムイモを持ってきた。

(11) 二〇一二年七月の「福音の周遊」では、聖職者たちが、七月一〇日にソケース首長国の教会、一一日にキチー首長国の教会、一二日にマタラニーム首長国の教会、一三日にウー首長国の教会、一四・一五日に州都コロニアの教会という順番で訪問した。

(12) ただし、二〇一二年七月一三日の「福音の周遊」の際には、ヤムイモは展示されていなかった。それから二ヶ月後の九月八日、同じチキレイソ教会で行われたキリスト教の行事ではヤムイモが展示された。

第七章　「首長国ビジネス」と対峙する島民たち

一　儀礼的貢納をめぐる悪評──「礼の祭宴」から「おカネの祭宴」へ

本章では、前章で触れた最高首長による祭宴の収入源化という事態について、そのような事態の進行を「礼の祭宴」以外の祭宴も含めて広く検討するとともに、島民たちが首長国の水準における祭宴の変質といかに向きあっているのかを考察する。

前章で見たように、最高首長のメルソールは自身の立場を利用して、「礼の祭宴」を現金収入源として利用していた。それは既に見てきたように、メルソールの立場からすれば、必ずしも私利私欲のためではなく、キリスト教会への貢献のために物財をやり繰りした結果であった。しかし、クリアンとベニートという二人の村首長が「礼の集会」において、最高首長のやり方に疑問を差し挟んだように、「礼の祭宴」の現状は、農作物の生産と収穫のサイクルと一体であった頃の姿から遠ざかっている。

同じく前章で触れた、葬式の祭宴の最中に「礼の祭宴」を緊急に行うというソウナ村の選択に対して最高首長が「怒り」を表明したという事件に関しても、最高首長の「怒り」の表明に疑問を抱く島民がいた。たとえば、この事件に際して「謝罪儀礼」を遂行したジャクソンは、葬式の祭宴後のカヴァ飲みの席で「六〇〇ドルでも十分ではないのか。一体いくら出せば十分なのか」と不平を述べていた（ジャクソンについては第二章・第六章も参照）。ジャクソンの推測によると、メルソールは、埋葬儀礼と抱きあわせた「礼の祭宴」の実施を島民たちに認めないことによって、緊急的に用意された現金貢納ではなく、十分な時間をかけて用意された現金貢納による「礼の祭宴」の実施を屋敷（*tenpas*）で待つことができるのだという。このようにメルソールが通常とは異なる行動を取ることに関して、最高首長という立場を利用した現金獲得の意図を読み取ろうとする島民は少なくなかった。

「〔ウー首長国で実行されているのは〕『礼の祭宴』じゃなくて『おカネの祭宴』だ。」

この言葉は、ウー首長国の住民から最高首長への不満が募るなか、教会の礼拝後や葬式会場での会話や雑談のなかで使われるようになったフレーズである。このようなフレーズの使用は、本来「礼（*wahu*）の祭宴」は各村が最高首長に「礼節を尽くす」（*wahunuki*）場であったにもかかわらず、今や最高首長自身が村々に対して現金を要求する場になってしまったことを嘆くものであった。

とはいえ、今日のポーンペイ島社会において、すべての最高首長が「礼の祭宴」を収入源とみなして現金を要求しているわけではない。二〇〇九年一〇月四日、私は「礼の祭宴」の現状について、シスター・エリコという女性と話をする機会を得た。アワク地域にはカトリック系の修道院があり、島民たちと交流しながら三〇年以上も活動を続ける日本人の修道女たちがいた。彼女はその一人であった。この会話のなかで彼女は日本語で次のように語った。

「今のマタラニーム〔首長国〕のナーンマルキは、謙遜。〔最高首長に就任以前の〕ワサーイ（*Wasahi*：最高首長系統・第二位の称号）だった頃から謙遜。ある教会の集まりの時、人びとは彼をナーンマルキ扱いにしたのよ。でも、彼は『いや、そうじゃない。私はナーンマルキとして、ここには来ていない。今はあなたたちと同じ』と言ったから、みんなびっくりしちゃって。でも、ウー〔首長国〕のナーンマルキとソケース〔首長国〕のナーンマルキは、おカネおカネって言うのよ。」

シスター・エリコの語りによれば、最高首長による現金の要求は、ウー首長国とソケース首長国だけに限られるものであり、マタラニーム首長国の最高首長などは、むしろ謙遜した態度を取っているという。私は同様の話をベニートからも聞いたが、ベニートによると、この最高首長は、マタラニーム首長国の「礼の集会」において現金を要求するようなことはせず、「物」（*dipwisou*）を持ってくればよいと発言したという。ここでいう「物」とは、ヤムイモやカヴァといった農作物、ブタなどの家畜を指している。現金の貢納よりも「物」の貢納が良いとされる理由は、前章でも述べたように、儀礼的貢納という相互行為が基本的には、最高首長が土地の収穫に関する権威であるという理解を導くフレームにもとづくからである。このように、実際に現金を要求するか否かは個々の最高首長次第であり、現金を要求する最高首長に対しては悪い評判が立ってしまう。

とはいえ、こうした最高首長に対する悪評という事象は、とくに最高首長が独自に現金収入源を模索する必要に駆られたという背景と相俟って、アメリカ統治時代以降にたびたび報告されている〔清水　一九九九、中山　一九九四b、Fischer 1974など〕。清水はこの点について以下のように述べている。

最高首長にとって「礼の祭宴」は、最高首長という地位に付属する実質のある収入源として、残された最大のものだった。特定の首長の個性にもよるが、私の調査した首長国では、人々から献上されたヤムイモを、自己の収入として保持したい最高首長の願望と、最大限の再分配を求める人々の期待とは、しばしば衝突し、それは七〇年代から八〇年代にかけて、首長国をゆるがす最大の政治問題となっていた。（中略）首長と人々との葛藤は、現在は影をひそめている。しかし、特に若い世代の間では、「礼の祭宴」に対する不満は持続しており、その回数を減らす、あるいは規模を縮小するといった議論が、間欠的に顕在化している［清水　一九九九：四一九］。

このように見てくると、最高首長への不満は、単に首長の個性の問題ではなく、アメリカ統治時代以降から持続している社会的に根の深い問題である。今日において、最高首長への不満は「礼の祭宴」のみにとどまらず、他の種類の祭宴においても見られる。この現象を理解するために、まずは次節でアメリカ統治時代における祭宴の変質を検討する。

二　「首長国ビジネス」としての祭宴——現金と互換可能になった儀礼財

第一章でも述べたように、議会政治から遠ざかった最高首長は、新興エリートに対して高位の称号を授与し、祭宴での貢献を期待するという互酬的な交換関係を強めていった。これにより、祭宴における物財の性質にも変化が現れた。ブタ、カヴァ、ヤムイモという儀礼的に価値の高い物財に加えて、商店で購入した食料や日常用品、布地、高級輸入品、さらには現金などを最高首長に貢納する島民が現れたのである［清水　一九八一：三四〇、中山一九八六：七八］。人類学者のフィッシャーが報告した事例には、祭宴の参加者が「おカネの木」（何百枚もの一ドル札を括りつけた木の枝）を高位称号保持者に贈呈したというものもあった［Fischer 1974: 171］。

この時代以降、物財は自動車やトラックによって会場に運ばれるようになった［中山　一九八七：四五九］。祭宴が開催されると、会場の周辺は自動車やトラックであふれる。祭宴の参加者は、労力や出費を惜しまず物財を用意する。祭宴当日になると、男性は数人がかりでヤムイモやカヴァを掘り出し、担いで運ぶためにブタの足を木の枝に固定する。他方、女性は朝から煮炊きを始め、祭宴のための食事の調理をする。調理済みの食物は、アメリカ統治時代に祭宴における儀礼財となり、そのことによって祭宴における女性の役割が増加した［Kihleng 1996］。手の空いた者は、州都コロニアまで出かけて、スーパーマーケットや小規模商店で商品を買い集め、詰めあわせのセットを用意する。農作物や家畜を十分に持たない家族は、市場などでヤムイモや魚を購入する。現代ポーンペイ島社会で開かれる祭宴において現金や商品、そして自動車は不可欠である。

逆に、カヴァやブタ、ヤムイモは貨幣価値に換算されるようになり、最高首長のなかには、祭宴で献上されたカヴァやヤムイモを市場で売却する者も現れた。このようにして最高首長や高位称号保持者が経済的利益を得ると、島民のなかには、最高首長や高位称号保持者が祭宴や称号を「ビジネス」（*pisnis*）にしているという不満を漏らす者も現れた［中山　一九九四b：一〇二］。なお、私の調査でも「（最高首長が）首長国をビジネスにしている」（*pisniski wehi*）というフレーズが聞かれた。以下ではこの表現に従い、首長国を単位とする祭宴や称号を利用して最高首長が利益を得るという現象を「首長国ビジネス」として記述を進める。

島民が「首長国ビジネス」に不満を持つ一方で、商品や現金は儀礼財として公的に認められるようになった。ウー首長国では今から四代前の最高首長パウルス（在位：一九六〇～一九九一年）の治世において現金を祭宴で用いることが認められ、祭宴において農作物や家畜の代わりに現金を使用することが許された。

現金が貢納されるようになっただけではない。クリアンによれば、昔の最高首長は島民たちが貢納するのを待っ

写真 7-1　首長国の称号確認式における現金貢納の場面

ているばかりで、「何ドル持ってこい」などという要求はしなかった（クリアンについては第四章・第五章・第六章を参照）。最高首長による現金の無心があった時でさえ、その金額までが指定されることはなかったという。たとえば、パウルスが最高首長であった時代、彼は、マーシャル諸島を訪れるためにウー首長国の住民たちに現金の無心をした。クリアンの父はパウルスの求めに応じたが、七ドルしか持っていかなかった。それに対して、パウルスはその金額の少なさに対して怒ることもなく、「本当にありがとうございます」（*kalahngan en komwi*）と、感謝を述べたという。また、パウルスの養女であるノルマジーン[1]（五七歳）から二〇一〇年一月二二日に私が聞いた話では、パウルスが最高首長の時代にも、「礼の祭宴」の際に現金が献上されることがあった。しかし、パウルスは、献上された現金を自分だけの利益だけにせず、「礼の祭宴」の参加者に再分配したという。このような点から見れば、今日のウー首長国における「礼の祭宴」は、現金が貢納されるだけではなく、現金が要求される点に特徴がある。

さらに、今日では、首長国称号の昇進にかかわる称号確認式においても、現金が用いられる傾向にある（写真7―1）。称号昇進の機会には大抵の場合、一度に多くの者が昇進することが少なくない。たとえば、ある系統の第三位の称号保持者が亡くなり、最高首長からの任命により、第四位の称号保持者であった人物が第三位に昇進したとする。すると、第四位も空位になるので、最高首長からの任命により、第五位の者が第四位に昇進する。このような具合で、称号授与の際には、連鎖的に多くの人物が昇進の機会を得る。最高首長から見れば、もし一度に一〇人が昇進すれば、称号確認式をとおして一〇人分の献金額が手に入ることになる。

No.	Lengileng	Mwar Souleng	$	Uhmw Leuw
	KAPAS 9/3/11			
1	Nahnpei	Peter Aron	1000.00	
2	Nahnkiroun Pohn Dake	Mihkel Marquez	500.00	
3	Nahnlik Lapalap	Adelino Lorens	500.00	
4	Nahnihd Lapalap	Mason Albert	500.00	
5	Loampwei Lapalap	Hermas Ladore	250.00	
6	Nahnkiroun-U	Sadawo Kihleng	215.00	
7	Saudel	Erlinso Alex	200.00	
8	Oundoalenririn	Benito Amor	200.00	
9	Mwarikitik	Henry Phillip	330.00	
10	Nahntu	Joseph Cantero	219.00	
11	Kulop	Edward Alex	105.00	
12	Sapeden	Paulus Kustin	100.00	
13	Nahnsaumw en Wei	Kadalino Lorens	210.00	
14	Nahnsau en U	Wehner John	300.00	
15	Souwen en U	Peter Moses	50.00	
16	Aron Maka	Steve Joseph	260.00	
17	Nahnawaiso	Alehko Peiso	50.00	
18	Koaroahmw Reren	Benito Cantero	600.00	
19	Nahnpei Reren	Elper Helgenberger	100.00	
20	Nahmadau en U	Francisco Cantero	100.00	
21	Kiruoun Reren	Wensner John	100.00	
22	Oundoalen U	Aurelio Joab	250.00	
23	Loampwein Wei	Sasper Raymond	150.00	
24	Nahnpein Wei	Mario Ladore	50.00	
25	Nahnawa Reren	Erpet Helgenberger		
26	Souelin Wei	Rolant Hedgar	30.00	
27	Nahnawahn Dolen U	Dino Donre	150.00	
28	Nahnku	Etiwel Helgenberger	25.00	
29	Nahnsaumw U	Kamilo Cantero	50.00	
30	Saudepe	Dickson Donre		
31	Kiroulikiak	Zorro Donre	50.00	
32	Soumakahn Reren	Dikter Oscar	50.00	
33	Lepen Wei	Marino Salomon		
34	Nahnkiroun Wei	Kanio D[illegible]		

写真 7-2　称号確認式における献上額の記録簿

そのため、首長国の水準における称号確認式では、多額の現金が動く。例として、第五章で紹介したクリアンの称号確認式を取り上げる。この称号確認式は、首長国系統・第四位のノースを保持する男性が亡くなったことを受けて、新たに昇進する者たちを対象とした機会であった。クリアンは首長国系統・第七位の称号を得たことで五〇〇ドルを献上したが、新たにノースの称号を保持した男性は一〇〇〇ドルを献上した（写真7―2）。結局、この時の称号確認式では、計三九名の昇進者が計七五二〇ドルを献上した。多額のおカネが動く背景には、最高首長との関係性のみならず、その他の称号保持者との関係性が大きい。昇進者は自分より低い位階の称号保持者よりも少ない金額を拠出したならば、その面目を失うことになる。ヤムイモの「大きさ」を競うのと同様に、おカネの献上をめぐっても威信競争があるのだ。

他方、こうした競争的な側面は最高首長や副最高首長によって利用されることもある。ここでは、二〇一二年六月一六日にウー首長国で開催された称号確認式を取り上げる。この称号確認式の際、最高首長の代理として演説をした副最高首長は、ルーク・ドル・エン・ウェニック（*Luhk Dol en Wehik*）という名誉称号の保持者がかつての称号授与の際に、たった一人で五六〇〇ドルを献上したことに触れた（ルーク・ドル・エン・ウェニックは近年になって最高首長によって創られた称号である。この称号の由来については第六章を参照のこと）。それに対して、この日に昇進した一二名の称号保持者が献上した金額は合計で四三二一ドル一一セントであり、「たった一人」の献上額にとどかなかった。副最高首長はこのように過去の具体的な献上額を明らかにすることによって、本来自発的に献上されるはずの現金について、望ましい金額を暗に知らしめるような演説を行ったのである。

こうして献上される現金は、称号確認式に参加する者へと再分配される。だが、それは献上する金額から見れば、微々たるものである。クリアンの称号確認式では、献上された七五二〇ドルのうち、最高首長の「お召し上がり物」として五〇〇〇ドル、副最高首長の「お食事」として一〇〇〇ドルが献上された後、残りの参加者に現金が再分配された。それは一人あたり二〇ドルや一〇ドルといった金額を称号の順位に従って再分配するというものであった。

このような再分配の機会——最高首長や副最高首長が厚遇される機会——があるたびに、私は最高首長や副最高首長の強欲や吝嗇をめぐる不満や陰口を耳にした。これらの機会に参加した島民たちは、陰で不満を言う時、「ケチ」(*lehk*)という言葉や「不誠実」(*mwersuwed*)という言葉、さらには「食べ物の顔」(*meseng mwenge*)という言葉をよく使った。最後の言葉は、食い意地が張っているという意味であり、食物を分け与えずに独占する者を批判する際に用いられる。さらに、称号の昇進においては、賃金労働という「外来の仕事」に就かず、ブタやヤムイモを供出するといった「ポーンペイの仕事」でも大した活躍をしない男性が、最高首長に近い親族というだけで首長国称号を与えられる場合がしばしばある。こうした親族優遇の称号授与に対する不満もたびたび聞かれた。

ここまでは「礼の祭宴」と称号確認式に焦点を当てて、最高首長による「首長国ビジネス」の今日的な様相とそれに対する島民の不満を見てきた。ただし、これらの機会にかかわる者は、村の長として「礼の祭宴」を取り仕切らなければならない村首長や、新たに昇進する首長国称号保持者のような、高い位階を持つ者である。そのような高位称号を持たない大半の島民は「礼の祭宴」や称号確認式を好ましくないと感じても、それは自らの直接経験にもとづく感情ではない。それに対して、最高首長と普通の島民が出会う数少ない機会である葬式の祭宴においては、高位称号を持たない島民たちからも「首長国ビジネス」に対する不満と怒りの声が聞かれる。次節以降では、葬式の祭宴に焦点を当てて「首長国ビジネス」とそれに対する島民の向きあい方を見ていく。

三 「高位者」優先の再分配に対する島民の不満

マントペイタック村の首長エズモンドは、ある日の私との会話のなかで、祭宴が「〔今では〕ビジネスのようになってしまった」（*mwemwen pisnis*）と語った。アメリカ統治時代以降における首長国称号の増加により、祭宴における再分配では高位の首長国称号ばかりが呼び上げられ、村首長や村称号の保持者には「小さな」（*tikitik*）物財しか再分配されないことも多々ある。エズモンドはこのような現状に触れながら、最高首長や高位称号保持者を厚遇する「ビジネスのような」再分配では、「人びと〔＝主に祭宴の参加者〕への配慮」（*apwalih aramas*）が行きとどかないと嘆いた（位階称号と再分配の変質については、第二章第五節におけるエズモンドの語りも参照のこと）。

エズモンドにとって、こうした「人びとへの配慮」が足りないと感じる最大の機会は、葬式の祭宴である。四日間の葬式のうち遺体を埋葬する二日目には、最高首長を「招待する」ことが慣例とされる（葬式二日目の祭宴については第六章も参照）。この際には、最高首長が同席する祭宴での「仕事」に貢献するために、少なくない高位の首長国称号保持者が、ブタやヤムイモなどの物財を持って弔問に訪れる。

エズモンドによると、最高首長をはじめとする「高位者」の来賓に対し、近年では「歓迎の贈与」（第五章第三節参照）を含むもてなしが過剰に行われる傾向にあるという。とくに「高位者」と親族関係にない者が亡くなった場合、ブタ肉やカヴァが「高位者」を中心に再分配されることで、故人の遺族に行き渡らないという事態も生じる。ここには、「高位者」の称号が優先される結果、故人の遺族を中心とする「人びとへの配慮」の欠如が見られる。実際に、そのような葬式の祭宴に際して、「不誠実だ」「食べ物の顔をしている」などと、遺族やそれに近い親族から怒りや不満の声が聞かれた。

さらに、位階称号の変質という過程を経て、祭宴の場では「〔祭宴堂において人びとを〕見下ろす者」(*sohpeidi*) の人数が増えている。第六章第一節で述べたように、メルソールが最高首長の権限で創った称号のなかには、在来の神の名前をもとに創った二つの名誉称号（ルーク・ドル・エン・ウェニックとルーク・エン・サコン）がある。この二つの名誉称号の保持者と、名誉称号系統の最高位者（ウー首長国の場合はレペン・マル称号の保持者）は祭宴堂の奥間に座ることが許されており、最高首長や副最高首長と並んで、祭宴の場で「仕事」をする参加者を「見下ろす」立場にある。再分配の局面では、最高首長と同様の「お召し上がり物」(*koanoat*) という敬語表現とともに、これらの名誉称号保持者に対して「大きな」物財が献上される。さらに、これらの名誉称号保持者の夫人たちにも、最高首長夫人と同様に「お召し上がり物」(*pwenieu*) という呼び上げとともに「大きな」物財が献上される。その他の参加者のなかには、これらの名誉称号保持者に対する再分配を見て、「〔再分配される物財は、「見下ろす者」たちの〕お召し上がり物ばかり」(*koanoat tohr*) と嘆く者もいた。このように、最高首長も含む「見下ろす者」を中心とした「高位者」への過剰な再分配は、その他の参加者たちの立場からすれば、祭宴の場における有限の物財が再分配される機会を奪われているように感じられ、さらなる不満を喚起するのである。

このように、葬式の祭宴では、物財の再分配において首長国称号を重視する論理が、遺族への配慮という論理とのあいだで時折矛盾をきたしており、それが島民たちのあいだに再分配に対する否定的な評価を促しているといえる。同様の不満は、葬式以外の祭宴の場合にも聞かれることがある[2]。加えて、ウー首長国における葬式の祭宴に限ると、次の二点が最高首長に対する不満にかかわる。(1)最高首長が祭宴に参加しない場合、葬式の参加者に対してだけではなく、不在の最高首長に対しても物財が再分配されるか否か、(2)最高首長が祭宴に参加する場合において、最高首長夫人が祭宴に参加するか否か、である。

表 7-1　葬式 2 日目の祭宴における最高首長への再分配

在位（年）	名前	(1) 不在時における最高首長への再分配	(2) 最高首長夫人の参加頻度
1953 ～ 1960	ペドロ	再分配の恩恵に預からない。	参加することは少ない。
1960 ～ 1991	パウルス	再分配の恩恵に預からない。	参加することは少ない。
1991 ～ 1993	トウェイン	物財を再分配し、屋敷まで運ぶ。	積極的に参加する。
1993 ～ 1995	アレックス	再分配の恩恵に預からない。	積極的に参加する。
1995 ～ 1999	エルマス	再分配の恩恵に預からない。	参加することは少ない。
1999 ～現在	メルソール	物財を再分配し、屋敷まで運ぶ。	積極的に参加する。

第一に、ウー首長国では、葬式二日目の祭宴に招待した最高首長が参加しなかった場合でも、最高首長のメルソールに対して、立派なカヴァやブタ肉の重要な部位（腹部）が献上され、メルソールの屋敷にまで運ばれた[3]。だが、私の聞き取りによれば、過去六代の最高首長のうち、不在時でもカヴァやブタ肉が献上されたのは、トウェイン（在位一九九一～一九九三年）とメルソールだけであり（表7―1）、必ずしも一般的ではなかったことがわかる。ここから、不在時でもカヴァやブタ肉を献上するという行為は、歴史的に見て特殊であるといえる。メルソールに関しては、腹部のブタ肉ではなく、一頭分丸々のブタ肉を献上されることもある（写真7―3）。クリアンによれば、これらの歴史的に特異な献上を受ける最高首長は、「食べ物の顔」をしている。つまり、食い意地が張っているとみなされる。

第二に、島民の不満は、最高首長や副最高首長自身だけではなく、彼らの夫人にも及ぶ。献上された物を消費する単位は、個人ではなく、結局のところ個々の世帯である。世帯としてみれば、最高首長や副最高首長の世帯は、首長に対する献上物に加え、夫人に対する献上物も消費することができる。最高首長夫人は「お召し上がり物」（*pwenieu*）として、副最高首長夫人は「お食事」（*sahk*）として、量や種類の面で特別な物を献上される。そのため、葬式の祭宴に妻を連れていくことは、最高首長や副最高首長にとって物質的な利益になる。しかし、遺族側の視点からすれば、首長夫人が積極的に葬式の祭宴に出向き、特別な大きさや種類の再分配物を受け取ると、最高首長や副最高首長は「食べ物の顔」をしていると感

写真 7-3　一頭分のブタ肉を最高首長のトラックに運ぶ男性たち

写真 7-4　売り物にされたカヴァ飲料

じられる。そのためか、個々の最高首長や副最高首長の裁量によって、遺族をはじめとする参加者への気遣いから、夫人が葬式に参加する頻度を極力抑えるようにする場合もあるという。私の聞き取りによれば、夫人を頻繁に葬式の祭宴に連れてくる最高首長は、過去六代のうち半分の三人に過ぎず（表7―1）、その評価にも個人差があることがわかる。

　さらに、献上物をいかに消費するのかという点にも、最高首長や副最高首長に対する島民たちの評価のポイントがある。メルソールには、プロテスタント教会の牧師を務めた過去もあり（第六章参照）、日常的にカヴァ飲みをする習慣がない。そのため、彼はカヴァを「お召し上がり物」として葬式の祭宴から持ち帰ったとしても、カヴァ飲みをして消費することはない。そこで、メルソールは彼の息子たちに指示して、葬式の祭宴において「お召し上がり物」として献上されたカヴァから飲料をつくり、瓶に詰めて売却してしまうのである（写真7―4）。その際、カヴァの大きさにもよるが、一本のカヴァから約十五瓶分のカヴァ飲料をつくり、一瓶につき四ドルで売却する。単純計算でも一本のカヴァから六〇ドルのおカネを生み出せる計算になる。なお、近年、嗜好品としてのカヴァ飲料の値段は上昇の一途であり[4]、カヴァ飲料の売買は良い稼ぎの一つであるという認識がポーンペイ島社会では一般的である。

売り物のカヴァ飲料でいっぱいになったクーラーボックスが、夕方頃にメルソールの屋敷の前に並ぶと、「〔葬式の祭宴において献上された〕『お召し上がり物』のカヴァだ」（*koamoat sakau*）と島民たちは揶揄する。こうしたメルソールのやり方について、日本人女性を母に持つネッチ首長国のある住人（四〇歳代、男性）は、日本語で「ウー〔首長国〕のナーンマルキは最悪。みんなが汗水垂らしてつくったシャカオ〔カヴァ〕を売っちゃうんだから」と私に不満を漏らしたことがある。

祭宴における献上物を扱うやり方次第では、良い評価をされる最高首長もいる。ウー首長国のある住人（男性、六二歳）は、私に対して、メルソールのことを説明する際に、前最高首長のエルマス（在位：一九九五～一九九九年）と対比させて語った。メルソールはエルマスの母方オジにあたる人物でもある。その住民は次のように述べた。

「このナーンマルキは良くない。なぜって、すべてを持ち去ってしまうからだ。〔それに比べて〕前のナーンマルキは良かった。彼は分け与えてくれた。」

彼の説明によると、エルマスが最高首長の時代、彼は、祭宴における再分配をとおして受け取ったブタ肉やカヴァを自らの屋敷に持ち帰ると、近隣世帯の住人たちを集め、分け与えたり共食をしたりしたという。ベニートも、警察官として働いていた時の上司でもあったエルマスの最高首長時代を評して、「親しみやすい」（*kadek*）と述べたことがある。エルマスは、まさに第二次再分配のやり方で、献上物を周囲の住民たちと分かちあうことによって良い評判を得ていたのである。

以上より、再分配における献上のされ方や受け取る物の量、再分配の消費の仕方は、最高首長一般の属性ではなく、あくまでも個々の最高首長の「気前の良さ」を示し、島民からの評価対象になる。再分配の仕方や受け取る物財の量や質は、時代や地域を通じて固定的というわけではなく、個々の最高首長によっても変わりうる。そのため、祭宴における再分配は、最高首長がケチであるか、あるいは気前が良いかどうかを評価する一つの指針になる。結局のところ、島民たちの不満の根底的な原因は、個々の最高首長による再分配物の独占やその消費の有り様――「首長国ビジネス」に対する関与の度あい――にある。

このような事態、すなわち「首長国ビジネス」の過剰ゆえに「人びとへの配慮」が行き渡らないという事態に、島民たちはどのように対峙しているのか。時に過剰なほどまでに首長国称号を重視する再分配の論理と、故人の遺族が気遣われるべきという葬式の祭宴に特有の論理とのあいだは、いかにして架橋されうるのか。次節では、葬式の祭宴における再分配において、「人びとへの配慮」を回復する試みがどういった形でなされているのかを具体的な事例から検討する。

四　「首長国ビジネス」を回避する――「新しい慣習」という変革の試み

最高首長による儀礼財の強欲な消費に対する不満は、基本的には陰で噂されるに過ぎないが、時に顕在化するまでに高まることがある。本節においては、最高首長に対する不満が顕在化した葬式の祭宴を事例として提示し、主催者遺族がいかなる形で「人びとへの配慮」を回復し、自分たちの不満を解消しようとしたのかを明らかにする。

事例の主役は、パウリーノという高齢の男性（八六歳）である。なお、パウリーノは日本統治時代に学校教育を受けた経験から日本語が流暢であったため、私との会話は日本語で行われた。パウリーノは、アワク地域に位置するカトリック教会であるセント・ジョセフ教会と隣接する屋敷地に住んでおり、一九七四年からカトリック教会の助祭を務める人物である。当時のセント・ジョセフ教会では、四人の助祭が教会活動に従事していた。ただ、数年前に病気になって以来、パウリーノは教会で説教をすることもなくなっていた。パウリーノは位階称号を保持していなかったが[5]、助祭であるという理由で島民たちから尊敬を受けていた。

パウリーノによると、葬式の祭宴は、通夜を除く三日間ずっと石焼きを続ける場合もあれば、一日間や二日間しか石焼きを行わない場合もある。主催者遺族の選択によっては、四日間を過ぎても、石焼きやカヴァ飲料の給仕を伴う祭宴が毎日のように続けられる場合もある。しかし、それは良くないと彼は言い、日本語で次のように続けた。

「ポナペ（ポーンペイ島の旧称）の習慣はよくない。（故人の遺体を）埋めた後は、何やってるんだ。死んだ人は埋められて（祭宴を）見れない。なのに、シャカオ（カヴァ）飲んで、ブタ殺して。良くない。ある人は何も持ってこないで、シャカオ飲んで、ブタ（ブタ肉）もらって帰る。ある人は、（葬式の祭宴にヤムイモやブタを持っていった）後で、（食べるものが）何もなくなってしまうんだ。」

このように、パウリーノは「慣習」のとおりに行われる葬式の祭宴に不満を持っていた。彼の不満は、島民が祭宴に持参する物と、祭宴で受け取る物とのあいだに生じる物質的な不均衡――再分配における物質的な不均衡――に向けられていた。

パウリーノの不満は、彼の娘の夫にあたる人物の葬式において顕在化した。故人となった男性はポーンペイ島民ではなく、アメリカ人であった。故人が住んでいた屋敷は、パウリーノの屋敷から歩いて五分ほどの場所にあった。男性が亡くなったのは二〇〇九年一〇月二六日であったが、その日から四日間、故人の屋敷地において葬式の祭宴が催された。葬式二日目の祭宴に際して、遺族はパウリーノの主導により、「慣習」に反して、最高首長のメルソールを招待しなかった。パウリーノは彼自身の妻の葬式二日目に際しても、やはり最高首長を招待していない。葬式の祭宴は、パウリーノの主導によって実行された。

この時、「センベーンの人びと」は、男性が亡くなったという事実を知らず、葬式二日目の祭宴を訪れることはなかった。遺族が最高首長を招待しなかったことや、故人がポーンペイ島民ではなかったことによって、情報が伝わらなかったと推測される。少し遅れて葬式の実施を知った私が葬式三日目の祭宴を訪れた時、パウリーノは日本語で前日の葬式の祭宴のことを誇らしげに語った。

「あんた、昨日来ればよかったのに。昨日のは、ポナペ（ポーンペイ）の習慣じゃないんだ。ナーンマルキ（最高首長）を呼ばなかったんだ。たまにはこういうやり方もあるんだ。」

パウリーノによると、彼らが最高首長を意図的に招待しなかった葬式二日目の祭宴には、故人の妻を親戚とみなす住民や、アワク地域の既知の住民たちが弔問に訪れた。弔問客の男性たちは、ブタやカヴァを持参した。「慣習」どおりの祭宴であれば、その場の最高位者やそれに準じる位階称号を持った者に献上されるべきブタ肉は、腹部や脚部（写真7―5）などの大きな塊に切り分けられるはずであった。

しかし、パウリーノ主催の祭宴では、石焼きにされたすべてのブタが、ハンドボール程度の大きさに均等なサイズに切り分けられ、ビニール袋に入れられて参加者に分配されたという。ブタ肉を再分配する順番も称号の位階に関係なく、遺族の女性たちが参加者のもとを回り、一人一人に手渡したという。参加者が持ってきたカヴァは再分配されず、すべてが石台の上で搗かれ、祭宴の参加者によって夜遅くまでカヴァ飲みが行われたという。

私が訪れた葬式三日目の祭宴には、ブタを持参しなくてもよいという連絡が事前に参加者に伝えられており、ブタ肉の再分配はもちろんのこと、石焼きさえも行われなかった。三日目の祭宴の開始は一四時半と遅く、パウリーノの娘の義理の兄弟が遺族を代表して挨拶と礼拝をした後に、簡単な食事（ツナ入りのサンドイッチ、鶏肉・米飯・バナナ入りの弁当、粉末ジュース入りの飲料）が参加者に配られた。しばらくすると、参加者たちによってカヴァが搗かれ、カヴァ飲料が用意された。最も高位の人物に与えられるべきカヴァ飲料の一杯目は、パウリーノに捧げられた。位階称号を保持していないパウリーノであったが、キリスト教の助祭かつ親族のなかで最年長の男性であったことから、この葬式の祭宴の場で最も敬意を示されるべき対象であると認められたのである。このカヴァ飲料の給仕において、ある参加者は「（葬式の祭宴の）仕事が休みなのは良いことだ」と言い、石焼きをせず、ブタの屠殺と解体、ブタやヤムイモの石焼きなどの「仕事」をしなくてもいいことを良いことと語っていた。

写真 7-5　脚部のブタ肉とパン果

他方、石焼きをしないことを不満に思う島民もいた。ベニートは葬式の事実を知らなかったが、この葬式の祭宴の模様をどこかで伝え聞いてきた息子のヨワニスは、「もう石焼きはやってない」と言い、葬式三日目の祭宴にしてブタの石焼きがもはや行われていないことを父のベニートに告げた。石焼きが行われていないことを知ったベニートは、「あそこには何もない。ひどいところだ」と言って、葬式四日目の祭宴に参加することを嫌がった。

最高首長を招待しない葬式の祭宴は、ウー首長国のみで見られるわけではない。たとえば、私も参加したキチー首長国のある葬式の祭宴でも、遺族が最高首長を快く思っていなかったために、最高首長が招待されなかった。この葬式の祭宴は、パウリーノの事例とは異なり、キリスト教の聖職者のような社会的に地位の高い人物が主催したわけではなかった。

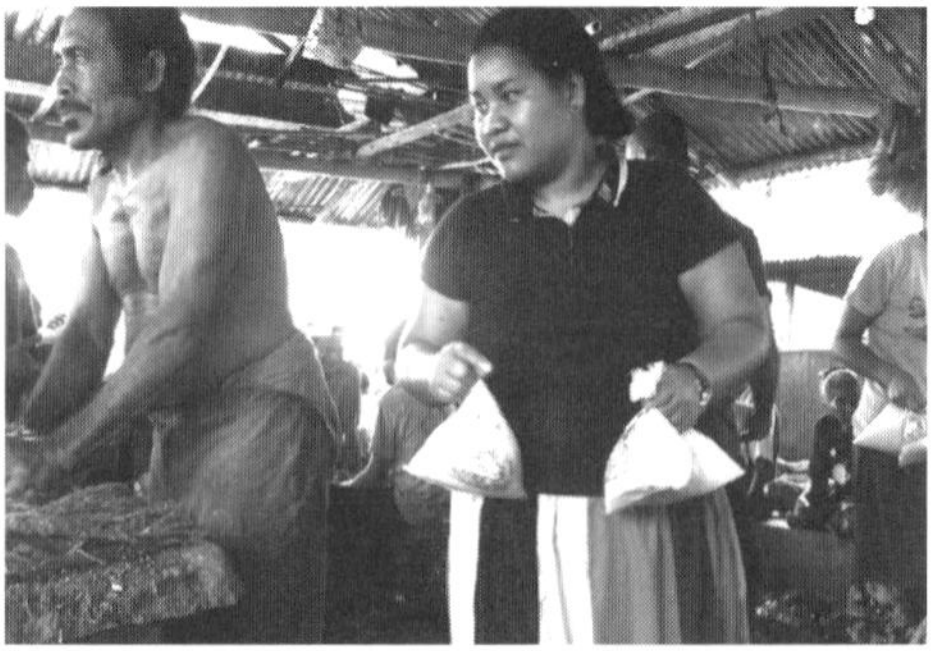

写真 7-6　米を配り歩く女性たち

写真 7-7　小さく切り分けられたブタ肉

遺族の女性たちは、ビニール袋に入れた米を用意し、葬式の祭宴の参加者たちに手渡しで配って回った（写真7—6）。主催者遺族たちは、石焼きにしたブタを祭宴堂に持ち込むことなく、すべてナイフで小さな塊に切り分け、大きなボウルに入れた。特定の高位称号保持者を優先することなく、男性がブタ肉を配って手渡した（写真7—7）。

後日、クリアンは私の聞き取りに答える形で、最高首長を招待しない葬式の祭宴のスタイルを「新しい慣習」（*tiahk kapw*）と断じたうえで、次のように述べた。

「時には、ナーンマルキの招待を『拒絶』（*kahng*）する者もいる。『高位称号保持者』（*mwar lapalap*）が、その他の人びとに対してケチを働くからだ。〔つまり〕大きなカヴァや大きなブタ肉を持ち去ってしまうからだ。住民たちは〔最高首長を招待しなかった理由の説明として〕最高首長から位階称号をもらっていないと言う。[6] だが、位階称号は関係ない。首長国の住民は全員、最高首長のもとにある。」

最高首長を排除するという「新しい慣習」の葬式の祭宴は、社会的に影響力を持つ人物であるか否かにかかわらず、最高首長に不満を持っている島民によって主催される。「新しい慣習」の葬式の祭宴は、特定の高位称号保持者を決して優先せず、遺族によって手渡しで物財を配り直すことで、故人の遺族が自分たちの場を守ろうとする営みであるといえる。

とはいえ、「新しい慣習」の葬式の祭宴において、参加者全員の社会的地位は必ずしも対等だとされているわけではない。その証拠に、先の事例では、カヴァ飲料の給仕における最初の一杯目がパウリーノに対して授けられ、彼がその場における相対的な最高位者であることが図らずも示されてしまっていた。このことから、「新しい慣習」で行われる葬式の祭宴の核心は、参加者間の関係が実際に対等であるか否かということにはなく、位階称号にもとづく序列をできる限り可視化させないという点にあると考えられる。

五　再分配の倫理性――〝より善い〟「仕事」をめぐるせめぎあい

「新しい慣習」の再分配は、遺族側が「高位者」優先の再分配に対する不満を解消し、自らの「ポーンペイの仕事」を〝より善い〟ものに変革しようとする試みであったといえる。だが、「大きな」物財の再分配をとおして「名誉を認め」られるはずの称号保持者の視点からすれば、がっかりするような出来事であり、彼らにとっては〝悪い〟再分配であるともいえる。ベニートがパウリーノの主催する葬式の祭宴への参加を嫌がったように、位階称号にもとづいて「名誉を認める」ことを拒絶する「新しい慣習」は、ある程度高位の称号を保持する者にとって代替的な選択肢とはなりえない。また、最高首長を招待するという「慣習」に背く「新しい慣習」の試みは、大半の島民たちから見れば極端な変革とみなされ、一部の島民によって実行されるにとどまっている。

このような背景から、「新しい慣習」による葬式の祭宴は限定的なものである。実際に、私が二〇〇九年と二〇一〇年に参加した葬式の祭宴二三例のうち「新しい慣習」の形式で実施された祭宴は上記の二例に過ぎず、その後の長期調査でも「新しい慣習」に遭遇することはなかった。結果として、ポーンペイ島社会で催されるほとんどの祭宴では、位階称号の呼び上げを伴う形で物財が再分配される。

以下では、再分配実践の細部に注目することによって、「高位者」が優先される祭宴において「人びとへの配慮」がいかなる形で達成されうるのかを考察する。それにより「首長国ビジネス」に対峙するうえでの島民たちの実践論理を示したい。

まず、「新しい慣習」の再分配は、最高首長を招待せず、位階称号に「名誉を認め」ないことによって、位階称号を優先する再分配の論理では達成されない「人びとへの配慮」（この場合は故人の遺族への配慮）を前景化する試みであった。他方、より高位の位階称号保持者は、自らの位階称号に「名誉を認め」ない「新しい慣習」を望ましくない再分配と位置づけ、称号の位階に沿って称号保持者の「名誉を認める」再分配を望ましい手続きとみなす。葬式の祭宴における「新しい慣習」が遺族への配慮を重視する参加者にとって〝善い〟再分配であるのに対して、位階称号の論理を遵守する再分配もまた、称号保持者に「名誉を認め」てほしい参加者にとって〝善い〟再分配である。

このように「新しい慣習」をめぐる評価は二分されるわけだが、〝より善い〟実践のための変革において複数の〝善〟が対立することをいかに考えればよいのか。ここで、（研究者や専門家が実践する倫理ではなく）普通の人びとが実践する日常倫理（ordinary ethics）に注目するマイケル・ランベク（Michael Lambek）の議論が参考になる。[7]ランベクは、社会とは一般に、伝統の倫理と変革の倫理との緊張のなかにしばしば置かれていると述べる。前者は上の世代と同じように行動することが〝善い〟という倫理であるのに対して、後者は既存の権威を疑って社会を改良することが〝善い〟という倫理である［Lambek 2012: 351］。

異なる〝善〟をめぐる緊張のなかに置かれているとするならば、祭宴における再分配のあり方も、最高首長の招待をとおして位階序列の可視化を指向する「慣習」か、最高首長の招待の拒絶をとおして受領の均等化を指向する「新しい慣習」か、という二者択一ではないと考えられる。「新しい慣習」の試みも、実際にはパウリーノがカヴァ飲料の給仕を優先的に受けたように、「名誉を認める」という行為を完全に否定するものではない。加えて、第I部で論じた、さまざまな言葉を用いた呼び上げが示すように、称号の位階を重視する再分配であっても、参加者に「名誉を認める」行為は、称号の位階に還元されるとは限らない。とりわけ、葬式の祭宴においては「遺族」という呼び上げをとおして、故人の遺族に対して大量の食物が再分配されることからも明らかなように（第二章第七節）、称号の位階にもとづいて「名誉を認める」という論理が、故人の遺族への配慮という論理に沿った人物評価と並存している。

さらに、第二章第二節で述べたように、「慣習」どおりの祭宴においても、位階称号の順位に沿った再分配がひととおり終わった後に、主に女性の手渡しにより参加者間で食物が分からあわれるという「配給」の行為が続く。こうした「配給」の光景はほとんどの祭宴で見られるものであり、「お前のブタ肉はあるのか」（*mie ahmw pwihk?*）、「お前の食事はあるのか」（*mie ahmw mwenge?*）といった声が飛び交い、物財が分かちあわれる。大きめのブタ肉を再分配された者が、ブタ肉を再分配されなかった者に一部を分け与えることもあれば、満足な食事を与えられた者が、その一部を周囲の者や幼い子どもたちに分け与えることもある。こうしたことからも、「人びとへの配慮」を指向する論理は、称号の位階にもとづく再分配実践のなかに潜在している。

このように見てみると、位階称号にもとづいて「名誉を認める」行為を〝善い〟再分配の条件とする論理と、祭宴が開かれる目的やコンテクストにあわせた「人びとへの配慮」を〝善い〟再分配の条件とする論理は、緊張を孕みながらもつねに並存している。したがって、再分配が実行される場は、二つの論理をいかに〝より善い〟

形で並立させるかをめぐって、伝統の倫理と変革の倫理がせめぎあう場として捉えることができる。

このような〝善い〟再分配をめぐるせめぎあいを考えるうえで、倫理的判断（ethical judgement）をめぐるランベクの議論［Lambek 2008; Lambek 2010; Lambek 2015］が参考になる。(8) ランベクによると、社会生活のなかには、どの価値に従うことが〝善い〟行動なのかを、比較的自明な価値のなかから選ぶという選択（choice）の局面がある。これに対して、ランベクは、そうした「選択」がつねに可能なわけではなく、選択困難な状況が遍在しているという点に注目する。すなわち、互いに異なり優劣つけがたい諸価値が並立するという状況に直面して、何をすべきなのか、どの価値に追従することが〝善い〟行動であるのかが、自明ではなくなってしまうという局面である。

ランベクは、そのように異なる諸価値が並立する場において、人びとによる行為が倫理的価値（ethical value）を創出する余地があると論じている。彼は、倫理的価値の基準や条件を打ち立てる行為を、アリストテレス以来の哲学的な伝統に倣って判断（judgement）と呼ぶ。とくに、倫理的判断を伴う儀礼的行為（供犠の実施や他者への贈与など）は、個別の倫理的な基準、条件、状態を創り出したり、それを停止させたりするという。

〝善い〟再分配のためにどの価値を優先すればよいかが一つに確定しない状況において、分配役や周囲の人間は、どのような行為を通じて物財を再分配するのかを判断しなくてはならない。そのように異なる諸価値が併存する不確定的な状況のなかで、「人びとへの配慮」にかかわる倫理的な条件を打ち立てるという点において、再分配の場における島民の実践には、ランベクのいう倫理的判断が含まれる。こうした倫理的判断を伴う再分配は、位階称号をできる限り不可視にする「新しい慣習」を生み出し、あるいは、必ずしも位階称号によらない人物評価を状況即応的に認める呼び上げ行為を導くのである。

島民たちが「首長国ビジネス」と対峙する今日、〝善い〟再分配をめぐるせめぎあいを内包する再分配の局面では、位階称号にもとづいて「名誉を認める」という相互行為の遂行に際して、「人びとへの配慮」という潜在的な論理が「括弧入れ」しえなくなる傾向にある。つまり、最高首長の強欲と吝嗇が目に見える形で示される場合や、首長国称号の増加により「高位者」に対する再分配が過剰になる見通しがある場合に、祭宴本来の目的やコンテクストに沿った「人びとへの配慮」にもとづく関係性が「あふれ出す」。そのような「あふれ出し」は、「名誉を認める」という相互行為のフレームを緊張させ、島民たちの不満を導いてしまう。逆に、再分配後のさらなる分配行為や、さまざまな人物評価に「名誉を認める」技法によって、そのような「あふれ出し」を含み込むように祭宴のフレームを拡張できるならば、島民たちによる祭宴の「仕事」は、参加者たちにとって〝より善い〟「仕事」へと近づく。このように、異なる〝善〟のせめぎあいのなかで、さまざまな人物を包含する新たな条件を打ち立てるという意味で、祭宴の場には島民自身による倫理的判断が垣間見える。「首長国ビジネス」に対する島民たちの不満が募るなか、それは微々たる前進かもしれない。だが、〝より善い〟祭宴に向けた変革を希求する島民たちは、「人びとへの配慮」にもとづく論理をいかに位階称号の論理と並立させるのかを模索しながら、自分たちの「仕事」をつくり続けているのである。

注

（1）ノルマジーンは、ウー首長国の副最高首長ピーターの妻である。

（2）たとえば、ある場所で行われた祭宴堂の「新築祝いの祭宴」（*isimas*）では、最高首長をはじめとする「高位者」を中心に、大きなカヴァや、女性用の衣服などが包まれたココヤシ葉大型バスケットが再分配された。私はこの祭宴で映像を撮影して「センベーン」に持ち帰ったが、ヤコブの娘のナンシー（二四歳）は、映像のなかに映し出された副最高首長を見て、「私はあの人たち（最高首長や高位称号保持者）が嫌い。あの人たちは大きなカヴァとブタ肉を持ち去ってしまうから」とまで言って憤慨していた。

（3）通常の葬式二日目の祭宴におけるブタ肉の再分配においては、ブタ肉の大きさだけではなく、部位が重視される。通例であれば、最高首長と副最高首長は腹部（*kapehd*）を受け取り、夫人らは脚部（*pei*）を受け取る。

（4）私の聞き取りによれば、二〇〇八年一瓶三ドルだったカヴァ飲料の価格は、二〇〇九年には四ドルに上昇し、二〇一〇年の初頭には一部で五ドルに値上がりした。

（5）詳しい経緯は不明であるが、パウリーノが称号を保持していない理由は、過去に称号を返還してしまったからである。称号を失うことは称号の位階にもとづいて「名誉を認め」られる機会を失うことでもあるため、称号を返還すること自体は珍しい。

（6）二〇〇〇年の国勢調査によると、ウー首長国には一三六六人の男性がいる［Division of Statistics, Department of Economic Affairs 2002: 3］。成人男性と既婚女性の大半が何らかの称号を保持しているとはいえ、首長国称号は稀少な価値がある。二〇〇九年時点において、ウー首長国の最高首長から称号をもらっている男性は、一九八人に過ぎなかった。

（7）日常倫理とは、哲学者や宗教家などの専門家のみが「善き生とは何か」といった倫理的な問いを発するわけではなく、専門家ではない普通の人びとも倫理的な判断や行動を日常的に行う点に着目した表現である［Lambek 2010: 1, cf. Laidlaw 2013: 1-4］。普通の人びとによる実践に焦点をあわせ、彼らの社会生活の倫理性を明らかにすることこそが、倫理的な課題に対する人類学的探求の一つの姿勢である。なお、ランベクらによる日常倫理への注目は、倫理の人類学（anthropology of ethics）、あるいは人類学の倫理的転回（ethical turn）と呼ばれることもある。それは、一九九〇年代以降の人類学的研究においてモラリティ（morality）や倫理（ethics）の名を冠した著作や論考がまとまった形で発表され続けてきたという潮流を総括する表現である［Laidlaw 2013: 15-16］。

（8）ランベクによる選択と倫理的判断の区別については、中川による平易な解説も参考とした［中川　二〇一八］。

結論　ポスト植民地時代の身分階層秩序をめぐる権威と礼節

本書では、ポスト植民地時代のポーンペイ島社会において、首長制にもとづく身分階層秩序がいかに維持・創出されるのかについて、相互行為を支えるフレームの成立と変容に焦点を当てて記述・分析してきた。本章では、まず第一節で、ここまでの各章で検討した議論を総合したうえで、ポスト植民地時代のポーンペイ島社会における身分階層秩序の維持・創出において相互行為のフレームが果たす役割について論じる。第二節では、相互行為論にもとづく首長制研究（序論における「第二の研究群」）を援用した本書のアプローチが、ポスト植民地国家における首長制研究（序論における「第一の研究群」）に対していかなる理論的貢献を果たすのかを明らかにする。第三節では、祭宴における相互行為秩序を安定させようとする島民の技法に焦点を当て、そのような技法の可能性を、権威と礼節という観点から考察する。

一　今日の身分階層秩序を支える諸実践

本書では、具体的な出来事と行為のなかで身分階層秩序が少しずつ構成を変えながら維持・創出される過程を、諸要素の「括弧入れ」と「あふれ出し」という視点から記述・分析してきた。こうした試みは、今日における首長制の存立をいかに描き直すことができたのだろうか。まずは、ここまでの議論を振り返りたい。

第I部では、カヴァ飲料の給仕や物財の再分配、それに伴う称号の呼び上げなど、祭宴において「名誉を認める」行為としての礼節が、祭宴の個別的なコンテクストやそれに付随する出来事との関係においていかなる役割を果たすのかを論じた。第一章では、ポーンペイ島社会の首長制を、諸外国による植民地統治から独立以降に至る歴史過程のなかに位置づけた。土地改革や議会制民主主義の導入といった統治政策に対して、ポーンペイ島民は、首長を中心とする祭宴の実施と称号の授与から成る「土地の側」として首長制を客体化し、議会政治や法律の公布などから成る「外国の側」として政府機関や議会政治を首長制の外部に位置づけて区別した。そして、ポスト植民地時代のポーンペイ島社会では、過去の統治政策とその後の島民の解釈の結果として、「慣習の側」としての首長制、「政府の側」としての議会政治や役所仕事、「教会の側」としてのキリスト教会の活動という三つの「側」から公的領域が成り立っていると指摘した。

第二章ではまず、祭宴における相互行為の前提として、当の祭宴の目的やコンテクストを「括弧入れ」し、参加者の構成によって変わりうる「名誉の賭け」という状況へと参加者を没入させる機制があることを指摘した。そのうえで、名詞形の「名誉」という価値というよりは、むしろ「名誉を認める」という他動詞的な礼節の行為をとおして、祭宴における相互行為秩序がもたらされると論じた。すなわち、「名誉を認める」という礼節行為は、祭宴の主役や目的の「あふれ出し」を「名誉の賭け」という状況にあわせて変換することにより、相互行為秩序のフレームを再作成している。とくにポスト植民地時代に特有の「あふれ出し」――政治家の名声や、政府雇用者の職業的地位、キリスト教会の聖職者の地位――は、祭宴の内部における記号表現の分析に終始したために祭宴の外部を見過ごしていたキーティングの言語人類学的研究［Keating 1998a; 1998b; 2000］によっては明らかにしえない点であった。

第三章では、ポーンペイ島社会を超えた政治的な出会いに対して、「名誉を認める」という礼節行為がいかに延長されているのかという問題意識から、隣接する島嶼社会や遠い外国からの伝統的指導者や要人との政治的な出会いが不可避的に孕む「礼節のポリティクス」を検討した。そして、ポーンペイ島民の主催者による礼節の技法が、時に矛盾を孕みながらも、ポーンペイ島民ではない外部の伝統的指導者や要人への歓待と同時に、ポーンペイ島の最高首長への敬意表現を実現していることを明らかにした。

第Ⅱ部では、最高首長や村首長に対する島民たちの貢納や協力という首長制の存立基盤の維持に不可欠な集団活動に注目し、三つの水準（親族、村、首長国）の相互行為を取り上げ、各々に特徴的なフレームのあり方を論じた。第四章では親族間の協働という相互行為に焦点を当て、権威ある村首長を「助ける」という周囲の親族の方針を支えるフレームについて検討した。村首長を「助ける」というフレームは、村首長が周囲の親族に抱える負債といった、日常的な関係性の「あふれ出し」によって緊張しうる。そうしてフレームが緊張する結果として、周囲の親族は、村首長を「助ける」という方針を見直し、村首長を「助ける」度あいや有無を規定し直す。このような分析から、親族を単位とする相互行為においては、伝統的権威の存立にかかわるフレームは固定的な規範とならず、状況ごとに現れると論じた。

第五章では、土地改革や行政改革を通じて地理的・行政的な基盤を失った村という単位に注目し、日常では不可視になっている村が可視化される機会としての「村の祭宴」に焦点を当てた。「村の祭宴」における物財の再分配は、基本的には村首長を中心とする閉じられた集団という理解を導くフレームに沿って行われるが、他村への対抗意識から自村を差異化する試みのなかで、外部に開かれた住民や物財の動員の成果も含めて集団の価値を理解しようとするフレームが生まれる。村をめぐる集団理解が変わるなかで、「括弧入れ」していたはずの住民の帰属意識が「あふれ出し」、参加者間に対立や葛藤が生じることもある。こうした民族誌的記述から、「村の祭宴」における物財の再分配は、共同体としての村を理解するフレームを変容させつつ、村という集団の境界づけや価値づけを不断に現出させていると論じた。

第六章では、首長国の水準における相互行為として、初物献上と「礼の祭宴」という儀礼的貢納に注目した。これらの儀礼的貢納は、土地改革以後の社会的諸関係の変容を「括弧入れ」することによって、生産と収穫の季節的なサイクルに沿ったものとして最高首長に献上される。しかし、儀礼的貢納を農作物の収穫時期と結びつけるフレームは、キリスト教の活動や政治家の現金供出のタイミングなど、収穫とは異なる時間性を有する社会的諸活動の「あふれ出し」によって乱される。そのうえで、儀礼的貢納がその他の社会的諸活動との時宜の矛盾を調整することにより、「慣習の側」を超えてその他の「側」にも波及する形で実践されていると論じた。

第七章では、「首長国ビジネス」の今日的な展開として、最高首長が「礼の祭宴」や称号確認式を通じて多額の現金収入を得るのみならず、「首長国ビジネス」による過剰な称号授与の結果として、多数の「高位者」が諸々の祭宴の場に姿を見せることに焦点を当てた。こうした祭宴では、多数の「高位者」に対する過剰な再分配によって、個々の祭宴における「人びとへの配慮」という関係性がもはや「括弧入れ」できなくなった結果、島民の不満と怒りが誘発されている。事例分析では、そのような「首長国ビジネス」に向きあう島民の姿勢を日常倫理という観点から考察した。そして、今日の島民たちが、最高首長を招待しない「新しい慣習」の試みをはじめ、「人びとへの配慮」という関係性の「あふれ出し」を相互行為のフレームに組み入れて〝より善い〟相互行為秩序を模索するという形で、「首長国ビジネス」に対峙していると論じた。

これらの民族誌的記述が示すように、ポーンペイ島社会において首長制を実際に動かしているのは、「名誉」という在来の価値を基礎とする規範的かつ理念的な「慣習」の体系というよりはむしろ、さまざまな場面において異なる儀礼的手続きを求められる島民間の相互行為である。とくに第Ⅰ部で論じたように、最高首長や村首長が同席する祭宴においては、その場その場で島民や外部者の人物評価がはじめて可視化されるような「名誉の賭け」とも呼べる状況が相互行為を通じてつくり続けられている。また、第四章で示したように、親族を単位とする協働において、物財の供出を伴う親族間の協働が成功しなければ、村首長や親族の長であっても祭宴に参加できないため、祭宴への参加という協働は必ずしも自明ではない。さらに、第五章で指摘したように、村が行政上の位置づけや確固たる地理的境界を持たず、日常的な活動の単位でもないために、「村の祭宴」における住民と物財の動員なくして村は顕在化しない。このような諸事例から、首長を中心に展開される祭宴の実施や、首長を中心に置く共同体の存立は所与のものではなく、場面ごとに異なる複数の相互行為が積み重ねられることによって達成されていることが明らかになった。

本書ではさらに、首長制が「政府の側」と「教会の側」を外部に置くというカテゴリー上の区別をとおして「慣習の側」で存続するという一般的な理解があることを踏まえ、相互行為の次元において、首長制をその他の社会的諸関係から差異化する概念的なカテゴリーがいかに用いられているのかを検討した。第二章で論じたように、諸々の祭宴における相互行為のフレームは、「政府の側」や「教会側」における肩書きや役職名を「括弧入れ」することによって、称号の位階にもとづく「名誉の賭け」という相互行為の状況に参加者を導く。第六章で論じたように、最高首長に対する儀礼的貢納を支えるフレームは、「慣習の側」以外の社会的諸活動を「括弧入れ」することにより、最高首長を土地の収穫の権威とみなすという理解を導く。これらの相互行為においてフレームが行う区別は、その他の「側」を「括弧入れ」することで「慣習の側」を存立させるという点において、「政府の側」や「教会の側」を「慣習の側」の外部に置く公的な区別とほぼ同型のものである。

それに対して、親族や村を単位とする祭宴においては、それらの単位が行政的な区分に該当しないことから、相互行為のフレームによってあらためて区別する余地がないほどに無関係であった。たとえば、第五章で論じたように、「村の祭宴」において首長制を脅かしうるものとして「括弧入れ」しなければならなかった要素は、行政的な区分や機構ではなく、個々の島民の帰属意識であった。また、第四章で論じたように、「親族が『助ける』に値する権威者としての村首長」という理解を支える協働のフレームが「括弧入れ」していた関係性は、当事者間の財力の差異にかかわるものであった。そのようなフレームの働きによってこそ、現代ポーンペイ島社会において必ずしも財力を持たない村首長がその役職にふさわしい物財を持参して祭宴に参加することがようやく可能になる。さらに、第二章で論じたように、親族単位の祭宴においては、政治経済的な要素ですらない要素が「括弧入れ」されることもある。たとえば誕生日の祝福や遺族への配慮といった個別的な人物評価がそれにあたる。

このように、首長制にふさわしい相互行為を生み出すフレームが具体的な諸場面でいかに働いているのかを見てみると、首長制の実践を存立可能にするために外部に置かれなければならない要素はつねに「政府の側」や「教会の側」であるとは限らず、諸場面ごとに「括弧入れ」しなければならない要素が異なることがわかる。一つの政治体系としての首長制の存立が「側」という単一のカテゴリーによって説明されるのに対して、相互行為の積み重ねとしての首長制は、各々の場面ごとに異なる要素を「括弧入れ」しなければならない必要から、場面ごとに異なるフレームにもとづく相互行為によって成り立っている。それゆえ、相互行為を支えるフレームの働きによる概念上の区別には、「助ける」、「村」、「慣習」といったように、場面ごとに異なるフレーズが付随するのである。

他方、祭宴が行われるコンテクストによっては、「括弧入れ」されていたはずの諸要素の「あふれ出し」が相互行為のあり方にかかわる。第四章で論じた親族の協働の場面では、主に世帯間の財力の差を背景とした日常的な諸関係が「あふれ出す」ことを契機として、村首長を権威ある人物とみなすフレームが緊張した。第五章で紹介した「村の祭宴」の事例では、村首長が最高首長から首長国称号を授与される見返りとしての多額の現金の必要性が「あふれ出し」ていた。第六章で論じた儀礼的貢納の場面では、物財や現金の流通を通して「慣習の側」以外の諸活動（キリスト教会の活動など）にかかわる要素が「あふれ出し」、土地の収穫にかかわる最高首長の権威を支えるフレームを乱す傾向にある。また、第七章で論じたように、「首長国ビジネス」の帰結として多数の「高位者」が臨席する今日の祭宴においては、称号の位階にもとづく相互行為のフレームによって「括弧入れ」されていた「人びとへの配慮」という関係性が島民に自覚され、祭宴の本来の目的やコンテクストに沿った関係性が「あふれ出す」という傾向が強まっている。これらの「あふれ出し」は、最高首長や村首長が法的に現金収入を保障されていないにもかかわらず、現金や物財の提供を伴う多様な活動に関与しなければならないという矛盾のなかで現れたものであるといえる。

本書で提示した諸事例のなかには、第四章で示したように「あふれ出し」によって協働という相互行為のフレームが緊張し、当事者間の不和や葛藤を引き起こした事例があった。他方、ポスト植民地時代の政治経済的条件下で首長制が存続するという矛盾から生じる「あふれ出し」をフレーム内部に組み込むよう調整することによって、対面的相互行為のフレームを再作成するという礼節の技法が垣間見られた。たとえば第二章で論じたように、称号の呼び上げという行為は、呼び上げる称号や属性を変えるという他動詞的な働きをすることによって、政治家の名声や誕生日の祝福といった異質な要素を「名誉の賭け」に沿って変換する。それをとおして、祭宴の目的やコンテクストにふさわしい人物評価を含む「名誉の賭け」という状況を再構成するとともに、祭宴の場がそのような目的とコンテクストに置かれていることを参加者に提示し、あらためて印象づけるのである。さらに、第六章で見たように、儀礼的貢納とは異なる社会的活動の「あふれ出し」に対して、最高首長や当事者たちは、葬式の祭宴の最中における「礼の祭宴」の緊急的な実施や、演説を通したタイミングの操作といった介入を通して「あふれ出し」を儀礼的貢納に沿うように変換し、最高首長の権威と儀礼的貢納を結びつけるフレームを再作成している。このように、島民たちは異質な要素の「あふれ出し」を変換する技法として、称号の呼び上げや演説といった儀礼的手続きを運用し、各々の祭宴や活動における目的や構成にふさわしい形で首長制の諸関係を状況ごとに再構成し、自らも含む祭宴の参加者に対してそのような関係性を提示し続けているのである。

以上のように、ポスト植民地時代における首長制を具体的な出来事と行為から見直すと、制度的な位置づけとそれを解釈する島民のカテゴリーによって想定される「慣習の側」という自明の領域に、首長制があらかじめ存在するとはいえなくなる。むしろ、ポスト植民地時代における身分階層秩序の社会的な次元は、諸場面に特有な諸要素の「あふれ出し」とそれを状況に即して変換する技法によって相互行為のフレームを状況ごとに変えながら、首長と島民たちが行為を積み重ねた結果として維持・創出されるのである。

二　ポスト植民地時代における伝統的権威体制と近代国家体制

本書で遂行してきたフレーム分析は、ポスト植民地時代のポーンペイ島社会における首長制の領域が近代国家体制の領域を外部に置くことで成立すると論じる先行研究に対して、いかなる知見をもたらしえたのだろうか。本節では、相互行為の次元から伝統的権威体制と近代国家体制の関係を再考する。

序論でも言及したように、アメリカ統治時代に議会制民主主義が導入されたポーンペイ島社会では、両者の関係が比較的早くから研究されてきた［飯高　二〇〇二：二〇三―二〇四］。そこでは、近代国家体制の建設を意図した統治政策に対して、ポーンペイ島社会がいかに独自な反応を示し、どのような社会変容が生じたのかという点が主に検討された。複数の研究者が指摘するように、ポーンペイ島社会は、議会制民主主義の導入や行政機構の整備に対して、首長制にもとづく政治を「土地の側」や「ポーンペイの側」として客体化し、議会や役所の政治を「役所の側」や「外国の側」として首長制の外部に位置づけた〔清水　一九九二、中山　一九八六、中山　一九九四b、則竹　二〇〇〇〕。さらに、中山やフィッシャーが論じるように、最高首長は、「役所の側」や「外国の側」の新興エリートに対して影響力を確保するために、彼らに高位の首長国称号を与えるという対応を取った〔中山　一九八六、Fischer 1974〕。ミクロネシア連邦独立に際しては、連邦憲法のなかに首長制がいかに位置づけられるのかという問いが研究の焦点となった。清水やピーターセンは、連邦レベルの首長会議が住民投票によって否定されたことが、近代国家体制を首長制の外部に位置づけておきたいという住民の意思の表れであると主張した〔清水　一九九三、Petersen 1997〕。

これらの先行研究は、ポーンペイ島民が首長制と近代国家体制を客体化したうえで、後者を前者の外部に位置づける点、経済的に優越する後者のリーダーに対して最高首長が称号授与によって影響力を保つ点、という二点を主に指摘してきた。なお、これまでの章でも記述してきたように、今日のポーンペイ島社会においては、前者と後者の活動領域はそれぞれ「慣習の側」と「政府の側」というカテゴリーで島民たちから理解される。

ところが、具体的な相互行為の現場に身を置くならば、「慣習の側」と「政府の側」の活動領域の双方において、首長に加えて政治家や官僚や公務員、キリスト教聖職者、さらには外国の要人や離島出身者なども含め、さまざまな行為者が共在する様子が見られる。たとえば、第二章で論じたように、「慣習の側」と「政府の側」という理念的な区別がありながら、最高首長が富裕層の島民に高位称号を授与してきた結果として、「慣習の側」に政治家や官僚が、「政府の側」に高位称号保持者が、不可避的に関与してしまう。さらに、最高首長から高位の称号を授与された政治家たちは、見返りとして物財を貢納するのみならず、「政府の側」の式典や行事に最高首長をはじめとする「高位者」を招待することがある。さらに、第三章で論じたように、ポーンペイ島社会を象徴する存在として、近隣島嶼社会や旧宗主国からの外部者との政治的な出会いの機会に、最高首長らが招待されることもある。

このような事態に対して、まず第二章では、異なる「側」の行為者が共在するという状況に際して、各々の「側」の当事者が、「慣習の側」では呼び上げの技法、「政府の側」では「あたかも」称号保持者のように扱う技法を通じて、異なる「側」の要素の「あふれ出し」を変換し、名誉や名声をめぐる対面的相互行為の状況を再構成することを指摘した。さらに、第三章では、ポスト植民地時代の国際関係下で必要を迫られる外部者との政治的な出会いにおける「礼節のポリティクス」のなかで、ポーンペイ島民の主催者が複数の敬意表現を組みあわせるという技法をとおして、他地域の伝統的指導者や外国人の要人と、ポーンペイ島の最高首長の双方に礼節を尽くすことにより、相互行為秩序の安定が図られていることを指摘した。このように、ポーンペイ島民による礼節の技法は、異質な指導者や権威者との共在状況におけるフレームの脆弱性を乗り越え、互いに異質な秩序を一時的に調和させる技法であるといえる。

本書ではこのような事例分析をもとに、首長制が行政機構から区別されているのか、逆に首長制が行政機構のなかに組み込まれているのかといった制度的位置づけの次元や、それに対する現地社会による客体化の次元には還元できない関係性について示してきた。すなわち、制度的な取り決めや現地の解釈によって位置づけられた首長制と近代国家体制の関係が、具体的な出来事のなかで遂行されるプロセスのなかで、個々の状況に応じて再構成される様相を明らかにしたのである。「慣習の側」と「政府の側」という区別は、「慣習の側」の諸実践のなかで「政府の側」に属する政治家の名声や、外国の要人の存在に配慮しなければならない可能性や、その反対に「政府の側」の諸実践のなかで首長や称号保持者に「名誉を認め」なければならない可能性を考慮していない。そのような可能性に対して、本書の民族的記述からは、当事者たちが「慣習の側」においては呼び上げの技法、「政府の側」においては「あたかも」の技法を用いることによって、相互行為の場に「あふれ出す」名誉や名声を各々の「側」の相互行為秩序のなかに織り込んでいることが確認された。

　また、第五章で論じたように、村首長を中心とした村という共同体は「政府の側」に位置づけられていないがゆえに、「慣習の側」の祭宴をとおして実質化され、さまざまに価値づけられることによって存立していた。「慣習の側」と「政府の側」のそれぞれの相互行為を支えるフレームが互いに関係しながら変容することへの注目は、首長制と近代国家体制の関係性が社会的な次元において変容しながら展開する様相を明らかにする点において、両者の関係性をより多様で複雑なものとして捉えることを可能にするのである。

　最後に、本書の第I部で行ってきた対面的相互行為の記述と分析は、ポスト植民地時代のオセアニア諸国家において「首長が担ってきた権威・権力と役割を、新しい国家の政治機構といかに接合ないし併存させるか」［須藤　二〇〇八：一］という問いをめぐる政治制度分析を否定するものではない。ポスト植民地時代のオセアニア諸社会において、首長制は近代国家との関係において位置づけられなければならないし、そのなかで島民たち自身によって客体化されることも確かである。

　オセアニアのその他の社会に目を向けると、近代国家体制の導入に対する首長制の反応は多様であり、ヤップ社会のように近代国家体制のなかに首長制を組み込んだ社会や、トンガ社会のように王が国家元首になった社会もある。しかし、そのような社会においても首長制と近代国家体制の関係は必ずしも安定的なものではなく、たとえばトンガ社会やヤップ社会では、首長や貴族などの称号上位者が特権的な地位にありながらも、利益の独占などをめぐって激しい批判もされうる実態が伝えられている［須藤　二〇〇八：八三－一四〇］。須藤が報告するトンガ社会の事例では、そのような状態において首長や貴族に対する平民の不満が表出したことに対し、国王と政府は、トンガ憲法のなかで最も尊重される言論と表現の自由という原則を、王を頂点とする伝統的権威体制のなかに位置づけ直そうとしている［須藤　二〇一二］。

本書では、近代国家体制を首長制の外部に置く傾向が強いポーンペイ島社会において、両者が領域として区別されながらも個々の島民の属性や物財のやり取りではつながるという矛盾に焦点を当てた。それに対して、首長制と近代国家体制の距離が近いとされるトンガ社会やヤップ社会においては、両者の距離が近いことが逆に政治的な不安定を導く矛盾となり、両者の関係を見直そうとする動きもさまざまに生じている。

このように、政治経済的な脆弱性を孕むオセアニア諸国家では、ポーンペイ島社会に限らず、首長制と近代国家体制の関係は必ずしも安定的なものではなく、制度的な位置づけが包摂できない矛盾や葛藤が表出しうる状態にある。両者の動態をめぐる政治的諸言説がいかに紡がれていくのかを検証する必要はあるだろう。だが、本書で見たように、首長制にもとづく身分階層秩序とは、政治的諸言説のなかで客体化される一方で、社会的な次元においては、ポスト植民地時代を生きる個々の行為者による具体的な相互行為の積み重ねである。その意味で、伝統的権威体制と近代国家体制の複雑な関係は、さまざまな立場性を持つ行為者のあいだで互いの関係性が絶えず交渉される社会的な次元からも読み解かれなければならない。したがって、ポスト植民地時代における伝統的権威体制と近代国家体制の関係をめぐる制度分析は、社会的な次元の諸実践における両者の動態的な関係性をフレームの変容という観点から説明できる相互行為論によって補完されるべきなのである。

三　可能性としての技法——今日の身分階層秩序を生きる島民の実践知

前節で取り上げたように、ポーンペイ島社会では、異なる「側」の行為者に「名誉を認める」という礼節の技法をとおして、「慣習の側」と「政府の側」という二つの政治領域が状況ごとに構成を変えながら立ち現れる。さらに、この技法は外国の要人や伝統的指導者にまで延長され、政治的な出会いにおける相互行為秩序を再構成する。本節では、ポスト植民地時代を生きる島民たちにとって、このような礼節の技法がいかなる実践であるのかを考察する。

礼節と政治の関係について、政治学者の木村俊道は初期イングランドの事例から論じている。木村は、ルネサンス以降の宮廷で育まれてきた礼節作法（木村は「文明の作法」と呼ぶ）が、「暴力と感情の噴出を抑え、他者との交際や社交を可能にするための技術」［木村　二〇一三：一一〇］として、民主主義の導入以前における政治運営に不可欠な実践知であったと論じている。また、歴史社会学者の池上英子は、日本の徳川幕府時代において交通と移動が盛んになるなかで、洗練された作法が「相異なる身分カテゴリーに属する人びとや地域的に異なる文化圏から来た人びと同士のやりとりを円滑にした」［池上　二〇〇五：二〇］と指摘する。本書で論じてきた礼節の技法とこれらの礼節作法は規則や実践の面において大きく異なるが、ここでは、礼節というものが一般に、他者に働きかけ交際や社交を可能にする技法として論じられる点に注目したい。

他者との関係を可能にする技法という面に着目するならば、本書で描いていた礼節の技法は、さまざまな参加者に「名誉を認め」たり、「新しい慣習」の試みのように祭宴のやり方自体を変えたりすることによって、身分階層秩序の論理のなかで「人びとへの配慮」を実現しようとする点に注目できる。

政治哲学者のチャールズ・テイラー（Charles Taylor）は、名誉という身分的な優越性の問題が、西洋社会の近代化プロセスの帰結として、人間の尊厳と個人のアイデンティティおよび承認（recognition）にかかわる倫理的・政治的な問題に移行したと述べている(1)［テイラー　二〇〇七］。これに対して、本書が対象とするポーンペイ島社会は、民主主義の導入以降においてもなお、最高首長を頂点とする身分階層秩序が色濃く残り、その秩序は祭宴の場を中心にさまざまな機会に可視化される。島内で頻繁に催される祭宴の場では、第七章で総括的に論じたように、位階の優劣に沿って「名誉を認める」という論理と、「人びとへの配慮」を実現しようとする論理が矛盾を孕みながら並立している。そこでは、時に「ビジネス」ともいわれる高位称号保持者への優遇により身分階層秩序はしばしば歪な形で現れ、十分に「名誉を認め」られない島民たちの不満と怒りが噴出している。[2] このようなポスト植民地時代の首長制に特有のアイデンティティと承認をめぐる葛藤のなかで、礼節の技法は、より多様な「人びとへの配慮」を身分階層秩序のなかで実現しうる可能性を示している。言い換えれば、行為としての礼節は、時に選択困難な判断を迫られながらも、「人びとへの配慮」にかかわる諸関係の「あふれ出し」を変換し、状況に応じた〝より善い〟承認の実現に向けて、相互行為秩序のフレームを再構成する。行為としての礼節をとおしたフレームの変容と生成に関する本書の探究は、祭宴の相互行為が一時的で儚いとはいえ、いかに排除を包摂し、相互承認を達成するのかという共存・共生の課題を、身分階層秩序のなかで考える営みであったともいえる。[3] 本書で描いてきたような実践知としての礼節行為は、民主主義的な政体に身分階層秩序を残すという矛盾を抱えるポスト植民地時代のポーンペイ島社会において、さまざまな人物評価に開かれた秩序の可能性を示している。

最後に、ここまで述べてきた点を「権威と礼節」という観点から論じて、本書を閉じたい。先述した礼節論において、木村はイングランドの礼節の起源を宮廷文化に求め［木村　二〇一三］、池上は日本の礼節の発展を徳川幕府時代における政治経済的条件の変化に対する人びとの反応とみなし、身分階層秩序とは異なるコミュニケーション回路の成立として論じている［池上　二〇〇五］。そのような違いはあるにせよ、両者に共通する視角として、礼節というものを、他者との交際や共存のために身につけるべき教養や作法［木村　二〇一三］、あるいは「文法規則」［池上　二〇〇五］と捉えていることがあげられる。このような礼節の理解に対して、本書で描いてきた礼節の行為は、コミュニケーションにおける共通の基盤を求めるというよりも、むしろ個別性を顕在化させる作用を有していた。それはどのような人物とも交際できる技法ではなく、つまり、礼節を向けるべき対象は誰でもよいわけではなく、まさに目の前にいる人物の個別的な地位や属性に対して、状況にふさわしい形で「名誉を認める」技法であった。だからこそ、再分配の局面において個別の名前やその時々の属性が呼び上げられたり（第二章）、儀礼財の供出が自身の孫への愛着と重ねあわせられたり（第四章）するのである。

こうした点を踏まえると、木村や池上による礼節論の核心が、個別的な軋轢や衝突の可能性を抑えながら、あらゆる者――その限りにおいて代替可能な他者――と交際するうえで身につけるべき教養や作法を論じたことにあるとすれば、本書における礼節論の核心は別のところにある。すなわち、目の前の代替不可能な個人の属性や状況を明るみに出し、その場の意味づけ自体を再構成する行為としての礼節である。

礼節の行為自体は、伝統的権威体制の存立とは無縁ではない。首長や「高位者」に「名誉を認める」行為自体は、まさにそのような体制を再生産しているといえる。だが、そのように権威への従属と「名誉を認める」という礼節行為が重なる局面がある一方で、「人びとへの配慮」の論理が「名誉を認める」論理と対抗する場合のように、権威と礼節がせめぎあう局面や、儀礼財の供出に孫の愛着を見る場面のように、礼節が権威とは異なる地平に向けられる局面があるという点が重要である。権威と礼節が完全に一体ではなく、互いに重なりあったり、対抗したり、切り離されたりするからこそ、首長制にもとづく実践において、身分階層秩序は状況に依存し、内部に異質性を抱えながら動態的に構成されるのである。

そのような些細な変化や創造の萌芽をポーンペイ島社会の権威と礼節のなかに見つけるなかで、私はふと、日々のコミュニケーションのなかで何か間違いがあってはならないと思いながら、礼節を実践しがちな自分自身の姿を振り返るに至った。分配役が目の前にいる人物に「名誉を認める」ことを決めてから、称号の位階を確認するというポーンペイ島社会における礼節の局面（第二章）は、なにがしかの権威から外れた行動を無意識に恐れる時の私の姿とは対照的だ。ポーンペイ島社会における礼節の実践は、〈上に対する〉配慮や規格化されたマナーを厳格に実践しないといけないと思いがちな私たちに対して、それとは異なる礼節のあり方を教えてくれる。今日の伝統的権威体制のなかで「ポーンペイの仕事」を担う島民たちは、礼節作法をとおして首長の権威と称号の序列を可視化しつつ、同時に、そこに回収されない「人びとへの配慮」を織り込む形で、身分階層秩序を状況即応的に再構成している。本書で描いてきた礼節とは、既存の差異やカテゴリーに人と人のつながりを押しこめるのではなく、その場その場のつながりのなかに「あふれ出す」新たな差異に気づき、それを踏まえた新しいつながりのあり方を目の前で提示するというコミュニケーションのあり方である。本書で示してきた権威と礼節の入り組んだ関係は、何がしかの権威や序列のなかで生きなければならない私たちの多くに対して、日々のつきあいやつながりを肯定的に価値づける方途を示してくれるように思えるのだ。

注

（1）ここでいう尊厳とは、すべての市民に諸権利が平等に付与されるという普遍的な理念を指す［テイラー　二〇〇七：五三］。

（2）関根久雄は、オセアニア諸社会の発展のあり方を、西洋近代とは異なる「地域的近代」（alternative modernity）として論じている［関根　二〇一五：一〇］。今日のポーンペイ島社会におけるアイデンティティと承認をめぐる現状は、民主主義的な体制になってもなお身分階層的な「名誉」に価値を置くという点で、独自の発展形態としての「地域的近代」の途上にあるといえる。

（3）風間計博が指摘するように、共存や共生の問題をめぐっては、西洋的な議論が自由意志によって合理的判断を下す理念的個人を前提とするのに対して、オセアニア諸社会の個人が親族や土地などとの関係によってのみ人格化する存在であることに注意しなければならない［風間　二〇一七：一九―二〇］。

あとがき

二〇〇九年二月にはじめてポーンペイ島を訪れてから、一〇年の時が過ぎようとしている。私にポーンペイ語を教えてくれた小さな子どもたちも見違えるように成長し、職を見つけた者もいれば、出稼ぎのためにポーンペイ島を離れて異国の地で暮らす者もいる。家庭を築き、子どもを授かった者もいる。その一方で悲しいことに、本書の登場人物も含め、私にさまざまな知識と情報をもたらしてくれた方のなかには亡くなられた方もいる。

月日が経つのは早い。遠くから見ればポーンペイ島社会は大して変化しないようにも見えても、生活の細部はどんどん変わる。私が長期調査から帰国する少し前、ヤコブは生まれたばかりの孫に「カワノ」と命名した。ヤコブは「俺にはいまカワノがいるから、河野（私のこと）はもういらない。でも、お前はカワノに会いに戻ってきたくなるだろうさ」と勝ち誇ったように私に言った。クロウ・ウェニックという称号、カワノと名づけられた子ども。生活が変わっても、私と彼らの絆の証はところどころにありそうだ。彼らも待っているかもしれない。そろそろまた行かないと。本書が完成したお礼はどうしようか。私の研究に彼らがしてくれた協力に対して、どのような形で「礼を尽くす〔＝名誉を認める〕」（*wahumki*）ことができるだろうか。いまから頭を悩ませている。

＊

本書は、二〇一六年一二月に筑波大学大学院人文社会科学研究科に提出した博士学位論文「階層秩序の維持と創出に関する人類学的研究――ミクロネシア連邦ポーンペイ社会における首長制の事例から」をもとに加筆・修正を加えたものである。章構成も含めて書きあらためた部分も多く、博士論文とはまた違った、新しいヴァージョンを示せたのではないかと思う。なお、本書は、もともと以下の形で発表された論考をもとに執筆された。

序　論　「状況に置かれた伝統的権威――ミクロネシア連邦ポーンペイの首長制にみるフレームの緊張」『文化人類学』八〇（二）：一五〇―一七一（二〇一五年）の一部を加筆・修正。

第二章　「多様な『名誉』を可視化する――現代ミクロネシア・ポーンペイの首長制にみる『位階秩序』の実演と創造」『文化人類学研究』一七：六六―九〇（二〇一六年）を加筆・修正。

第三章　「礼節のポリティックス――現代ミクロネシア・ポーンペイの政治秩序形成における敬意表現の役割」『太平洋諸島研究』四：一九―三八（二〇一六年）。
Open Hospitality towards Other Traditional Leaders: Receiving Guests under Chiefly Authority in Pohnpei, Micronesia. *People and Culture in Oceania* 31: 25-49 (2016).
以上二点をもとに再構成。

第四章　「状況に置かれた伝統的権威――ミクロネシア連邦ポーンペイの首長制にみるフレームの緊張」『文化人類学』八〇（二）：一五〇―一七一（二〇一五年）の一部を加筆・修正。

第五章　「再分配を通じた村人のつながりと差異化――ミクロネシア・ポーンペイ島における首長制と住民の帰属意識」浜田明範編『再分配のエスノグラフィ――経済・統治・社会的なもの』悠書館（二〇一九年春刊行予定）を加筆・修正。

第六章　「現代ミクロネシア・ポーンペイ島社会における儀礼的貢納の時間性――土地の豊饒性に還元されない最高首長への初物献上をめぐって」『歴史人類』四六：一―三三（二〇一八年）を加筆・修正。

第七章　「首長への不満と再分配の魅力――現代ポーンペイにおける最高首長の権威の相対化」『日本オセアニア学会NEWSLETTER』一〇一：一一―二一（二〇一一年）。「再分配の倫理性――ミクロネシア連邦ポーンペイ島社会における首長制と祭宴の事例から」『史境』七五：四〇―六〇（二〇一八年）。以上二点をもとに再構成。

学位論文審査の過程では、主査の関根久雄先生をはじめ、副査の前川啓治先生、鈴木伸隆先生（以上、筑波大学）、柄木田康之先生（宇都宮大学）からご指導をいただいた。関根先生には博士後期課程での指導教員として、また学位論文の主査として、懇切丁寧なご指導と幾度とない励ましのお言葉によって研究生活を支えていただき、学位論文の追い込みの時期には休日や祝日にも原稿にコメントをいただいた。当時の関根ゼミでは、学位論文をもとにした著作を一度に一冊のペースで批判的に読み通す訓練をしており、これが学位論文を構想するうえで大変有益であったと感じている。前川先生からは、大学院ゼミを中心にさまざまなご助言やご示唆をいただいた。当時の前川ゼミでは比較的難解なテクストを輪読することが多く、学位論文の基礎を形づくるうえでも重要な機会となった。鈴木先生からは、学位論文のもととなる各章の草稿に何度もコメントをいただき、とくに本書の第三章にかかわる貴重なご意見をいただいた。論文審査の過程では、鈴木先生からのご指摘やご批判と格闘した結果として、草稿段階と比べて飛躍的に良いものを完成させることができたと感じている。柄木田先生からは学位論文審査のみならず、本書のもとになった幾つかの口頭発表の場でもご意見やご批判をいただいた。私と同じミクロネシア連邦の研究者である柄木田先生からのご指摘はつねに貴重なものであった。このような先生方に学位論文審査を務めていただいたことは私にとって幸運極まりないと感じている。あらためてお礼申し上げたい。

また、本書は、私が修士論文に取り組んで以来の成果でもある。ポーンペイ島社会を対象とした民族誌をはじめて書くことになった修士論文時代、風間計博先生（現・京都大学）からは、民族誌を書くことの難しさと楽しさを厳しくもあたたかくご指導いただいた。提出期限との闘いもあって苦しい修士論文であったが、風間先生に辛抱強く見守っていただきながら民族誌を書いたという経験は、私が研究生活を送るうえでの基礎となっている。また、同時期には、内山田康先生（筑波大学）からもさまざまなご助言とご批判をいただいた。学部時代からお世話になっている内山田先生には、人類学やフィールドワークに臨む姿勢のみならず、伝統的権威に関する人類学的な思考法の一端も教わった。お二人の先生からは博士後期課程進学後も私のことを気にかけていただいており、あらためて感謝申し上げたい。

本書はこのほかにも多くの研究者の方々からのご支援を受けている。まず、筑波大学の木村周平先生とオオツキ・グラント・ジュン先生（現・ヴィクトリア大学ウェリントン校）、一橋大学の久保明教先生には、大学院ゼミに参加させていただき、近年の人類学を中心とする文献講読をとおして知的な刺激を受けるとともに、本書のもとになった論文の草稿や口頭発表の原稿などにもご助言いただくなど、大変お世話になった。国立民族学博物館共同研究会「再分配を通じた集団の生成に関する比較民族誌的研究——手続きと多層性に注目して」（二〇一三〜二〇一六年、研究代表者：浜田明範）では、再分配論について研究する機会をいただけたことで、本書につながる研究の方向性を見定めることができた。小田亮先生（首都大学東京）には、日本文化人類学の次世代育成セミナーでコメンテーターをお引き受けいただき、本書の重要概念であるフレーム概念の有効性について大変有益なご指摘をいただいた。経済・政治人類学研究会では、本書のもとになった草稿に対して思考の幅を広げてくれるようなコメントをいただいた。

博士論文を本書へとヴァージョンアップする作業をした二〇一七年度には、特任研究員として筑波大学人文社会科学研究科歴史・人類学専攻でお世話になった。職務の面でも上司や同僚に恵まれた一年間であったが、本書のもとになる二本の論文を、同専攻とかかわりの深い学術誌に執筆する貴重な機会も先生方からいただいた。

二〇一八年四月から日本学術振興会の特別研究員として所属している京都大学大学院人間・環境学研究科では、大学院ゼミへの参加や、大学院生との交流をとおして日々学ばせていただいている。同じ二〇一八年四月から主催している日本文化人類学会課題研究懇談会「歓待の人類学」のメンバーにはこれからの可能性を感じるとともに、議論を重ねるたびに刺激をもらっている。ここにすべての方のお名前を挙げることはできなかったが、多くの研究者の方々からのご意見やご批判やご協力によって本書の執筆は可能になった。心から感謝申し上げたい。

さらに、フィールドワークの過程でもさまざまな方からのお世話になった。本書の内容にかかわる二〇〇九～二〇一二年の現地調査は、ミクロネシア連邦政府の歴史保存局と入国管理局から調査許可を得て実施したものである。調査許可の取得に際しては、ポーンペイ島に暮らす秋永雄二さんに多大なご協力をしていただいた。ポーンペイ島社会の研究者として大先輩である清水昭俊先生（国立民族学博物館名誉教授）と片岡修先生（上智大学）、ミクロネシア研究の先輩である飯高伸五先生（高知県立大学）と黒崎岳大先生（東海大学）には、大変貴重なご助言をいただいた。また、調査も含めた本研究は、松下幸之助記念財団研究助成、筑波大学研究基盤支援プログラム、科学研究費補助金（課題番号：15J01374、17H06543、18J01240）によって可能となった。これら関係機関にもお礼申し上げたい。

本書の研究の基礎が形成された大学院時代には、ゼミや私的な研究相談の場などを通じて、筑波大学で同時期に人類学を学んだ大学院生や諸先輩方、さらには隣接分野を学ぶ大学院生から、さまざまな意見や励ましをいただいた。筑波大学の人文学類に入学して人類学を学び始めてから一五年が経つが、周囲の仲間に恵まれたことで私はなんとか研究を継続できている。この感謝の気持ちは研究活動を続けるなかで互酬的な形でお返ししていきたいと思う。

本書の刊行にあたっては、平成三〇年度科学研究費補助金（研究成果公開促進費、課題番号：18HP5121）の交付を受けた。本書の出版を引き受けてくださった風響社の石井雅さんには、編集作業をはじめとして多大な労を取っていただいた。はじめて単著を世に出す私にとって、石井さんからいただく一言一言が勉強であった。とくに本書のタイトルは石井さんからのご助言なしには決まりえなかった。深い感謝の意を記したい。

最後に、大学院進学以降の長年にわたる私の研究活動を辛抱強く見守ってくれた両親に心から感謝したい。

二〇一八年八月　京都にて　河野正治

参照文献

浅川泰宏
　二〇〇八　『巡礼の文化人類学的研究――四国遍路の接待文化』古今書院。
足立　明
　二〇〇一　「開発の人類学――アクター・ネットワーク論の可能性」『社会人類学年報』二七：一―三三、弘文堂。
安　成浩
　二〇一六　「朝鮮族の移動と混淆する文化」白川千尋・石森大知・久保忠行編『多配列思考の人類学――差異と類似を読み解く』二〇一―二二二頁、風響社。
飯高伸五
　二〇〇二　「ミクロネシア研究における『植民地状況下の政治意識』」『社会人類学年報』二八：一九九―二一七、弘文堂。
池上英子
　二〇〇五　『美と礼節の絆――日本における交際文化の政治的起源』ＮＴＴ出版。
石井美保
　二〇一四　「呪物の幻惑と眩惑」田中雅一編『越境するモノ』四一―六八頁、京都大学学術出版会。
ウェーバー、マックス
　二〇一二　『権力と支配』濱嶋朗訳、講談社。
エヴァンズ＝プリチャード、エドワード
　一九七八　『ヌアー族――ナイル系一民族の生業形態と政治制度の調査記録』向井元子訳、岩波書店。
遠藤　央
　二〇〇二　『政治空間としてのパラオ――島嶼の近代への社会人類学的アプローチ』世界思想社。

小田　亮
　一九九四　『構造人類学のフィールド』世界思想社。
　二〇〇四　「共同体という概念の脱／再構築――序にかえて」『文化人類学』六九（二）：二三六―二四六。
風間計博
　二〇一七　「現代世界における排除と共生」風間計博編『交錯と共生の人類学――オセアニアにおけるマイノリティと主流社会』一―三一頁、ナカニシヤ出版。
柄木田康之
　二〇〇〇　「ミクロネシア連邦ヤップ州の伝統的首長と政治統合」須藤健一編『JCAS連携研究成果報告2　オセアニアの国家統合と国民文化』三五―五九頁、国立民族学博物館地域研究企画交流センター。
河合利光
　二〇〇一　『身体と形象――ミクロネシア伝承世界の民族誌的研究』風響社。
河野正治
　二〇一九　「称号とともに生きる――変わっていくわたしとポーンペイ島民」神本秀爾・岡本圭史編『ラウンド・アバウト――フィールドワークという交差点』一三一―一四〇頁、集広舎。
カントーロヴィチ、エルンスト
　二〇〇三　『王の二つの身体』（上・下）小林公訳、筑摩書房。
岸上伸啓
　二〇〇三　「狩猟採集民社会における食物分配の類型について――「移譲」、「交換」、「再・分配」」『民族学研究』六八（二）：一四五―一六四。
木村俊道
　二〇一三　『文明と教養の〈政治〉――近代デモクラシー以前の政治思想』講談社。
木村雅史
　二〇〇七　「E・ゴフマンの相互行為分析の展開――『フレーム分析』における「括弧入れ」概念の意義」『社会学研究』八一：一二三―一四六。
クリフォード、ジェイムズ
　二〇〇三　『文化の窮状――二十世紀の民族誌、文学、芸術』太田好信・慶田勝彦・清水展・浜本満・古谷嘉章・星埜守之訳、人文書院。
グレーバー、デヴィッド
二〇〇九『資本主義後の世界のために――新しいアナーキズムの視座』高祖岩三郎訳・構成、以文社。
小林　誠
二〇一二「伝統を知る方法――ツバル・ナヌメア島民による首長制と伝承をめぐる調査」『社会人類学年報』三八：五七―七九、弘文堂。
ゴッフマン、アーヴィング
一九八〇『集まりの構造――新しい日常行動論を求めて』丸木恵祐・本名信行訳、誠信書房。
二〇〇二『儀礼としての相互行為――対面行動の社会学』浅野敏夫訳、法政大学出版局。
小松和彦
一九九五『異人論――民俗社会の心性』筑摩書房。
サーヴィス、エルマン
一九七九『未開の社会組織――進化論的考察』松園万亀雄訳、弘文堂。
酒井隆史
二〇一七「赤と黒のあいだのマルクシズム」『現代思想』四五（一一）：二四六―二六九、青土社。
サーリンズ、マーシャル
一九七六「プア・マン、リッチ・マン、ビッグ・マン、チーフ――メラネシアとポリネシアにおける政治組織の類型」山田隆治訳『進化と文化』一八一―二二二頁、新泉社。
一九八四『石器時代の経済学』山内昶訳、法政大学出版局。
一九九三『歴史の島々』山本真鳥訳、法政大学出版局。
ジェル、アルフレッド
一九九九「時間と社会人類学」長野泰彦編『時間・ことば・認識』一一―三一頁、ひつじ書房。
清水昭俊
一九八一「独立に逡巡するミクロネシアの内情――ポナペ島政治・経済の現況より」『民族学研究』四六（三）：三三九―三四四。
一九八五a「出会いと政治――東カロリン諸島ポーンペイ島における応接行為の意味分析」『文化人類学』一：一七九―

二〇一、アカデミア出版会。

一九八五ｂ「出自論の前線」『社会人類学年報』一一：一─三四、弘文堂。

一九八七「ミクロネシアの伝統文化」石川栄吉編『オセアニア世界の伝統と変貌──民族の世界史14』二〇三─二二八頁、山川出版社。

一九八九「ミクロネシアの首長制」『国立民族学博物館研究報告別冊』六：一一九─一三九。

一九九二「ミクロネシア連邦における近代化と伝統」畑博行編『南太平洋諸国の法と社会』一三三─一五〇頁、有信堂高文社。

一九九三「近代と国家と伝統」石川榮吉監修、清水昭俊・吉岡政德編『オセアニア3──近代に生きる』三─一九頁、東京大学出版会。

一九九五「名誉のハイアラーキー──ポーンペイの首長制」清水昭俊編『洗練と粗野──社会を律する価値』四一─五五頁、東京大学出版会。

一九九九「慣習的土地制度の外延──ミクロネシアの比較事例から」杉島敬志編『土地所有の政治史──人類学的視点』四〇九─四二八頁、風響社。

二〇〇四「カンザス市地域のポーンペイ人移民──移民コミュニティの形態と形成過程」清水昭俊編『太平洋島嶼部住民の移民経験』一八一─二二三頁、一橋大学大学院社会学研究科社会人類学研究室。

杉浦健一
一九四四「南洋群島原住民の土地制度」『民族研究所紀要』一：一六九─三五〇。

須藤健一
一九七七「ミクロネシアの養取慣行──族制、土地所有、分配体系との関連で」『国立民族学博物館研究報告』二（二）：二四五─二八一。

一九八九ａ「ミクロネシアの土地所有と社会構造」『国立民族学博物館研究報告別冊』六：一四一─一七六。

一九八九ｂ「ミクロネシアの母系社会における父子関係」『国立民族学博物館研究報告別冊』六：三三─五一。

二〇〇〇「ミクロネシア史」山本真鳥編『オセアニア史』三一四─三四九頁、山川出版社。

二〇〇八『オセアニアの人類学──海外移住・民主化・伝統の政治』風響社。

二〇一二「トンガ王国の政治改革と君主制への固執」須藤健一編『グローカリゼーションとオセアニアの人類学』一五五─一八一頁、風響社。

関根久雄

二〇一五　『地域的近代を生きるソロモン諸島――紛争・開発・「自律的依存」』筑波大学出版会。
田辺繁治
二〇〇五　「コミュニティ再考―実践と統治の視点から」『社会人類学年報』三一：一―三〇、弘文堂。
テイラー、チャールズ
二〇〇七　「承認をめぐる政治」佐々木毅・辻康夫・向山恭一訳『マルチカルチュラリズム』三七―一一〇頁、岩波書店。
デュモン、ルイ
二〇〇一　『ホモ・ヒエラルキクス――カースト体系とその意味』田中雅一・渡辺公三訳、みすず書房。
デュルケーム、エミール
一九七五　『宗教生活の原初形態』（上）、古野清人訳、岩波書店。
デリダ、ジャック
二〇一八　『歓待について――パリ講義の記録』廣瀬浩司訳、筑摩書房。
中川　理
二〇〇六　「経済人類学における「交換の枠組み」概念」『大阪大学大学院人間科学研究科紀要』三二：七五―九二。
二〇一一　「どうとでもありえる世界のための記述――プラグマティック社会学と批判について」春日直樹編『現実批判の人類学――新世代のエスノグラフィへ』七四―九四頁、世界思想社。
二〇一八　「価値と倫理」奥野克巳・石倉敏明編『Ｌｅｘｉｃｏｎ　現代人類学』一二四―一二七頁、以文社。
中河伸俊
二〇一五　「フレーム分析はどこまで実用的か」中河伸俊・渡辺克典編『触発するゴフマン――やりとりの秩序の社会学』一一三〇―一四七頁、新曜社。
中山和芳
一九八五　「ポナペ島におけるキリスト教の受容をめぐる社会変化」『国立民族学博物館研究報告』九（四）：八五一―九一四。
一九八六　「ポナペ島社会における伝統的リーダーシップの変容の予備的考察」馬淵東一先生古稀記念論文集編集委員会編『社会人類学の諸問題』五九―八四頁、第一書房。
一九八七　「歴史時代のミクロネシア」石川栄吉編『オセアニア世界の伝統と変貌――民族の世界史14』四三八―四六五頁、山川出版社。

一九八八「Ｆａｃｔｉｏｎと反乱――スペイン統治下のポナペ社会」須藤健一・山下晋司・吉岡政徳編『社会人類学の可能性1――歴史のなかの社会』一一四―一三六頁、弘文堂。
一九八九「裁判記録からみたポナペ島の土地所有」『国立民族学博物館研究報告別冊』六：二〇三―二二八。
一九九一「首長制とキリスト教――ミクロネシア、ポーンペイ島とコシャエ島の事例」『国立民族学博物館研究報告』一六（三）：六三三―六八〇。
一九九四ａ「日本統治下のポナペ島」『社会人類学年報』二〇：八九―一一〇、弘文堂。
一九九四ｂ「首長制からエスニック・グループへ――ミクロネシア連邦ポーンペイ島民のアイデンティティ」黒田悦子編『民族の出会うかたち』八五―一〇八頁、朝日新聞社。

西井凉子
二〇一一「時間の人類学――社会空間論の展開」西井凉子編『時間の人類学―情動・自然・社会空間』一―三六頁、世界思想社。

丹羽典生
二〇一六「イノセンスの終焉にて――オセアニアにおける〈紛争〉の比較民族誌的研究にむけて」丹羽典生編『〈紛争〉の比較民族誌――グローバル化におけるオセアニアの暴力・民族対立・政治的混乱』一―四〇頁、春風社。

則竹　賢
二〇〇〇「植民地支配下におけるミクロネシア社会の変容――ポーンペイ島とヤップ島の事例より」『民族学研究』六五（二）：一六八―一八九。

林　研三
一九九〇「母系制社会における慣習規範―ミクロネシア・ポーンペイ島の法社会学的考察」『札幌法学』一（一）：七一―一一三。

バンヴェニスト、エミール
一九八六『インド＝ヨーロッパ諸制度語彙集・Ｉ』蔵持不三也・田口良司・渋谷利雄・鶴岡真弓・檜枝陽一郎・中村忠男訳、言叢社。

フォーテス、マイヤー／エドワード・エヴァンズ＝プリッチャード
一九七二「序論」大森元吉訳、フォーテス、エヴァンズ＝プリッチャード編『アフリカの伝統的政治体系』一九―四三頁、みすず書房。

深田淳太郎

二〇〇九「つながる実践と区切り出される意味――パプアニューギニア、トーライ社会の葬式における貝貨の使い方」『文化人類学』七三（四）：五三五―五五九。

ブラウン、ペネロピ／スティーヴン・レヴィンソン
二〇一一『ポライトネス――言語使用におけるある普遍現象』田中典子監訳、研究社。

ブロック、モーリス
一九八九「イデオロギーの構築と歴史」田辺繁治・林行夫訳、田辺繁治編『人類学的認識の冒険――イデオロギーとプラクティス』三八七―四〇八頁、同文舘。

ブルデュー、ピエール
一九八八『実践感覚1』今村仁司・港道隆訳、みすず書房。

ベイトソン、グレゴリー
二〇〇〇『精神の生態学』佐藤良明訳、新思索社。

ベズニエ、ニコ
二〇一一「トンガにおけるモダニティ・コスモポリタニズム・中流階級の出現」小林誠・斉藤みほ・西谷真希子訳『社会人類学年報』三七：五一―八五、弘文堂。

ホカート、アーサー
二〇一二『王権』橋本和也訳、岩波書店。

ポランニー、カール
二〇〇三「制度化された過程としての経済」石井溥訳『経済の文明史』三六一―四一三頁、筑摩書房。

前川啓治
一九八四「互酬性再考――儀礼交換の視点から」『年報人間科学』五：一六七―一八四。
一九九七「文化の構築――接合と操作」『民族学研究』六一（四）：六一六―六四二。
二〇〇四『グローカリゼーションの人類学――国際文化・開発・移民』新曜社。

マーカス、ジョージ／マイケル・フィッシャー
一九八九『文化批判としての人類学――人間科学における実験的試み』永渕康之訳、紀伊國屋書店。

真木悠介
二〇〇三『時間の比較社会学』岩波書店。

松島泰勝
　二〇〇七　『ミクロネシア――小さな島々の自立への挑戦』早稲田大学出版会。
松本尚之
　二〇〇六　「植民地経験とチーフの土着化――非集権的なイボ社会の権威者をめぐって」『文化人類学』七一（三）：三六八―三九〇。
　二〇〇八　『アフリカの王を生み出す人々――ポスト植民地時代の「首長位の復活」と非集権制社会』明石書店。
宮崎広和
　一九九四　「オセアニア歴史人類学研究の最前線――サーリンズとトーマスの論争を中心として」『社会人類学年報』二〇：一九三―二〇八、弘文堂。
　一九九九　「政治の限界」春日直樹編『オセアニア・オリエンタリズム』一七九―二〇三頁、世界思想社。
モース、マルセル
　二〇一四　『贈与論』森山工訳、岩波書店。
矢内原忠雄
　一九三五　『南洋群島の研究』岩波書店。
山本真鳥
　一九八九　「都市化の中の首長システム――西サモアにおける首長称号保持者間の役割分化」『国立民族学博物館研究報告別冊』六：三〇一―三二九。
　二〇一二　「オセアニア世界の植民地化と土地制度」小谷汪之・山本真鳥・藤田進編『土地と人間――現代土地問題への歴史的接近』一一五―一二三頁、有志舎。
吉岡政德
　二〇〇五　『反・ポストコロニアル人類学――ポストコロニアルを生きるメラネシア』風響社。
　二〇一六　「フィールドからの声と人類学的議論――各論を受けて」白川千尋・石森大知・久保忠行編『多配列思考の人類学――差異と類似を読み解く』三三七―三六二頁、風響社。
ラトゥール、ブルーノ
　一九九九　『科学が作られているとき――人類学的考察』川崎勝・高田紀代志訳、産業図書。
ラドクリフ＝ブラウン、アルフレッド

一九七五　『未開社会における構造と機能』青柳まちこ訳、新泉社。
ワグナー、ロイ
二〇〇〇　『文化のインベンション』山崎美恵・谷口佳子訳、玉川大学出版部。
渡壁三男編
一九八三　『ミクロネシア連邦主島ポナペ島——ポナペ語入門』私家版。

Abu-Lughod, Lila
1991 Writing Against Culture. In Richard Fox (ed.), *Recapturing Anthropology: Working in the Present,* pp. 137-162. Santa Fe: School of American Research Press.

Balick, Michael, David Lorence, Dana Lee Ling and Wayne Law
2009 Plants and People of Pohnpei: An Overview. In Michael Balick (ed.), *Ethnobotany of Pohnpei: Plants, People, & Island Culture,* pp. 1-39. Honolulu: University of Hawai'i Press.

Birth, Kevin
2013 Calendars: Representational Homogeneity and Heterogeneous Time. *Time & Society* 22(2): 216-236.

Bloch, Maurice
1989a (1977) The Disconnection between Power and Rank as a Process: An Outline of the Development of Kingdoms in Madagascar. In Maurice Bloch, *Ritual, History and Power: Selected Papers in Anthropology,* pp. 46-88. London: Athlone Press.
1989b (1977) The Past and the Present in the Present. In Maurice Bloch, *Ritual, History and Power: Selected Papers in Anthropology,* pp. 1-18. London: Athlone Press.

Burman, Rickie
1981 Time and Socioeconomic Change on Simbo, Solomon Islands. *Man,* new series 16(2): 251-267.

Callon, Michel
1986 Some Elements of a Sociology of Translation: Domestication of the Scallops and the Fishermen of Saint Brieuc Bay. In John Law (ed.), *Power, Action and Belief: A New Sociology of Knowledge?,* pp. 196-233. London: Routledge and Kegan Paul.
1998 An Essay on Framing and Overflowing: Economic Externality revisited by Sociology. In Michel Callon (ed.), *The Laws of the*

Market, pp. 244-269. Oxford: Blackwell.

Candea, Matei

2007 Arbitrary Locations: In Defence of the Bounded Field-Site. *Journal of the Royal Anthropological Institute,* new series 13: 167-184.

Candea, Matei and Giovanni da Col

2012a The Return to Hospitality. *Journal of the Royal Anthropological Institute,* new series 18(S1): 34-48.

2012b Preface. *Journal of the Royal Anthropological Institute,* new series 18(S1): i-ii.

Dahlquist, Paul

1974 Political Development at the Municipal Level: Kiti, Ponape. In Daniel Hughes and Sherwood Lingenfelter (eds.), *Political Development in Micronesia,* pp. 178-191. Columbus: Ohio State University Press.

Division of Statistics, Department of Economic Affairs

2002 *FSM National Detailed Tables: 2000 FSM Census of Population and Housing.* Palikir: Federated States of Micronesia.

Division of Statistics, FSM Office of Statistics, Budget, Overseas Development Assistance and Compact Management

2012 *Summary Analysis of Key Indicators from the FSM 2010 Census of Population and Housing.* Palikir: Federated States of Micronesia.

Douglas, Bronwen

1979 Rank, Power, Authority: A Reassessment of Traditional Leadership in South Pacific Societies. *Journal of Pacific History* 14: 2-27.

Duranti, Alessandro

1994 *From Grammar to Politics: Linguistic Anthropology in a Western Samoan Village.* Berkeley: University of California Press.

Embassy of the United States Kolonia, Micronesia

2012 Five New Elementary Schools Completed for a Total of 12.7 Million Dollars. https://kolonia.usembassy.gov/2012-18.html（二〇一六年四月九日にアクセス）。

Erb, Maribeth

2013 Gifts from the Other Side: Threshold of Hospitality and Morality in an Eastern Indonesian Town. *Oceania* 83(3): 295-315.

Fischer, John

1970 Adoption on Ponape. In Vern Carroll (ed.), *Adoption in Eastern Oceania,* pp. 292-313. ASAC Monograph No.1. Honolulu: University of Hawai‘i Press.

1974 The Role of the Traditional Chiefs on Ponape in American Period. In Daniel Hughes and Sherwooed Lingenfelter (eds.), *Political Development in Micronesia,* pp. 167-177. Columbus: Ohio State University Press.

Gell, Alfred

1992 *The Anthropology of Time: Cultural Construction of Temporal Maps and Images.* Oxford: Berg.

Gilmore, David (ed.)

1987 *Honor and Shame and the Unity of the Mediterranean.* Washington, DC: American Anthropological Association.

Goffman, Erving

1974 *Frame Analysis: An Essay on the Organization of Experience.* Boston: Northeastern University Press.

1981 Reply to Denzin and Keller. *Contemporary Sociology* 10(1): 60-68.

Graeber, David

2001 *Toward an Anthropological Theory of Value: The False Coin of Our Own Dreams.* New York: Palgrave.

2005 Fetishism as Social Creativity: Or, Fetishes are Gods in the Process of Construction. *Anthropological Theory* 5(4): 407-438.

Hanlon, David

1988 *Upon a Stone Altar.* Honolulu: University of Hawai‘i Press.

Hezel, Francis

1970 Catholic Missions in the Caroline and Marshall Islands: A Survey of Historical Material. *Journal of Pacific History* 5: 213-227.

James, Wendy and David Mills

2005 Introduction: From Representation to Action in the Flow of Time. In Wendy James and David Mills (eds.), *The Qualities of Time: Anthropological Approaches,* pp.1-15. Oxford: Berg.

Keating, Elizabeth

1998a *Power Sharing: Language, Rank, Gender, and Social Space in Pohnpei, Micronesia.* Oxford: Oxford University Press.

1998b Honor and Stratification in Pohnpei, Micronesia. *American Ethnologist* 25(3): 399-411.

2000 Moments of Hierarchy: Constructing Social Stratification by Means of Language, Food, Space and the Body in Pohnpei,

Micronesia. *American Anthropologist* 102(2): 303-320.

Kihleng, Kimberlee

1996 Women in Exchange: Negotiated Relations, Practice, and the Constitution of Female Power in Processes of Cultural Reproduction and Change in Pohnpei, Micronesia (Ph.D. diss., University of Hawai‘i).

Laidlaw, James

2013 *The Subject of Virtue: An Anthropological Ethics and Freedom.* Cambridge: Cambridge University Press.

Lambek, Michael

2008 Value and Virtue. *Anthropological Theory* 8(2): 133-157.

2010 Introduction. In Michael Lambek, *Ordinary Ethics: Anthropology, Language, and Action,* pp. 1-36. New York: Fordham University Press.

2012 Religion and Morality. In Didier Fassin (ed.), *A Companion to Moral Anthropology,* pp. 341-358, Oxford: John Wiley & Sons.

2015 The Ethical Condition. In Michael Lambek, *The Ethical Condition: Essays on Action,* Person & Value. pp. 1-39. Chicago: The University of Chicago Press.

Lindstrom, Lamont and Geoffrey White

1997 Introduction: Chiefs Today. In Geoffrey White and Lamont Lindstrom (eds.), *Chiefs Today: Traditional Pacific Leadership and the Postcolonial State,* pp. 1-18. Stanford: Stanford University Press.

Malinowski, Bronislaw

1927 Lunar and Seasonal Calendar in the Trobriands. *Journal of the Royal Anthropological Institute of Great Britain and Ireland* 57: 203-215.

Marcus, George

1989 Chieftainship. In Alan Howard and Robert Borofsky (eds.), *Development in Polynesian Ethnology,* pp. 175-209. Honolulu: University of Hawai’i Press.

Mauricio, Rufino

1993 Ideological Bases for Power and Leadership on Pohnpei, Micronesia: Perspective from Archaeology and Oral History (Ph.D. diss., University of Oregon).

Munn, Nancy

1992 The Cultural Anthropology of Time: A Critical Essay. *Annual Review of Anthropology* 21: 93-123.

Panholzer, Thomas and Rufino Mauricio

2003 *Place Names of Pohnpei Island: Including And(Ant) and Pakin Atolls.* Honolulu: Bess Press.

Peristiany, Jean (ed.)

1966 *Honor and Shame: The Values of Mediterranean Society.* Chicago: University of Chicago Press.

Petersen, Glenn

1982a *One Man Cannot Rule a Thousand: Fission in Ponapean Chiefdom.* Ann Arbor: University of Michigan Press.

1982b Ponapean Matriliny: Production, Exchange, and the Ties that Bind. *American Ethnologist* 9(1): 129-144.

1992 Dancing Defiance: The Politics of Pohnpeian Dance Performances. *Pacific Studies* 15(4): 13-28

1995 The Complexity of Power, the Subtlety of Kava. In Nancy Pollock (ed.). Special Issue: The Power of Kava. *Canberra Anthropologist* 18(1-2): 34-60.

1997 A Micronesian Chamber of Chiefs? In Geoffrey White and Lamont Lindstrom (eds.), *Chiefs Today: Traditional Pacific Leadership and the Postcolonial State,* pp. 183-196. Stanford: Stanford University Press.

2009 *Traditional Micronesian Societies: Adaptation, Integration, and Political Organization.* Honolulu: University of Hawai'i Press.

Pinsker, Eve

1997 Traditional Leaders Today in the Federated States of Micronesia. In Geoffrey White and Lamont Lindstrom (eds.), *Chiefs Today: Traditional Pacific Leadership and the Postcolonial State,* pp. 150-182. Stanford: Stanford University Press.

Pitt-Rivers, Julian

1968 The Stranger, the Guest, and the Hostile Host: Introduction to the Study of the Laws of Hospitality. In Jean Peristiany (ed.), *Contributions to Mediterranean Sociology: Mediterranean Rural Communities and Social Change,* pp. 13-30. Paris: Mouton.

Ragone, Diane and Bill Raynor

2009 Breadfruit and Its Cultivation and Use on Pohnpei. In Michael Balick (ed.), *Ethnobotany of Pohnpei: Plants, People & Island Culture,* pp. 63-88. Honolulu: University of Hawai'i Press.

Raynor, Bill, Adelino Lorens and Jackson Phillip

2009 Yams and Their Traditional Cultivation on Pohnpei. In Michael Balick (ed.), *Ethnobotany of Pohnpei: Plants, People & Island*

Culture, pp. 40-62. Honolulu: University of Hawai'i Press.

Rehg, Kenneth and Damian Sohl

1979 *Ponapean-English Dictionary.* PALI Language Texts, Micronesia. Honolulu: University of Hawai'i Press.

Riesenberg, Saul

1968 *The Native Polity of Ponape.* Washington, DC: Smithsonian Institution Press.

Selwyn, Tom

2000 An Anthropology of Hospitality. In Conrad Lashley and Alison Morrison (eds.), *In Search of Hospitality,* pp. 18-37. Oxford: Butterworth-Heinemann.

Shimizu, Akitoshi

1987 Feasting as Socio-Political Process of Chieftainship on Ponape, Eastern Carolines. In Iwao Ushijima and Kenichi Sudo (eds.), *Cultural Uniformity and Diversity in Micronesia,* pp. 129-176. Osaka: National Museum of Ethnology.

Thomas, Nicholas

1989a Taking People Seriously: Cultural Autonomy and the Global System. *Critique of Anthropology* 9: 59-69.

1989b The Force of Ethnology: Origins and Significance of the Melanesia/Polynesia Division. *Current Anthropology* 30: 27-41.

Toren, Christina

1990 *Making Sense of Hierarchy: Cognition as Social Process in Fiji.* London: Athlone Press.

Watson-Gegeo, Karen Ann and Richard Feinberg

1996 Introduction: Leadership and Change in the Western Pacific. In Richard Feinberg and Karen Ann Watson-Gegeo (eds.), *Leadership and Change in the Western Pacific: Essays Presented to Sir Raymond Firth on the Occasion of His Ninetieth Birthday,* pp. 1-55. London: Athlone Press.

写真・図表一覧

わ

や

ら

ま

さ

か

索　引

あ

著者紹介

河野正治（かわの まさはる）

1983年、東京都生まれ。

2017年筑波大学大学院人文社会科学研究科博士後期課程修了。

博士（国際政治経済学）。

筑波大学人文社会系特任研究員を経て、

現在、日本学術振興会特別研究員（PD）／京都大学大学院 人間・環境学研究科。

専攻は文化人類学、ミクロネシア民族誌学。

著書として、『再分配のエスノグラフィ——経済・統治・社会的なもの』（悠書館、2019年春刊行予定、分担執筆）、『ラウンド・アバウト——フィールドワークという交差点』（集広舎、2019年、分担執筆）、主な論文として、「状況に置かれた伝統的権威——ミクロネシア連邦ポーンペイの首長制にみるフレームの緊張」（『文化人類学』第80巻2号、2015年）、"Open Hospitality towards Other Traditional Leaders: Receiving Guests under Chiefly Authority in Pohnpei, Micronesia"（*People and Culture in Oceania* 31、2016年）、「再分配の倫理性——ミクロネシア連邦ポーンペイ島社会における首長制と祭宴の事例から」（『史境』第75巻、2018年）など。

権威と礼節　現代ミクロネシアにおける位階称号と身分階層秩序の民族誌

2019年2月10日　印刷

2019年2月20日　発行

著　者　河野正治

発行者　石井　雅

発行所　株式会社　風響社

東京都北区田端4-14-9（〒114-0014）

Tel 03(3828)9249　振替 00110-0-553554

印刷　モリモト印刷

ISBN978-4-89489-253-8 C3039